国际文化版图研究文库

颜子悦　主编

被美国化的英国

——娱乐帝国时代现代主义的兴起

〔美〕吉纳维芙·阿布拉瓦内尔　著

蓝胤淇　译

2015年·北京

Genevieve Abravanel
Americanizing Britain
The Rise of Modernism in the Age of the Entertainment Empire

Copyright © 2012 by Oxford University Press, Inc.

Simplified Chinese Translation Copyright © 2015 by Beijing Yanziyue Culture & Art Studio. All Rights Reserved.

本书简体中文翻译版权归北京颜子悦文化艺术工作室所有,未经版权所有人的书面许可,不得以任何方式复制、摘录、转载或发行本书的任何部分。

国际文化版图研究文库总序

人类创造的不同文明及其相互之间的对话与沟通、冲突与融合、传播与影响乃至演变与整合，体现了人类文明发展的多样性统一。古往今来，各国家各民族皆秉承各自的历史和传统、凭借各自的智慧和力量参与各个历史时期文化版图的建构，同时又在总体上构成了人类文明发展的辉煌而璀璨的历史。

中华民族拥有悠久的历史和灿烂的文化，已经在人类文明史上谱写了无数雄伟而壮丽的永恒篇章。在新的历史时期，随着中国经济的发展和综合国力的提升，世人对中国文化的发展也同样充满着更为高远的期待、抱持着更为美好的愿景，如何进一步增强文化软实力便成为摆在我们面前的最为重要的时代课题之一。

为此，《国际文化版图研究文库》以"全球视野、国家战略和文化自觉"为基本理念，力图全面而系统地译介人类历史进程中各文化大国的兴衰以及诸多相关重大文化论题的著述，旨在以更为宏阔的视野，详尽而深入地考察世界主要国家在国际文化版图中的地位以及这些国家制定与实施的相关文化战略与战术。

烛照着我们前行的依然是鲁迅先生所倡导的中国文化发展的基本思想——"明哲之士，必洞达世界之大势，权衡较量，去其偏颇，得其神明，施之国中，翕合无间。外之既不后于世界之思潮，内之仍弗失固有之血脉，取今复古，别立新宗。"

在这一思想的引领下，我们秉持科学而辩证的历史观，既通过国际版图来探讨文化，又通过文化来研究国际版图。如此循环往复，沉潜凌空，在跨文化的语境下观照与洞悉、比较与辨析不同历史时期文化版图中不同文明体系的文化特性，归纳与总结世界各国家各民族的优秀文化成果以及建设与发展文化的有益经验，并在此基础上更为确切地把握与体察中国文化的特性，进而激发并强化对中国文化的自醒、自觉与自信。

我们希冀文库能够为当今中国文化的创新与发展提供有益的镜鉴，能够启迪国人自觉地成为中华文化的坚守者和创造者。唯其如此，中国才能走出一条符合自己民族特色的文化复兴之路，才能使中华文化与世界其他民族的文化相融共生、各领风骚，从而更进一步地推进人类文明的发展。

中华文化传承与创新的伟大实践乃是我们每一位中国人神圣而崇高的使命。

是为序。

颜子悦

2011年5月8日于北京

中译本序

几乎整个19世纪，英国皆占据着世界霸主的地位，英国乃至世人因此称之为"日不落帝国"。然而，自19世纪末开始，大英帝国逐渐感受到了来自新兴美国的威胁。经历了第一次和第二次世界大战，直至20世纪冷战开始，英美两国之间以英国不得不置于美国核计划的庇护之下而宣告帝国的霸权从英国向美国转移的完成。

本书作者认为，对于英美之间帝国权力转移的研究，学者们更多的是建立在对两次世界大战之间财富从英国向美国转移的洞察之上，他们的研究因此"趋于强调其物质的标志：美元在很大程度上取代英镑而成为目前的全球通用货币，而且金融中心开始从伦敦向纽约迁移"。历史学家们记录下了这个时期世界霸权从英国向美国的转移，社会学家乔万尼·阿瑞吉称之为20世纪决定性的现象。然而，在作者看来，无论是阿瑞吉还是其他学者都倾向于"将这种转移作为一种物质现象进行讨论"，本书旨在基于"一个更加富有想象力的"文化维度而对英美的帝国权力转移进行全新的深刻解析。本书是作者对"英国如何根据其对美国的理解而重塑自身的一种探索"，同时也是对"英国的文学现代主义如何通过这种重塑而发展和变化的一种探索"。

作者的探索首先从"关于未来的跨大西洋小说"展开，英国的作家、学者和批评家在20世纪初最先感受到了美国崛起带给英国和世界的变化。在他们的作品中，美国这个正在建立新的社会秩序和充满无限可能的新兴国家被视作犹如"乌托邦"一般的人造帝国，势必对大英帝国自身的定义产生影响。作者创造性地使用了"美托邦

(Ameritopia)"的概念来定义这类文本,并在"美托邦"的标题下,对鲁德亚德·吉卜林、威尔斯、奥尔德斯·赫胥黎以及弗吉尼亚·吴尔夫这四位著名的英国作家,自第一次世界大战前至第一次世界大战后一系列鲜为人知的文本进行了解析。透过作者条分缕析的文本解剖,大英帝国对于自身定义不断调整和重新定位的轨迹清晰可见。

正如作者在分析"美托邦"概念时所回顾的弗雷德里克·詹姆森的那句话,"纵是最疯狂的想象也全都是由经验拼贴而成,是由现时此地的零零碎碎构成的概念"。自20世纪初开始,在英国乃至整个欧洲大陆,"美国化"已经逐渐成为普遍存在的现象,来自美国的爵士乐蔓延到整个英国的城市和乡村,好莱坞电影占据了英国本土近85%的市场份额,成为英国人"日常生活中一个无处不在的特点",文化批评家们感叹,美国的娱乐帝国在对英国本土实施内部殖民的同时也宣告了对大英帝国的"反向殖民"(colonization in reverse)。

正是在这一颇富历史感的语境下,较之"美国化"的英国,"被美国化"的英国更能突显这种"反向殖民"的内在的本质特征。

在英国人和欧陆人看来,美国即等同于现代的,这是欧陆人与英国人对待"美国化"的反应的共同之处。然而,缘于美国是英国的前殖民地并且共用一种语言的事实,英国人与欧陆人对待"美国化"的反应又不尽相同。

无论是创造了"美国化"这个词并被尊为现代主义写作鼻祖的查尔斯·波德莱尔,还是之后的诸如法兰克福学派理论家西奥多·阿多诺和法国社会评论家安德烈·西格弗里德等欧洲知识分子代表,都对美国化进行了激烈抵抗甚至猛烈抨击。

尽管英国在某种程度上认同并呼应欧洲的各种态度,但是在英国人的心目中,脱胎于大英帝国的美国代表了一个新的独立的国家,它的存在本身意味着英国的帝国计划的失败。而由于共用一种语言"使得在面对美国的音乐和电影时,英国本土和大英帝国的市场变得尤其脆弱"。正因为如此,"英国帝国的忧虑不仅出现在大英帝国的地理范围内，也是由美国的理念所唤起的"。

与此相应，英国试图重新定义自己在世界上的位置，"从广袤而不可动摇的大英帝国的幻想'转变为'一个与传统和过去相关联的浪漫化的英国"。面对来自美国的影响，整个英国人的反应差别很大，大多数伦敦精英对美国的威胁进行激烈的抵抗，而英格兰、苏格兰、威尔士的工人阶级则趋于接受美国娱乐并吸收其文化的方面，也有少数像H.G.威尔斯这样的知识分子视美国的崛起为福祉。而且在第二次世界大战的阴影下，愈来愈多的英国作家移居美国，从而使他们与美国的关系更趋复杂微妙。正是在此背景之下，伦敦的精英们感觉到了虚构富有历史传统的"英国特性"的迫切需要。

在第一次世界大战与第二次世界大战之间，英国的文化批评家们越来越发现，美国并没有效仿英国和其他帝国的权力模式通过占领进行扩张，而是以大众传媒的方式，超越传统意义上的领土疆界传播其影响力，对英国乃至世界进行文化殖民。

当美国化在两次世界大战之间出现之际，它并没有获得现代主义研究的学者们的更多关注。就像彼得·沃伦指出的那样，"现代主义，以其纯粹的形式，只对少数英国人有吸引力，尤其在英格兰没有吸引力"。即便像劳伦斯·福斯特、弗吉尼亚·吴尔夫这样的经典现代派作家也通常被认为比乔伊斯、斯坦因或者意大利的未来主义"表达了一种更加温和的或者部分的实验主义"。

作者认为，英国独特而矛盾的现代主义作品特性反映了英国人在两次世界大战之间，努力在与其大西洋彼岸的前殖民地有关的方面定义其自身。作者提出以一种建设性的"现代派模式"来研究英国现代主义作品，它不是针对"作家"的一个名字，而是针对在那个时期的作品中出现和聚集的"特征"。以这种方式可以发现诸如吉卜林和威尔斯等更加保守的作家，如何在不同程度上不时地参与一些现代主义的模式，从而发现构成现代主义的话语。

与此同时，作者认为对英国现代主义作品的历史分期应该扩展到

"漫长的20世纪"而不只是文学现代主义成熟的20世纪初。在作者看来，20世纪初期，美国对英国的霸主地位构成的威胁激起了英国人的怀疑和恐惧；这个时期美国化的现代叙事正在成为人们思想中的存在。"漫长的20世纪"强调了这些变化，因此形成了现代主义时期的框架，而这个时期被视为英美关系的关键过渡时刻。

19世纪，大洋彼岸的美国人也在讲述英美关系的故事，但却是另一种不同的类型。许多19世纪的美国作家发现，为了建立一种民族文学，必须与英国伟大的思想进行修辞的战斗，因此，美国作家开始反击"英国文学的成就和英国的民族生活"。

尽管如此，亨利·詹姆斯以及后来的T. S. 艾略特却被英国迷住了，他们学习英国的举止和谈吐，并且最终成为英国公民。以詹姆斯为代表的美国现代派开始向海外移居，其中许多人在海外的时候充分施展了作为作家的才能。T. S. 艾略特不仅获得了英国的公民身份，还学习了詹姆斯的小说中"仔细审视的英国式的言谈举止"。然而，并非所有移居海外的美国作家都选择了英国。譬如，将艾略特引入伦敦文坛的庞德最终既拒绝了美国，也拒绝了英国。而格特鲁德·斯坦因则像巴恩斯、菲茨杰拉德、海明威等一样选择了巴黎，认为法国提供了在英国无法获得的自由，在英国，如杰拉德·肯尼迪所说的那样，"历史、文化和语言都似乎太熟悉了"。对于斯坦因来说，"巴黎至少提供了从英美世界的一种逃离，以及对许多作家理解英国和美国时所持有的共同语言的一种陌生化"。

在两次世界大战之间，英国人和美国人都开始思考关于英美共用的英语语言问题。当时许多英国作家已经将"美国英语"作为美国自己的语言，一些美国作家也认为存在着"美国"语言。

1927年，美国上映了世界第一部有声电影《爵士歌手》，从而引发了英国人关于美国英语崛起的辩论。"美国俚语可能会感染英国，改变儿童和工人阶级的讲话和感知"。"在海外，美国英语可能取代英国英语成为新的商业通用语言，并削弱英国通过让其殖民地的臣民学习英国文学而教育他们的努力"。在1927年有声电影的刺激下，各种因素将英国对历史和传统的关注与那些关于英语所有权的问题结合在了一起。

诚如作者所言，以吴尔夫为代表的英国现代派，一生致力于表明"英语如何承载着英国文化历史的重任，以及英语如何遏制和包围我们所能够知道的东西"。英语在不知不觉中书写和梦想的世界是"英国海上权力的世界，是父权制的世界，是让男孩们参加战争的世界"。随着美国英语的崛起，"英国可能会失去作为英语的语言中心的地位，也可能会失去其对英语本身的殖民控制"。

随着美国化的日益严重，在英国引发了对"高雅"和"低俗"文化之间的"大鸿沟"的争论。作者认为，尽管现代主义与大众文化之间没有完全"物质的"鸿沟，但在20世纪早期却出现了"意识形态鸿沟"的扩大。从"高雅"和"低俗"这样的语言表述中可以看出英国人对美国化可能导致英国文化价值下降的担忧。"从好莱坞电影到爵士舞曲调，从畅销书榜到图书订阅俱乐部，美国似乎是许多英国低俗文化的源头或者灵感"。

甚至针对英国广播公司的谴责也高涨起来，称英国广播公司的垄断，并不一定会使它免受"大西洋彼岸的章鱼"的侵害，"甚至有可能，民族观和伴随民族观的民族性格，也在逐渐变得美国化"。"美国对娱乐世界的入侵应该……对审美的变化、方言的迟钝……新的思维方式、更高的生活压力、通常知足的人变得不满……承担责任"。

这种态度反映了对英国阶级差别的削弱产生的更广泛的担忧。对于刘易斯等人来说，美国化使阶级差异服从于一个统一的大众娱乐文化从而对阶级结构产生了威胁。对美国化的抵抗成为一种公认的精英姿态，这种姿态愈来愈被打上民族主义的标记。那些希望保留英国文化的人承担着保护英国文化免受美国影响的重任。

作者注意到了另一个特殊的现象，在两次世界大战期间，英国人文研究的中心学科从经典研究变成了英语研究。在此之前，英国文学研究在英国主要的大学一直是边缘性的学科；在牛津和剑桥这两所大学，它几乎不可能是一个值得尊敬的严肃的学术追求。英语是为那些没有受过经典教育的人，也就是那些不懂希腊文的人准备的。

作者认为，一部分原因是精英大学越来越渴望通过文学研究保留英国特性，开始从古代帝国语言的研究转向英语研究。作者特别提及了在这场民族化冲动中最有影响力的人 F. R. 利维斯，及其在剑桥大学进行的著名的英语文学研究改造。利维斯还因为拒绝他所谓的"美国化"而出名。他所倡导的阅读实践的目的在于帮助学生，通过语言与他们的英语遗产连接起来从而免受美国文化的影响。

第一次世界大战激化并加深了英国人对国家的忠诚和英国自豪感，同时也奠定了抵抗来自大西洋彼岸的其他形式的入侵的基础。当时全国各地的小学和中学里普遍增强了英国文学的学习，因为"文学可以保存和维护那种不可言喻的英国特性"。

然而，作者指出，英国人保护英国特性免受美国影响的努力，却是"以跨越大西洋去了解美国文学研究发展的方式进行的"。尽管利维斯及其同事们对英语研究的发展，对几年后在美国出现的"新批评"计划产生了影响，促使以语言为焦点的"新批评派"似乎放弃了国家和历史的认同。但作者的研究表明，美国的英语研究从来没有真正放弃国家历史。相反，"这些类别被融入到了学科的结构中：被划分为英国文学和美国文学"。

作者认为，后殖民研究深刻地烙上了英国文学与美国文学之间的鸿沟，在英国及其后来的帝国殖民地与宗主国关系的论述中是经常将美国排除在外的，而唯有将美国列入其中才能弥补、拓宽和深化理解英国帝国主义。

本书针对英国现代文学代表作《四首四重奏》所进行的超越前人的解读，以及围绕当代英国最著名的畅销文学作品《哈利·波特》的相关现象所做的阐释，无疑为读者提供了观察英美之间文化关系的崭新视角。同时也向读者解释了文学为何成为英国抵御被美国化的最后堡垒，天生异禀的作家虚构的富有英国特性的想象空间，飘溢着怀旧的情愫，弥散着乡愁的意绪，每每唤起人们对大英帝国传统的追忆和怀念，从而通过对历史的认同，凝聚民众对国家的认同。这再度昭示了文学自身蕴含的深邃而高远的超越时空的永恒力量。

美国经历了一个多世纪的变迁，终于从文学家想象中的"乌托邦"发展成具体可感的以"经济、军事、科技、文化"（布热津斯基语）为支柱的哥特式帝国（参见《美利坚帝国的哥特式风格》，约翰·霍格兰［John Höglund］著，阿什盖特出版社2014年版）。这一帝国形象以其宏大超拔、伟岸繁复为基本特征，同时又兼具华丽而神秘、恐怖而诡异等色彩，它吸纳了以往帝国荣辱沉浮的经验教训，强化了以理念来统治世界的先验的逻各斯基础（参见《理念的帝国——公共外交的起源和美国外交政策之转型》，贾斯廷·哈特［Justin Hart］著，牛津大学出版社2013年版）。

重温弗雷德里克·詹姆森谈及"疯狂想象"时关于"经验拼贴"的文化表述，这个哥特式风格的帝国在当今文学家想象中的未来又将是怎样的情形？是如其所愿仍旧屹立不倒，还是在震荡五洲的暴风骤雨中饱受侵蚀，渐趋衰微？是因其自身结构的失衡而自行坍塌，还是依循"历史周期"的客观规律而为更加巍峨壮观的帝国大厦所取代？

21世纪的世界图景依然存在于人们延绵不断的想象之中……

谨为序。

颜子悦
2013年9月初稿于北京
2014年12月定稿于北京

目 录

编辑前言 ············ 1

鸣　谢 ············ 5

前　言 ············ 8

第一章　美托邦：关于英国未来的跨大西洋小说 ············ 37

第二章　爵士乐中的英国：爵士乐的跨大西洋入侵与英国特性的重塑 ············ 73

第三章　娱乐帝国：两次世界大战期间英国的好莱坞 ············ 113

第四章　以英语为例：F. R. 利维斯与现代英国的美国化 ············ 145

第五章　使它旧：在《四首四重奏》中虚构英国特性 ············ 173

后　记 ············ 207

注　释 ············ 216

索　引 ············ 276

编辑前言

在这套"现代文学与文化"丛书的编辑中，有许多我们喜爱的作品：代表之一就是吉纳维芙·阿布拉瓦内尔的这本《被美国化的英国——娱乐帝国时代现代主义的兴起》。这就是说你将与现代派研究的新学者们的作品相遇，并让他们的作品将你的头脑搅乱，而这将是一件令人无比兴奋的事情。

对我们而言，本书的核心悖论是：如果作者的断言是正确的——如果大部分关于英国现代主义的理解，只能通过将英国与美国之间不断变化的联系复原至各种各样的其他载体，而我们已经习惯依据这些载体做出我们的分析（高雅相对低俗，艺术相对娱乐，中心相对边缘）——那么我们肯定已经知道这种联系了。像这样一种大胆的断言几乎是不可能得到证明的。

但是，当这个断言真的得到证明的时候……，真是很棒的一件事；本书也因此成为一本非常出色的论著。在书中，作者以其超常的耐心和清晰的思维，揭示了20世纪英国文化绝对明晰的（如果很大程度上是无意识的）历史，那是在被创造的同时又被妖魔化了的"美国时代"。书名中"被美国化"的比喻倒不是作者新造的词语，事实上该词源于20世纪早期英国的文化话语，用以显示一种类似于

被美国化的英国

马修·阿诺德（Matthew Arnold）早于半个世纪前所戏称的"庸俗主义"的力量。"20世纪早期的英国作家、学者和批评家，"作者解释道，"为当时在英国和世界正在发生的情形起了一个名字：他们称之为'美国化'"。阿诺德"在法国海岸"就已经发现了它，而吉卜林（Kipling）、威尔斯（Wells）、吴尔夫（Woolf）和利维斯（Leavis）则是跨越了大西洋才看到它；但两代人都明白自己正站在"一个被黑暗包围的平原上／到处是厮杀和溃逃的惊恐与混乱，／愚昧的军队在拼死夜战"。

在作者的论述中，英国对美国化的担忧似乎是无处不在的。这与其失去帝国的担忧紧密地或者说隐秘地联系在一起，伴随着"从英国到英国特性的崩塌，从帝国自信到自豪于当地风俗和民族传统的转变"。由于失去了对其帝国的控制，而且注定要从大不列颠缩小为一个不太大的、怀旧的"快乐英国"，所以英国开始回应性地将美国流行娱乐形式下的帝国主义鉴定为——作者所称的"美式娱乐帝国"。因此，英国人经常提及的担心是"英国内部正被美国电影殖民化"——或者更糟糕的一点——英国自己的殖民地正在被美国"有声电影"重新殖民，如同作者所写，"英国扮演着美国新媒体帝国的殖民地角色"。若在另外的时代，如此邪恶的影响可能已经被喻为病毒感染；若在冷战时期，这很有可能会以僵尸接管的幻想来加以形容。援引1927年众议院的一场相当精彩的演讲，作者写道："我们有数百万的民众，其中大多数为妇女，他们实质上属于临时性的美国公民。"当然，演讲者是在谈论美国电影，而不是《人体入侵者》（*Invasion of the Body Snatchers*）。

本书一个令人钦佩的特点是，作者同时借鉴了典范性的和非典范性的文本，探究了大量的作家，包括那些传统上被视为"少数派"的作家以阐明其论断。作者将H. G. 威尔斯和鲁德亚德·吉卜林（Rudyard Kipling）放在一起，就像论述弗吉尼亚·吴尔夫（Virginia

Woolf)、T. S. 艾略特(T. S. Eliot)以及《靠拢》(*Close Up*)的编辑那样,以生动地证明在英国所弥漫着的对于美国化的担忧。事实上,威尔斯拥护美国化的形式——其称之为"无处不在的美国"——作为对其所见的正在盛行的倒退性地怀抱虚假英国的一剂解药。作者在"美国乌托邦"的旗帜下解读出来的这种观点,是其文本研究中一根与众不同的线索;让人颇感意外的是,她从吴尔夫为美国《大都会》(*Cosmopolitan*)杂志所写的一篇文章中,发现吴尔夫是"美国乌托邦"令人惊讶的拥护者之一。然而,令人惊讶的却不是老实的"吴尔夫能够在根本不需要去访问的情况下,如此巧妙地描写美国",作者指出,"因为她非常明白,在20世纪30年代后期,没有任何地方比在英国人的想象中存在着更强有力的美国乌托邦。"在关于美国化的论述中,我们知道,重要的不是美国文化产品对于四面楚歌的英国生活方式的"实际的"影响,而是英国人对于此种影响的看法。

在作者试图寻求理解英国批评家对于"美国世纪"带来的威胁所做的反应时,她对于利维斯们,尤其是F. R. 利维斯的论述,是本书的真正贡献之一。她的发现是"利维斯在英语作为一门学科的发展中所发挥的具有影响力的作用,源于其决定设计一个有可能将英国从美国化中拯救出来的研究领域"。她甚至暗示——尽管只是在暗示的层面——美国的文学研究自身也吸收了利维斯对于美国化的担忧,这种文学的自我憎恶必然影响了美国文学研究的状态和轨迹。最令人惊奇的是——当然我们将留待读者去品味细节——作者揭示了"反利维斯派"英国人理查德·霍加特(Richard Hoggart),伯明翰文化学派的创立者,如何复制了利维斯的反美主义。

对于我们而言,本书最令人感到讶异的观点,也是最有可能激起反响的观点,是作者将《四首四重奏》(*Four Quartets*)解读为一首无声地省略了美国的关于开始和结束的诗歌……。本书的最后一章更充分地展示了作者的关键论点所带来的启发力量;"在《四首四重奏》中,"她写道,"艾略特通过同时拒绝现代英国和美国,而回到在殖民史上美国作为英国一部分的那个时光的方式,解决了两者之间的困境。这样,《四首四重奏》产生了一种特殊的横跨大西洋的乡愁,通过与美国的殖民关系回忆起大英帝国的黄金时代。"这是对这首一直已经备受诵读的诗歌的一种绝妙解读——从未有人如此解读过。

当一本书以这种解析能力阐述一个论断时,它看起来几乎成为自身的范例和案例研究:一个人放下本书,仍然戴着透视镜,以全新的视角审视英国的现代化。最引人入胜的例子莫过于本书简短的后记,我们不想破坏这个赠品,只是说其对 J. K. 罗琳(J. K. Rowling)小说的巧妙解读,除了绝对"抓住"了哈利·波特现象之外,同时也对其产生神奇力量的原因提出了迄今为止最令人信服的论据。对于我们美国人而言,仍然怀有强烈的亲英倾向,当然,同样的英国文化以其 20 世纪的形式,围绕着一种反美主义的刺激物得以形成。

凯文·J. H. 德特马(Kevin J. H. Dettmar)和马克·沃里加尔(Mark Wollaeger)

鸣　谢

　　像本书这样一个长期的项目产生了许多债务。本书始于杜克，在一个奇妙的委员会的指导之下。托莉·莫伊（Toril Moi）慷慨地贡献了她优秀的天分，精确而严格地阅读了许多遍本书的草稿。我将永远感激她。伊恩·勃肯（Ian Baucom）将我介绍给《亚特兰大研究》（Atlantic Studies），帮助我了解自己的作品如何可能改变那个领域以及其他领域的诸多假设。我通过她的删繁就简学到了许多。我尤其要感谢迈克尔·摩西（Michael Moses）广博的知识和丰富的观察力以及休斯顿·贝克（Houston Baker）带给我的灵感。同样要感谢无与伦比的凯西·索米亚迪斯（Kathy Psomiades）以及我的极好的同事们，尤其是三人帮：莉莉·谢（Lili Hsieh）、艾米·卡洛（Amy Carroll）和茱莉·春·金（Julie Chun Kim）。特别感谢一直作为我的超级对话者和珍贵朋友的吉恩·斯科菲尔德（Jené Schoenfeld）。

　　我在富兰克林与马歇尔学院的新家让我结识了一帮支持和鼓舞我的同事：帕特里克·伯纳德（Patrick Bernard）、凯蒂·福特（Katie Ford）、塔玛拉·戈格莱因（Tamara Goeglein）、卡比·哈特曼（Kabi Hartman）、艾米丽·胡伯（Emily Huber）、彼得·雅罗斯（Peter Jaros）、帕德米尼·蒙吉亚（Padmini Mongia）、尼克·蒙泰马拉诺

被美国化的英国

（Nick Montemarano）、朱迪思·马勒（Judith Mueller）、帕特里夏·欧·哈拉（Patricia O'Hara）、杰夫·斯坦布林克（Jeff Steinbrink）以及安东·尤戈尔尼克（Anton Ugolnick）。尤其是艾米丽·胡伯、卡比·哈特曼和乔凡娜·法莱斯基尼·勒纳（Giovanna Faleschini Lerner）对于本书的最终修订给予了极大的鼓励。

在学术界，最好的同行们分别是保罗·圣—阿穆尔（Paul Saint-Amour）、杰西卡·伯曼（Jessica Berman）、吉姆·英格里胥（Jim English）、迈克尔·特拉特纳（Michael Tratner）、普丽西拉·沃尔德（Priscilla Wald）、杰德·埃斯蒂（Jed Esty）、布赖恩·里查德森（Brian Richardson）、彼得·马利奥斯（Peter Mallios）、让—米歇尔·拉贝特（Jean-Michel Rabaté）、阿玛蒂普·辛格（Amardeep Singh）、瑞贝卡·万（Rebecca Wanzo）、索妮塔·萨卡（Sonita Sarker）、玛丽·楼·艾麦瑞（Mary Lou Emery）、朱迪思·布朗（Judith Brown）、美尔巴·卡迪基恩（Melba Cuddy-Keane）以及道格拉斯·泰勒（Douglas Taylor）。我还要感谢盖尔·波特（Gail Potter）和詹妮弗·戴维斯（Jennifer Davis）在这些年的写作过程中给予我的友谊。

本书极大地受益于美国大学妇女联合会、美国国家人文基金会暑期奖学金项目、佩恩人文论坛，以及富兰克林与马歇尔学院研究基金的支持。还要感谢丽塔·伯纳德（Rita Barnard）和戴米·库尔兹（Demi Kurz），他们在宾夕法尼亚大学"性别、性和女性研究项目"的赞助下，在本项目进展中的关键时刻为我提供了写作的空间。此外，我很荣幸在过去几年中有机会在现代主义研究协会的会议上讨论本书的一些主要想法，那些谈话已经成为后续内容的一部分。

在富兰克林与马歇尔学院，安德鲁·耶格尔（Andrew Yager）是一个非常出色和细心的研究助手，图书馆管理员斯科特·凡恩（Scott Vine）则在紧要关头提供了协助。我还要感谢英国电影学院和英国国家图书馆的管理员的帮助。本书第三章的部分内容曾首次发表于《现代主义文化》(*Modernist Cultures*)(2010年)第5期,第四章早期版本的部分内容曾发表于《现代主义/现代性》(*Modernism/Modernity*)(2008年)第4辑15期。我感谢这些杂志的编辑们同意再版。

马克·沃里加尔和凯文·J. H. 德特马是超高水平的丛书编辑,与他俩一起工作是真正令人愉悦的事。感谢马克在我需要时随时与我长谈。牛津出版社的夏农·麦克拉克伦(Shannon McLachlan)和布兰顿·欧尼尔(Brendan O'Neill)既严谨又人性化,他们的工作已经是我能想象出的最好的了。我还要感谢那些不知姓名的阅读者,他们详细的批注影响并完善了最后的定稿。

最后但并非最不重要的是:我的家人。我感激弗雷德(Fred)和南希·阿勃特(Nancy Abt)以幽默和优雅的方式表达出的对我的爱和信任。贝茜·阿布拉瓦内尔(Bessie Abravanel)在其104岁的高龄一直鼓励我。我要感谢我的父亲尤金·阿布拉瓦内尔(Eugene Abravanel),他为我塑造了学术严谨的模式,让我对谈话的每一个主题都充满好奇。还要感谢我的母亲温蒂·阿勃特(Wendy Abt),她在我写作本书的时候始终陪伴着我,而且远不止如此:难以用语言表达我的感激之情。能成为你们的女儿是一件幸事。感谢我的丈夫,约翰尼(Johnny),请让我在此记下你在我生命中让我感受到的持久快乐。你是我做出的最正确的决定。还有乔舒亚(Joshua),你在本项目快要结束时到来,让一切都变得甜蜜。

前　言

挑起白种人的责任！

孩子气的日子结束了。

——鲁德亚德·吉卜林，"白种人的责任"（"The White Man's Burden"），1899 年[1]

爱德华时代的诗里的确让他们简单的小世界看起来相当诱人。所有这些自制的蛋糕和槌球……总是相同的画面：盛夏，太阳下的漫长白天，薄薄的诗集，洁白的床单，淀粉的气味。如果你没有自己的世界，后悔路过别人的家，也是令人愉悦的。但我必须说，生活在美国时代是相当沉闷的——当然，除非你是一个美国人。也许我们所有人的孩子都将是美国人。这也是个想法，难道不是吗？

——约翰·奥斯本（John Osborne），《愤怒的回顾》（Look Back in Anger），1956 年[2]

前 言

在约翰·奥斯本 1956 年的具有里程碑意义的剧本《愤怒的回顾》中,一个令人不安的想法使店主吉米·波特（Jimmy Porter）感到震惊。他想到,英格兰现在生活在"美国时代"——以至于下一代英国孩子可能会直接变成美国人。[3] 然而,仅仅几十年前,在世纪初的时候,许多英国人还认为自己的国家在世界上占据主导地位,是太阳永不落的帝国,是一个高度发达的社会,与此相反,用鲁德亚德·吉卜林的话说,美国则显得"孩子气"。值得一问的是,在大约半个世纪的时间里,英国如何从吉卜林的帝国信心过渡到了奥斯本的沉重的失败主义。故事情节是如何从英国在全球的优势地位,转变成其在全球性的美国时代中的小角色？谁讲述了构成这种转变的故事,而故事又是如何被讲述的？与此同时,鉴于文学现代主义在这段时期的发展成熟,这些故事为什么不为文学批评家们更加熟知,而且为什么英国创造的美国时代没有成为这个领域的一个共同特点？

让我们暂且回到吉米·波特。吉米所间接感叹的是一个已经失去的世界,一个蛋糕和槌球的世界,一个上等阶层和帝国的世界。到了 20 世纪中叶,大英帝国霸权的所谓盛夏由于冷战而冷却下来,英国被其大西洋彼岸的前殖民地所取代的故事比比皆是。这些故事讲述了美国资本主义的崛起,以及金融实力从伦敦到纽约的转移。它们讲述了全世界都在学习美国俚语,都相信美元而不再相信英镑。它们讲述了美国大众娱乐的泛滥——好莱坞电影和爵士唱片——甚至涌入了最质朴的英国乡村。它们用哀伤、尖刻和充满希望的各种语气,讲述英国的终结以及随着美国这个新时代的来临大英帝国的消亡。

这些故事最明显的关键是,从英国的帝国权力的高峰向"美国世纪"的曙光的过渡。不过,问题是人们如何才能讲述从一个时代向下一个时代过渡的故事,尤其是如果一个时代首先就是由故事组成的一种事物的话？在吉米那里，他向前展望，看到了将会出生在美丽的新世界的一代，那个世界充满了美国的娱乐、休闲和商品。与此同时，正如奥斯本的剧名所暗指的，为了讲述现在和未来，吉米必须回顾过去。吉米向后看的目光将他带回了20世纪初，带回了那险峻的几十年，当时这种美国时代似乎不可能马上到来，而它的到来也不可避免。这样的一种回顾的目光触发了其自身的问题。20世纪初如何经历了这种艰难的转变？这种转变以何种方式改变了英国人关于英国在世界上的作用以及他们本土文化的各种各样的观念？为什么在"美国世纪"之初出现了独特的叙事和文学现代主义？这种转变本身如何减少了文学学者讲述关于它的故事的机会？如果"我们"回头看看，会发现什么？

这些问题的答案不仅会带我们穿越文学现代主义，还会将我们的目光导向文学研究的崛起本身。毕竟，现代形式的英语研究于20世纪初在大学扎下了根。文学现代主义和英语研究同时发展，它们可以被认为在诞生的时候就是相互独立的，它们的形态以一种关联和相逆的方式彼此映照——像美国时代的叙事符号中的双卵性双胞胎。虽然本书研究的将不是我们这个学科的一种历史，笔者将会同时简要考虑我们自己已经讲过的故事，以及我们逃避自己以为了解的所谓的英美现代主义的企图。笔者不希望将英美现代主义恢复成一种核心对象，而是把它卸下，从而表明它仍然是一个盲点并不是一个已知的量，正因为如此，使得我们想要逃脱它的企图仍然不言而喻地甚至是无形地被它指导。近年来，现代主义的批评越来越多地踏出了重要而巨大的步伐，超越了一种无差别的英美现代主义，而去考量跨大西洋的影响和交流。[4] 这些工作是道格·毛（Doug Mao）和丽贝卡·沃尔科维奇（Rebecca Walkowitz）在2008年提出的现代主义研究中"跨国转向"的一部分；"跨国转向"是一种运动，它远离以国家为基础的认识论，转而对其他联系网络产生兴趣。尽管

前言

如此,但现代主义研究,甚至其反抗的模式,仍然拴在英美模式之上,部分原因是想象的从英国到美国的过渡的元素——崇高与卑下的理念,艺术和娱乐的理念,语言和民族的理念——从一开始就在那里,帮助构成了我们现在所知道的文学研究。

与此同时,英国的美国化的故事是一个跨国故事——不仅跨大西洋——只要英国人对美国影响的忧虑融入并形成了关于英国的帝国范围的概念,以及对拥有或者成为一个帝国意味着什么的理解。笔者并没有主要聚焦于艺术的影响力、共同的艺术运动或者各个作家的迁移——这些可能被认为是一种丰富的跨大西洋模式——而将关键的文字和叙述放在更广泛的美国化的文化领域内。这种更广泛的领域反过来让笔者思考,那些交流和影响的研究往往不突出;也就是美国化的叙事经常体现和激发的负面反应和焦虑。本书既不是英美关系的一种文化史,也不是英国人对美国大众文化的反应。与此相反,它是根据对美国的理解英国如何重塑自身,以及英国的文学现代主义如何通过这种重塑而发展和变化的一种探索。

美国化

20世纪早期的英国作家、学者和批评家为英国和世界正在发生的事情起了一个名字:他们称之为"美国化"(Americanisation)。美国化(还有它的同源词,如法语"americanisation")是代表那个世纪的新词,部分是因为它似乎命名了那个世纪深刻的转变。作为标准化的一种粗略的同义词,或者 F. R. 利维斯(F. R. Leavis)所说的"向下拉平"(levelling down)的同义词,整体而言,美国化所指的是美式资本主义的兴起和传播以及往往随之而来的大众娱乐。[5]第一次世界大战后,爵士音乐蔓延到整个英国的城市和乡村,同时,好莱坞电影开始在英国本土的电影院占据主导地位。尤其是,好莱坞电影成为日常生活中一个无处不在的特点,以至于文化批评家们对

被美国化的英国

英国正在被美国电影从内部殖民的程度发出感叹。一些人认为，美国化似乎能够实现吉米·波特的预言：将英国人变成美国人，或者至少变成美国商品和传媒的难以控制的、盲目的消费者。甚至更普遍地，美国化似乎是一种削减，是对文化独特性以及产生这些文化的历史的一种削减。在两次世界大战期间，美国逐渐成为"现代"的代名词，导致大英帝国——历史上被视为一个进步先锋——开始显得老气而即将衰退。

美国与现代的这样一种等同不仅是英国的困境。欧洲人对美国化的反应正在揭示他们与英国在这一方面的共同点和不同之处。"美国化"这个词本身可以追溯到欧洲现代主义发展的早期，甚至是其繁殖的时刻。查尔斯·波德莱尔（Charles Baudelaire）经常被认为是现代主义写作的一个直接鼻祖，也经常因创造"美国化"（americanisation）这个词而受到赞誉。以一种悲观的预言，波德莱尔将现代时期称为"我们下一步将步入的时期，这个时期的开端是以美国和工业的至高无上为标志的"。[6] 菲利普·罗杰（Philippe Roger），曾经将波德莱尔称为"抵抗美国化的火炬手"，注意到波德莱尔的思想如何从应受谴责的"被美国化的"个人的景象发展为一种噩梦般的集体美国化的图景。[7] 正如波德莱尔在1861年写道，"机械化将我们如此地美国化，进步已经使我们所有的精神如此地枯萎，以至乌托邦主义者的所有梦想，无论多么残暴……都无法与这样的结果相比。"[8] 尽管波德莱尔对颓废和衰落的推崇闻名遐迩，他却认为美国的兴起是人性的灭亡。"美国化"的概念因此成为波德莱尔对现代条件下特定病症的一种诊断。

波德莱尔对美国化的激烈抵抗预示着20世纪欧洲知识分子的立场，诸如法兰克福学派理论家西奥多·阿多诺（Theodor Adorno）和法国社会评论家安德烈·西格弗里德（Andre Siegfried）。这些欧洲人的反应标志着美国化概念的广泛传播的特点，也最终揭示了英国与它的前殖民地之间关系的奇异特性。而阿多诺担心的是，在他所看到的这样一个基本属于美国式的"文化产业"的年代里艺术的命运；西格弗里德，以其被广泛重印和翻译的作品，诸如《成长的美国》（*America Comes of Age*）（1927年）和《欧洲的危机》（*Europe's Crisis*）（1935年）等，传播了对美国可能取代欧洲在全球的地位和影响力的恐惧。[9]西格弗里德说，"对于美国而言，新秩序的出现是一个令人骄傲的理由，但对欧洲而言，却使他们为一个注定消失的社会状态而心急如焚并感到遗憾。"[10]西格弗里德所说的"心急如焚并感到遗憾"反映了一种信念，认为经常由亨利·福特（Henry Ford）这个人物所代表的美国的经济实力，正为破坏欧洲所珍视的价值观和传统而做准备。贝尔托·布莱希特（Bertolt Brecht）也表达了这样的情绪，虽然他是从一个明显具有政治优势的角度来表达的，当他在1929年的一首诗中提到美国的"电影"、"唱片"和"口香糖"的时候，他讽刺地指出，美国人似乎"注定要通过帮助世界进步而统治世界"。[11]与此同时，欧洲对美国的支持有时会从令人惊讶的群体中出现。例如，意大利的马克思主义者安东尼奥·葛兰西（Antonio Gramsci）对"欧洲小资产阶级的……反美主义"发出感叹并想知道亨利·福特的方法是否可以转而用于社会主义目的。[12]在新苏联的某些地方，福特之于社会主义的潜能被更为认真地看待，那些地方的工人为福特庆祝，甚至有时候还将自己的孩子取名为福特。[13]

关于美国的威胁或者前景，尽管英国呼应了欧洲的各种态度，但是英美的情况是不同的。首先，作为前英国殖民地，美国代表了一个新的、独立的国家，不再受英联邦的约束，它从大英帝国诞生而来。英国的帝国计划的失败——或者其失败的可能性——因此作为代码被编进了美国的真实存在中。此外，英国和美国共用一种语言，这是英国帝国主义的遗产，在一些人看来这是巨大的不幸。有些人认为美国娱乐业正在成为一种全球威胁，对他们而言，英美共

被美国化的英国

用一种语言的事实使得在面对美国的音乐和电影时，英国本土和大英帝国的市场变得尤其脆弱。通过在跨大西洋的框架下审视现代英国，可以超越熟悉的宗主国和殖民地的二元关系而看到，英国帝国的忧虑不仅出现在大英帝国的地理范围内，也是由美国的理念所唤起的。

这一时期的文本以不同的方式表现了美国在殖民未来，在打断大英帝国的进步目的论，并迫使英国重新定义自己在世界上的位置。在某些情况下，这些重新定义导致大英帝国到英国的一种萎缩，也就是从帝国信心到对英国本土的风俗习惯和民族传统的骄傲的一种转变。这种意识形态的转变标志着，从广袤而不可动摇的大英帝国的幻想到一个与传统和过去相关联的浪漫化的英国的一种转变。面对来自美国的影响，整个英国人的反应差别很大——譬如苏格兰和威尔士的工人阶级一般都避免这种浪漫的英国景象，有时候甚至赞成与一个想象中的美国结成更大的联盟——那些与伦敦有联系的作家和知识分子发现很难避免对美国威胁和英国抵抗的论述。被一些批评家称之为"小英格兰主义"的兴起，不仅反映了大英帝国的衰落，同时也反映了跨大西洋的比较，这种比较使大英帝国的衰落变得愈发凸显。[14]因此，英国特性变成了一种安慰奖，旨在安慰可以预见的帝国权力的失去，也使英国过去的美德成为对正在逝去的创造未来的实力的补偿。

这种英国特性的虚构性以及建构它的推动力，在那些伦敦精英之外的人的反应中变得尤为清晰，英格兰、苏格兰、威尔士的工人阶级，特别是年轻一代，以及在某些情况下那些从大英帝国的其他部分看着英国的人。在一定程度上，这些群体趋于（虽然从未统一地）接受美国娱乐并吸收其文化的方面，这使得创造英国特性这一想象的中心变得紧迫。虽然本书后面的章节经常涉及这个具有主导性的英国特性的叙事，读者也会发现对抵抗、排除和碎片模式连贯性地或者阶段性地提及，使得人们感到合并英国特性更有必要。毕竟，在整个英国，有对美国崛起成为全球力量的拥护者。英国的报纸广泛地为美国赢得1898年的美西战争而欢呼，将他们的前殖民地视为一个可能的战略盟友。在美国介入第一次世界大战以后，这种希望显现了出来。对美国的理解，尤其是伍德罗·威尔逊（Woodrow Wilson）这个人物所体现的，简单却有力地激起了大众的热情。虽然是少数，但有些知识分子将美国崛起为世界主导力量称之为一个福祉。例如，H. G. 威尔斯将美国进步视为"未来"的各种狂热表述，将英国的社会阶层与美国的民主理想进行了对比。[15]到了20年代，福特·马多克斯·福特（Ford Madox Ford）认为，美国比欧洲对英国更重要，他提出，"在大西洋的两岸，文明已经相当整体性地成了什么前进和后退的一件事。"[16]不仅福特等英国作家欣赏美国的强大市场，而且在第二次世界大战的阴影下，愈来愈多的作家移居到美国，如W. H. 奥登（W. H. Auden），有些人还获得了美国公民身份，使他们与美国的关系进一步复杂化。[17]

美国现代性、英国现代主义和娱乐帝国

在英国人对美国化的反应中，通过对两次大战之间财富从英国向美国转移的洞察，更广泛的语境得以产生，其中的部分语境增加了他们反应的分量和严重性。研究这一转变的学者趋向于强调其物质的标志：美元在很大程度上取代英镑而成为目前的全球通用货币，而且金融中心开始从伦敦向纽约迁移。[18]虽然在20世纪初，美国曾经对英国负债，但第一次世界大战有效地扭转了局势。[19]英国突然发现自己在字面上对其前殖民地负债了，与此同时，美国在一战结束时的军事干预也在象征意义上使英国对美国负债。历史学家们记录了两次世界大战之间霸权从英国向美国的转移，社会学家乔万尼·阿瑞吉（Giovanni Arrighi）称之为20世纪决定性的现象。[20]阿瑞吉与其

他人倾向于将这种转变作为一种物质现象进行讨论,然而笔者则更有兴趣讨论关于这一现象富有想象力的维度。沿着这些思路,将英美关系的这种变化表达成由托马斯·库恩(Thomas Kuhn)所提出的一种范式转移是可能的。[21] 在这里,范式转移是一个有用的模式,因为它并不是宣布关系的一刀两断或者破裂,而是抓住随着时间推移而导致的变化的累积,这种变化一般因特定事件而被推动,直至一个原本似乎不可能的世界图景变得似乎不可避免。在英国对美国崛起的反应方面,转折点可以大致确定为第一次世界大战后的时期,在那段时间里,英国在美国的物质和精神投入都经历了相当大的变化。

在战争之前,即使是那些预期美国会崛起的人,一般也想象着美国将仿效英国或者欧洲的其他帝国。因此,当美国通过1898年美西战争和随后吞并古巴和菲律宾的行动彰显其帝国计划时,许多英国人想象着美国会遵循英国的范例。在"白种人的责任"(1899年)中,吉卜林在面对一个新美利坚帝国时,假设了这个年轻的国家有许多地方要从大英帝国那里学习。然而,在第一次世界大战以后的数年里,这些早期的关于美国力量的想法发生了越来越多的变化。吉卜林的战前模式将美国实力表现为比英国弱一些但却在本质上相似的国家实力,而后来的作家们则表达了面临一种新型世界权力时的惊恐;人们更明显预料到的是全球商业化和标准化,而不是占领和殖民统治。

对这种新型权力的分析尤其出现在将美国作为一个娱乐帝国的描述中。在两次世界大战之间英国的文化批评家中,不止一位指出,美国似乎通过其大众传媒要对英国和世界进行殖民。即便是 T. S. 艾略特,这位成为英国公民并坚持神圣的英国特性的美国人,也将美国的商品文化称为其特殊的"帝国主义"。[22] 尽管所谓的美国娱乐帝国主义有别于美国的领土扩张,但这两者却经常被那些承认美国是

前　言

一个新型世界权力的英国人集合在一起看待。大英帝国在历史上曾经通过占领而进行扩张，与此不同，美国的娱乐帝国似乎能够远远超越其领土界限传播其影响力，并侵犯英国及其殖民地。

无论美国的崛起被认为是福音还是威胁，它都持续地成为现代条件本身的代名词。那个时期的书籍，譬如《美国主义：世界的威胁》（Americanism: A World Menace）、《美国侵略者》（The American Invaders）以及《这个美国的世界》（This American World）都以各种方式将"美国"作为现代的代名词。[23]然而，奇怪的是，当美国化在两次世界大战之间出现的时候，它并没有获得现代主义研究的学者们的更多注意力。现代主义研究早已有一种直觉，而且这种直觉在过去的十年左右增强了，那就是它关注的核心是"现代性"，这一模糊的类别能够指向整个文化的厚度，在这个文化厚度中现代主义出现了，而且现代主义就是文化厚度的一个自反的组成部分。没有预先假定一个在另一个之前，似乎现代主义作品都在与当时的所有动荡进行搏斗：电街灯和汽车，精神分析学的诞生，机械战争、电影以及相对论的后遗症。对于该研究领域而言，这一关注通过文化厚度研究以传达早期现代性的方式——维多利亚的、浪漫主义的、中世纪的——方式是富有成效的，并且许多具体的对比或者有趣的碰撞时刻已经被追踪到文学文本及其20世纪初的语境之间。然而，与现代文化的其他方面不同，美国化的概念早在20世纪初就完全代表了现代性这个概念，并且经常以其最负面的形式来表现。那么，值得一问的是，现代主义与一个似乎代表现代"概念"本身的概念之间的关系是什么？而且，关于我们称之为英国现代主义的类别，这种观念可能会具体揭示什么？

数量惊人的批评家以这样或者那样的方式指出，英国的现代主义——或者至少英格兰的现代主义——是一种不恰当的表述，20世纪早期，英国作家没有像来自其他国家传统的作家那样写出这种实

被美国化的英国

验式的作品。正如彼得·沃伦（Peter Wollen）颇有说服力地指出的那样，"现代主义，以其纯粹的形式，只对少数英国人有吸引力，尤其在英格兰没有吸引力。"[24] 杰德·埃斯蒂（Jed Esty）同样认为"英国现代主义，不仅在与大陆先锋派对比时，也在与爱尔兰和美国的以英语为母语的现代主义元素的比较中，显得相对封闭和传统"。[25] 当然，现代主义领域的学者的特殊乐趣之一就是，更为普遍地辩论——有时候是以十分细致入微的方式——现代主义的首要主体究竟能否称得上存在。这类辩论一部分依赖于现代主义的状态，如同弗雷德里克·詹姆森（Fredric Jameson）所说的"一个迟来的概念"，或者二战后批评家的意识形态计划。[26] 此外，宣称英国现代主义的伟大消失，或宣称它的不存在，则忽略了最近才进入经典行列或者仍然处于一种边缘状态的实验作品［想到伊迪丝·西特韦尔（Edith Sitwell）］。它也低估了诸如吴尔夫等更被公认的创新作品的作家，或者将这样的作品与浪漫主义相联系，就像对弗兰克·克默德（Frank Kermode）有影响力的解释一样。[27]

与此同时，我们一直感到英国现代主义是一种矛盾的说法，或是诞生于我们对其存在的极其渴望中的一个幽灵，而不仅仅是从二战后经典化的问题中产生的。当然，似乎那些被最充分地奉为现代派经典的英国作家——劳伦斯·福斯特（Lawrence Forster），甚至包括吴尔夫——都比乔伊斯（Joyce）、斯坦因（Stein）或意大利的未来主义（the Italian futurist）表达了一种更加温和的或者部分的实验主义。笔者认为，这个由来已久的重要直觉，也就是关于英国现代主义有一些不完整或者不一致的地方，能够在一个跨大西洋的框架内得以解释。与欧洲前卫派的作品不同，英国现代主义被当作旧的与新的、传统与个人才智之间的一种决战而写入文学史。[28] 英国独特而矛盾的现代主义出现的时候，恰逢现代所有权似乎正在转移到美国之际，这不只是巧合。如果认为美国影响单独导致了英国现代主

前 言

义的矛盾特质的话就太过了，这种异乎寻常的作品特性反映了英国人在两次世界大战之间，努力在与其大西洋彼岸的前殖民地有关的方面定义其自身。因此，虽然笔者的确相信存在英国现代主义这样一个事实，并且也认为它不是一个幻象而是一个有着一套合理文学对象的概念，笔者还相信对那些我们最经常称之为现代主义的英国作品——它们与浪漫主义、英国的历史和传统之间的联系——的回顾，很大程度上出现在英美关系的剧烈动荡及其改变现代性意义的普遍方式中。

范围广泛的各种声音叙述了这些跨大西洋的动荡，包括那些通常并不被视为现代派的声音。诸如鲁德亚德·吉卜林以及H.G.威尔斯等作家，从传统意义上讲并不是非常现代主义的，但是他们的作品却揭示了构成现代主义的话语。笔者认为，对于一个以美国化为核心的探讨而言，将作家划分为现代主义或者非现代主义的这种模式的作用是有限的。笔者建议代之以本人所谓的"现代派模式"（modes of being modernist），它不是针对"作家"的一个名字，而是针对在那个时期的作品中出现和聚集的"特征"。这些模式包括所有被熟知的现代主义作品的特征：形式实验、对语言物质性的一种兴趣，向主观性的一种转变，等等。不再将现代主义视为一个全有或全无的概念，在此概念中作家们或者被放大或者被缩小，这种模式让我们专注于一部给定作品中的现代主义的形式、修辞以及能量的发挥。这种模式可能在一位给定作家的一些作品而不是其他作品中出现，几种模式可以同时或者不同程度地运用，而这些模式可能集中在一位作家职业生涯的某些特定的点上。以这种方式可以发现诸如吉卜林和威尔斯等更加保守的作家如何在不同程度上不时地参与一些现代主义的模式。

这种模式开辟了一个狭窄的标准，似乎趋向于主张将一个给定时期的所有作品都称之为现代派。然而，笔者提出的"模式"以两种方式避免了这种可能性。首先,给定文本是否涉及一种或者多种现代派模式,可以并且应该是一个有争议的问题。那些熟知文本的批评家们,能从重要的现代主义者的经典作品,到那些日益增多的"中庸"现代主义者作品中,识别出这些文本所使用的模式。其次,这个模式表明,正是因为存在多种模式的现代主义,现代主义的标签不必是一个概括性的术语。因为这个术语本身带有"模式"(modes)这个复数词,是适宜容纳不同之处的,这种方法减少了将一个时期的作品都均质化于一个涵盖性的术语之下的危险。笔者建议,我们把"模式"这个词附加到更熟悉的"现代主义"(modernist)之上,这当然不是号召放弃更宽泛的"现代主义"(modernism)这个词——或者最近被使用的"现代主义"的复数词(modernisms)。与此相反,这样做是要放弃对那一时期的作家做硬性和快速的分类,这种分类使得对美国化的反应变得复杂化,也削弱了分类的作用。这也有助于排除有时被视为替代品的方法:人们将所有20世纪早期的作家称为现代派;这种方法没有解释他们作为现代派的不同"方式",使现代派这个词变得如此具有包容性而使之变得没有意义。[29]

由于文学现代主义成熟于通常被称为"美国世纪"的20世纪之初,这种模式也引出了分期的问题。可能看起来一个给定的模式能够在任何时间或者地方的文学作品中被发现,而且不只是在20世纪早期的作品中。仅举两个例子来说,尽管形式创新以及对人类内在的兴趣能够从经典古代作品中得以发现,然而,是在20世纪这些模式得到了足够的集中和有感染力的传播,从而成为一个值得去辨别的领域。20世纪早期模式的这种集中是,笔者所提议的我们应该采取的更广泛的历史分期的一部分,这个更广泛的历史就是漫长的20世纪。社会学家乔万尼·阿瑞吉,在他《漫长的20世纪》(*The Long Twentieth Century*)一书中,勾画出了一个有用的模板。他确定了权力与影响力的历史循环：将"英国周期"追溯至19世纪下半叶，一直延伸到20世纪初，而"美国周期"则是从19世纪后期往后。引人关注的是，阿瑞吉将爱德华时代确定为"英国自由贸易帝国主义的制高点"——美国周期在这个点才刚刚开始。

这里是阿瑞吉与现代主义的相关性的关键：他颇有洞察力地将20世纪早期的特征视为，英国与美国之间的权力周期"重叠"的时期。这种重叠从19世纪末开始，延伸至20世纪初，也是英语语系的文学现代主义的时期。即使没有阿瑞吉的框架，很显然，20世纪初也体现了英美关系史上一个独特的历史时刻。它既不同于19世纪中期，当时对美国取代英国的权力和影响力的想法基本上是科幻小说，也不同于冷战后期，当时由于英国处于美国核计划的庇护之下，许多人因此认为权力转移已经发生了。然而，20世纪初期——文学现代主义的时期——是一个不确定的时期，当时美国对英国的霸主地位构成威胁，从而激起了英国人的怀疑和恐惧；这个时期美国化的现代叙事正在成为人们思想中的存在。漫长的20世纪强调了这些变化——或者这些变化的故事——因此形成了现代主义时期的框架，而这个时期被视为英美关系的关键过渡时刻。

与此同时，历史分期也是讲故事的一种。几乎任何时间的划分都可能被称为一个时期，由诸如物理学的发展或者欧洲战争开始等叙事而得以合理化。然而，对于20世纪而言，美国时代作为名字是引人注目的，不仅是因为经济和政治的原因，也因为20世纪初期本身就讲述了美国时代的应运而生。1941年，《时代》（Time）杂志的出版商亨利·卢斯（Henry Luce）创造了"美国世纪"（American Century）这个词，以此为20世纪命名。[30]卢斯不寻常的选择——以一个现代化国家的名字来命名一个世纪——使那些看到奥斯本的"美国时代"来临的英国人的恐惧得以具体化。[31]无论这个名字假定和忽略了什么，也无论这个名字的傲慢和不足，都有一个意义就是，20

被美国化的英国

世纪是美国的世纪,因为它是一个致力于讲述关于美国崛起的故事的世纪,既有庆祝也有恐惧。

美国对英国影响的焦虑

在19世纪,美国人也在讲述英美关系的故事,但却是另一种不同的类型。也就是说,美国作家倾注了大量的笔墨描述他们对提升至英国文学遗产水平的担忧。这些担忧可以被解析为,用哈罗德·布鲁姆(Harold Bloom)的说法,美国对英国影响的焦虑。自《影响的焦虑》(The Anxiety of Influence)(1973年)发表以来的数年中,批评家已经采纳了布鲁姆关于英美关系框架的理论。譬如,在《越洋出卖》(Atlantic Double Cross)中,罗伯特·韦斯布赫(Robert Weisbuch)认为,美国作家从一种"防御姿态"开始反击"英国文学的成就和英国的民族生活"。[32]这种防御姿态体现在了拉尔夫·沃尔多·爱默生(Ralph Waldo Emerson)的著作中,在他1856年关于和约瑟夫·卡莱尔(Joseph Carlyle)交谈的论述中,他称英国是"一个老而疲惫的岛屿"。[33]为了建立一种民族文学,许多19世纪的美国作家发现,必须与认为英国伟大的思想进行修辞的战斗。

尽管爱默生的态度是19世纪美国反抗与个人主义的典范,但亨利·詹姆斯(Henry James)——以及后来的T. S. 艾略特——却成为随后的相反典范。詹姆斯不像爱默生,詹姆斯被英国迷住了,他学习英国的举止,并且最终成了一个英国公民。詹姆斯既是亲英派也是国际化的,他体现了从似乎是美国人的自卑感到对英国籍的一种复杂和矛盾的拥抱的转变。詹姆斯预示了美国现代派向海外的移居,其中许多人在海外的时候充分施展了作为作家的才能。T. S. 艾略特也许是对詹姆斯的亲英倾向最明显的继承者,他不仅获得了英国的公民身份,也学习了那些詹姆斯在其小说中仔细审视的英国式的言谈举止。

前　言

　　并非所有移居海外的美国作家都追寻了艾略特的足迹。庞德（Pound）将艾略特引入了伦敦文坛，他早期的亲英倾向长期以来很著名；庞德还通过编辑艾略特的《荒原》（*The Waste Land*）以外的作品，以提升艾略特文学的英国特性，他因此在这方面也广为人知。不仅如此，庞德最终既拒绝了美国，也拒绝了英国。早在1913年，关于英国，他写道："我知道，我栖息在一个摇摇欲坠的帝国的烂壳上，但它不是我的帝国"；到了1929年，他写道，他认为"目前没有根本必要考虑英国"。[34]与此同时，正如亚历克斯·兹沃德林（Alex Zwcrdling）所指出的那样，庞德谴责美国的商业主义。[35]这位创作了"让它变新"（"Make it New"）的作者却具有老年人的特征，无论美国还是英国都不是他的答案。尽管如此，在大英帝国的衰落和美国资本主义退化的叙事中，庞德依然是一位有见地的参与者。格特鲁德·斯坦因（Gertrude Stein）选择了巴黎（就像巴恩斯、菲茨杰拉德、海明威等一样），认为法国提供了在英国无法获得的自由，在英国，如杰拉德·肯尼迪（Gerald Kennedy）所说的那样，"历史、文化和语言都似乎太熟悉了。"[36]对于斯坦因来说，巴黎至少提供了从英美世界的一种逃离，以及对许多作家理解英国和美国时所持有的共同语言的一种陌生化。

　　弗吉尼亚·吴尔夫无意中透露了许多关于共用的英语语言的问题，在《新共和》（*The New Republic*）杂志上的一次具有争议性的讨论中，她提出，英国与美国的作家其实并没有持有一种共同的语言。吴尔夫1929年刊登于《新共和》的文章"论不通法语"（"On Not Knowing French"）引发了争议，文中吴尔夫以亨利·詹姆斯为例，将其视为一个使用外语，即英语，写作的作家。吴尔夫丝毫没有意识读者可能的反应，她在第一段写下了致命的一句话："因此，一个具有所谓的对英语的完美掌控的外国人，可能可以写出语法正确的英语和富有音乐感的英语——的确，他会像亨利·詹姆斯一样，经常写出比以英语为母语的人更精致的英语——但是，我们从来没有从这种无意识的英语中感受到每个词的过去，它的联系，它的附着。"[37]（作者强调）自然，看完这句话之后，没有人对文章剩余的部分感兴趣了，其他部分都是关于法国人的。而且，《新共和》的美国读者竭力反对文章对詹姆斯的英语的诽谤，以及由此延伸的对全体美国人的诽谤。在一封写给编辑的信中，一位愠怒的美国读者问道："我有兴趣知道，她认为亨利·詹姆斯的母语是什么——也许是乔克托语？（Choctaw, perchance?）——既然他来自波士顿的荒原。"[38]"也许是乔克托语"完美地总结了美国读者的焦虑和反抗——古老英语"偶然"（perchance）一词是试图排除"乔克托语"威胁的可能。再恰当不过的是，詹姆斯已经于1905年提出，赞成保留美国讲话中的英语特性，以抵制他所谓的"美洲口语的低劣特质"。[39]

当《新共和》的读者表示，吴尔夫体现了英国人在面对美国人时的"屈尊"，尽管这可能不是实情，但吴尔夫却体现了两次世界大战之间，英国人在思考英语、英国和美国时的一条重要思路。[40]其他英国作家已经将"美国英语"作为美国自己的语言，其中包括福特·马多克斯·福特（Ford Madox Ford），他吹嘘自己可以讲"德国、法国、英国和美国的语言几乎一样好"。[41]一些美国作家也认为存在"美国"语言，其中最突出的是H. L. 门肯（H. L. Mencken）。[42]而吴尔夫却在对语言困境的描述中流露出了这一点。具体而言，吴尔夫将英国英语与历史联系起来，而将"美国英语"表现为一种新的语言，吴尔夫的话听起来很像一个人，就是F. R. 利维斯，虽然除了这一点，他们两人几乎没什么共同点。吴尔夫和利维斯都将英语——"英国的"英语——视为感性的宝库，视为连接国家历史的一条生命线。对比之下（也是在自卫），吴尔夫称赞美国英语的新奇，称它具有"创建最生动的新词语和新词组的力量"。因此，在吴尔夫的估计中，"使它变新"不是使它变成英语。要解释为什么英国现代主义没有像美国移居海外的人那样语言感觉激进,值得记住的是,对于许多英国人而言,新奇似乎属于美国人——尤其在提及文学现代主义的主要媒介即语言本身时。

此外,吴尔夫被揭示出是提出这些主张的作家。比起福斯特和劳伦斯等作家,吴尔夫跻身英国最具实验性的现代派;从她1922年创作的《雅各的房间》(Jacob's Room)起,吴尔夫展示了她对新奇、形式创新以及语言的可能性的喜爱。女权主义批评家很早就赞扬吴尔夫"打破语句和顺序",这是对吴尔夫在《一个自己的房间》(A Room of One's Own)中自己所做评语的一种改编。[43]因此,听起来很有趣的是,在所有人中是吴尔夫提出了美国英语代表新奇,英国英语信奉老旧。埃德蒙·威尔逊(Edmund Wilson)批判吴尔夫的观点太简单,也太过分裂主义,随之在《新共和》上的争论结束了;这位最后的回应者——一位迁往美国的英国教授——进一步对吴尔夫进行批判,他用一个简短的美国习语谱系表明,这些习语实际上要比英国的现代语言更古老。[44]所有这些喧嚣所暗示的是,关于语言的感情汹涌澎湃,而且这些感情也以独特的方式出现在了英国的公共领域。

在吴尔夫的文章发表前两年,英国关于美国英语讨论的趋向就已经开始了转变,当时美国上映了世界第一部有声电影。不是每个人都看了《爵士歌手》(The Jazz Singer)(1927年),毕竟,其中没有多少谈话。但是,当世界各地的电影院匆匆配置声音设备时,辩论在英国开始了——在报纸、精英圈子和国会——辩论关于美国英语的崛起。[45]报纸的社论表达的担忧是,美国俚语可能会感染英国,改变儿童和工人阶级的讲话和感知。国会议员担心,在海外,美国英语可能取代英国英语,成为新的商业通用语言,并削弱英国通过让其殖民地的臣民学习英国文学而教育他们的努力。[46]正如多萝西·理查森(Dorothy Richardson)所指出的那样,甚至在1927年有声电

被美国化的英国

影出现之前，英国观众就从银幕上的字幕中学习讲"美国"英语。[47] 直至吴尔夫在《新共和》上展开交流的时候，在关于有声电影进口立法的推动下，英国围绕美国英语的争论到达了高峰。

1927年是《爵士歌手》上映的一年，代表着英国对待美国英语态度的一个关键时刻，与此同时，它也标志进入到了晚期现代主义。在20年代晚期和30年代初，英国因为多种原因一直在紧缩开支，包括第一次世界大战的善后以及为第二次世界大战做准备，1929年的经济危机和随后的全球大萧条，以及英国帝国权力和支撑帝国权力的意识形态的减弱。[48] 这些因素——战争、经济危机以及帝国的失望——加剧了英国对于美国英语涌入的反应。此外，美国英语直接对话于文学现代主义的主要媒介：语言本身。尽管还远不能认为1927年解释了晚期英国现代主义——或者解释了它与语言的关系——但它也是应该被添加到对晚期现代主义变化特点的解释中的一个因素。因此，有趣地注意到，最公开谈论美国化以及激起英国特性回应的文学作品，在1927年后的现代主义晚期呈现下降的趋势。[49] 这不是一个生硬和迅速的转折点：在1927年之前，尤其是在1927年之后，美国英语的话题断断续续地进入到英国的公众话语中。当然，1927年有声电影的崛起是当时的许多条件之一——但是这一独特条件能够刺激其他因素，将英国对历史和传统的关注与那些关于英语所有权的问题集合在一起。

在美国化和随之而来的美国英语上升的时代，伟大的文学现代主义实验的出现是很说明问题的。毕竟，它是现代派的特殊项目，欲探讨语言如何塑造了我们的世界观，进而如何塑造了我们的世界。诸如吴尔夫等的英国现代派，一生致力于表明英语如何承载着英国文化历史的重任，以及英语如何遏制和包围（contains and circumscribes）我们所能够知道的东西。旧世界——英国海上权力的世界，父权制的世界，让男孩们参加战争的世界——这是英语在不知不觉中书写和梦想的世界。随着美国英语的崛起，似乎以一种前所未有的方式，英国可能会失去作为英语的语言中心的地位，也可能会失去其对英语本身的殖民控制。[50]

与其他在近代时期大量出现的世界英语相比，许多人认为美国英语有望成为一种通用语言，成为理解和表达经验的一个新框架。迈克尔·诺斯（Michael North）曾有说服力地论证，那些20世纪早期模仿美国黑人白话的作家，促进了现代主义"方言"或者声音的产生。[51]对此洞察，笔者想补充一点，许多英国作家，包括那些在他们的作品中似乎没有听到特别的美国音的作家，尽管如此，也依然承认美国英语如何提供了在世界生活的另一种方式。在这个意义上讲，以英语为母语的文学现代主义在做的，也是美国英语正在做的：开拓这种语言，将它从大英帝国多年的使用中解放出来，使它重新呈现。

然而，如果说美国英语崛起所导致的英国英语分裂及其中心地位的偏离呼应了现代主义语言的断裂的话，那么，在许多英国作家的作品中，它恰恰不是一个纯粹的或者一刀两断式的断裂。它不是未来学家令人眼花缭乱的新奇，或者类似斯坦因或斯蒂文斯（Stenvens）等人的语言游戏。它是与对过去的向往连结在一起的，而且经常是向往一种特定的英国遗产，像在《霍华德庄园》（*Howards End*）等作品中这种向往就显得清晰。在许多方面，英国文学现代主义似乎呼应和理解英国英语所正在发生的事情，然而，它只是部分地"体现"了这个语言所正在发生的事情。英国现代主义这种奇怪的生物不伦不类，尽管批评家们编纂和生产了它，但依然引起了他们的质疑。由于这些原因，当我们鉴于美国化的威胁或者前景来考虑的时候，出现在20世纪早期的英国现代主义看起来就不同了。它与传统和现代的斗争展现了与新风格的权力、语言和文化之间的一种对话，而这种新风格的权力、语言和文化是与美国化的幽灵和美

被美国化的英国

国崛起相关联的。

娱乐帝国：流行与大众

对美国化及其主要载体娱乐帝国的关注，为现代主义研究中关于"高雅"和"低俗"文化，以及被提出的两者之间的"大鸿沟"的争论提供了新的思路。自从安德烈亚斯·胡伊森（Andreas Huyssen）在他1982年的《大鸿沟之后》（*After the Great Divide*）提出，文学现代主义对自身的定义是区别于大众文化的，批评家们就一直在收集相反的证据。[52] 许多有价值的研究已经指出了流行文化、大众文化与现代主义相互之间的联系和融合，因此，不再可能将文学现代主义解释为塔中的圣母（the virgin in the tower），躲避着塔外的繁华世界。如果这种隔离和精英主义的画面曾经相当多地存在的话，它也已经得到了彻底的批判。

尽管如此，通过弥补这个大鸿沟的尝试，现代主义文学批评中一个有价值的子领域已经得以形成。笼统地说，这个子领域的目标已经实现。要看到这一探究的线索下一步走向哪里，有必要简要回顾一下我们曾经去过哪里。尽管跨越这个大鸿沟的途径很多，批判性的作品往往属于几个类型中的一个。这些作品中的一类聚焦于作者，展现他们如何希望为广大读者创作，他们如何挪用或者模仿大众文化，或者他们如何在私人生活中享受流行文化或大众文化（例如，T. S. 艾略特喜欢听爵士乐）。另外一类考虑的是作品，那些作品或者在形式上类似一种娱乐，或者主题上如此；例如，兰斯顿·休斯（Langston Hughes）的"疲倦的布鲁斯"（"The Weary Blues"）同时符合上述两种情况。第三类向我们展示的是，大众文化如何模仿现代主义，或者大众文化本身如何应该被称为现代主义，比如米莲姆·汉森（Miriam Hansen）将好莱坞电影称为"白话现代主义"。[53] 这样的研究工作已经非常丰富而且有用；不仅如此，它在很大

前言

程度上已经成功地削弱了鸿沟模式,也成功地改变了我们关于现代主义与大众文化之间关系的想法。

不过,凯文·德特马(Kevin Dettmar)与史蒂芬·瓦特(Stephen Watt)在《营销现代主义》(*Marketing Modernisms*)中,对大鸿沟展开他们里程碑式的攻击时,他们也认可,"这并不是说大鸿沟的概念完全是错误的。"[54]以这样的评论,德特马与瓦特承认了,尽管他们拒绝在现代主义与大众文化之间存在一种"鸿沟"的观点,但也不是说现代主义与大众文化之间一直存在富有成效且毫无阻碍的交流。[55]在现代主义文化与大众文化之间,弥合文化差异并不能充分解释它们之间的复杂关系、认同和不认同。因此,笔者建议,在我们批评史的这一点上,是时候离开关于大鸿沟的争论去寻找另一种模式了。

笔者认为,尽管现代主义与大众文化之间没有完全"物质的"鸿沟(material divide),但在 20 世纪早期却出现了"意识形态鸿沟"(ideologies of division)的扩大,比如,体现为使用"高雅"(highbrow)和"低俗"(lowbrow)这样的词。正如梅尔巴·库迪—基恩(Melba Cuddy - Keane)所言,"像高雅这样的词是意识形态争论中显而易见的焦点所在。"[56]的确,高雅和低俗这样的词显然是从美国流传到英国的,在 20 世纪初得到广泛使用。[57]劳伦斯·纳珀(Lawrence Napper)认为,后来"中庸"(middlebrow)一词在英国出现,标志着一种与"更明显的商业流行文化(由美国大众交流形式体现)"之间的复杂关系。[58]一个跨大西洋的框架可以帮助我们理解,这种"brows"*的语言如何与对美国化会降低英国文化的价值的担忧相互交汇。乍看之下,似乎美国文化代表着"低俗"。从好莱坞电影到爵士舞曲调,从畅销书榜到图书订阅俱乐部,美国似乎是许多英国低俗文化的源头或者灵感。

---

* 高雅、低俗和中庸三个词都包含了 brow 一词。——译者注

被美国化的英国

尽管公众人物当然倾向于将美国媒体文化确定为低俗的,这种类别既包含大众文化,也包含流行文化。尽管"大众"(mass)与"流行"(popular)并不是20世纪早期话语中的支柱性术语,这两个词对理解那个时期仍然是至关重要的。按照迈克尔·坎曼(Michael Kammen)的说法,历史学家们必须小心,不要把流行文化和大众文化混为一谈,流行文化包括了像一场音乐厅表演那样个别的、现场的体验,而大众文化则包括了像好莱坞电影那样的技术复制形式。[59] 这些类别是相互渗透的:比如,爵士乐在伦敦可能采用流行文化的形式,比如像一场歌舞厅表演(经常由英国音乐家演奏),或者采用大众文化的形式,比如像留声机录音或者无线电广播音乐会。此外,音乐会可能对一个人而言是流行(现场的)文化,而对另一个人而言却是大众文化(录音的)。[60] 但是,尽管有这种重叠,在现场表演与大规模复制的媒介之间,以及角落里的酒馆的民谣与好莱坞的剧场演出之间的一般区别仍然是很大的。尽管英国的"流行"文化主要起源于英国表演者,但"大众"文化却似乎来自美国。[61] 这种区别使得像利维斯与艾略特那样的英国文化的护卫者,展现对英国民间文化的怀旧之情的同时,也谴责美国电影。换句话说,正如批评家们指出的,艾略特赞美英国音乐厅的明星玛丽·劳埃德(Marie Lloyd),却在很大程度上对好莱坞电影不屑一顾,这并不必然是自相矛盾的。

甚至关于最英国的大众文化机构英国广播公司(BBC)的话语,也参与了美国娱乐帝国的创造。根据派迪·斯坎内尔(Paddy Scannell)和大卫·卡迪夫(David Cardiff)的说法,"英国广播公司也许成了国家文化的核心机构",在圣诞节的时候广播国王的声音,让它的听众按照国家假日的时间表生活。[62] 一系列关于"国家性格"的谈话节目——有时候被称为国家节目——招致批评,认为它在一个有限的以伦敦为基础的英国特性的旗帜下,消除了英国国家和地区的差别。但是，正如斯坎内尔和卡迪夫所指出的，"当面对外国文化的入侵，最主要是美国文化入侵时，这些差别又再次被消除了。"[63] 当时的一位社会评论员警告称，英国广播公司的垄断，并不一定会使它免受"大西洋彼岸的章鱼"的侵害，即美国对英国演员、作家、作曲家、戏剧和受版权保护的音乐的投资。在1929年的文章中，他写道，"甚至有可能，民族观和伴随民族观的民族性格，也在逐渐变得美国化。"[64] 一位来自《广播时报》（Radio Times）的评论员的观点则更推进了一步："美国对娱乐世界的入侵应该……对审美的变化、方言的迟钝……新的思维方式、更高的生活压力、通常知足的人变得不满……承担责任。"[65] 尽管美国文化对英国广播公司的实际影响是明显而有限的，但是对它的谴责高涨起来。[66]

这种态度反映了对英国阶级差别的削弱产生的更广泛的担忧。尽管似乎有可能英国人对美国化的反应会按照阶级的划分而不同，但这只是部分正确。工人阶级与富人一样随着爵士乐跳舞，也经常观看同样的好莱坞电影。当威尔斯亲王称赞艾灵顿（Ellington）公爵的音乐的时候，他正在行使马修·阿诺德可能会说的他的野蛮的特权，但至少这位王子是一位爵士迷。[67] 正如温德姆·刘易斯（Wyndham Lewis）在他1934年的《无艺术的人类》（Men without Art）中所写的，"美国化——至少对于英国来说也是无产阶级化太先进了而不需要强调。"[68] 对于刘易斯等人来说，美国化使阶级差异服从于一个统一的大众娱乐文化从而对阶级结构产生了威胁。认为美国是一个无阶级社会的幻想，有助于支撑那种认为美国化可以使社会差异扁平化的独特感觉。因此，美国化的威胁导致一些在英国受到良好教育的精英表达他们解放工人阶级的愿望。一种流派的观点认为，工人阶级特别需要让他们避免偏爱爵士乐和好莱坞。这种冲动对这一时期的工人阶级的改造产生了影响，无论城市还是乡村，都作为围攻下的一种民族传统的象征。对美国化的抵抗成为一种公

被美国化的英国

认的精英姿态,这种姿态愈来愈被打上民族主义的标记。那些希望保留英国文化的人承担着保护英国文化免受美国影响的重任。

美国化和英语研究

鉴于现代主义批判愈来愈将重点置于全球视野中,而且事实上这在文学研究中更为普遍,令人感到好奇的不是在美国时代关于英国的故事还没有被充分、全面地讲述,而是它还没有被讲述到极致。这个故事为什么还没有成为文学学者中间一个平淡而不断被重复的故事,成为该领域中全球化趋势的一部分?为什么美国愈来愈大的影响力还没有成为英国文学研究和现代主义学者之间的一个核心叙事?

造成我们批判疏漏的原因,在很大程度上缘于我们正在努力去看的东西。尽管文学研究具有庞大而多变的谱系,现代英语的分支可以将其遗产追溯到20世纪初期。尽管经典一直是人文研究的中心学科,但在两次世界大战期间,情况却发生了转变,作为学识和学术标志的研究从经典研究变成了英语研究。在此之前,英国文学研究在英国主要的大学一直是边缘性的学科;在牛津和剑桥大学,它几乎不可能是一个值得尊敬的严肃的学术追求。尽管牛津大学在1904年任命了第一位英语教授,但那里的许多人与一位神学教授抱有同样的感觉,认为英语研究是"女人"和"要成为中小学校长的二等和三等男人"才从事的。[69]英语是为那些没有受过经典教育的人,也就是那些不懂希腊文的人准备的。

一部分原因是,精英大学越来越渴望通过文学研究保留英国特性,开始从古代帝国语言的研究转向英语研究。对这种民主化冲动影响最大的人是F. R. 利维斯,尽管他在其他语境下可能显得过时和精英主义。[70]利维斯最著名的是他在剑桥大学对英语文学研究的改造。但是在那些认识他的人中间,他还因为对他所谓的"美国化"的拒绝而出名。[71]尽管这两个立场不是经常被一起看待，但两者在很大程度上是一体的。笔者将在第四章中论述的是，利维斯将英语提升至其目前的突出位置的计划，一个重要原因是他对美国化的抵制。利维斯的阅读实践旨在帮助他的学生，通过语言与他们的英国遗产连接起来，从而部分地使他们免受美国文化的影响。

尽管利维斯是有这种感觉的人中最有影响力的人物，但他却不孤单。相反，他通过文学研究而有意重建的一种英国传统，代表了第一次世界大战之后的英语教育中一个更广泛的冲动。如果战争激化并加深了对国家忠诚和英国自豪感的情感的话，那么，战争也奠定了抵抗来自大西洋彼岸的其他形式的入侵的基础。全国各地的小学和中学里英国文学学习的增强是一种更广泛情感的一部分，这种情感意味着文学可以保存和维护那种不可言喻的：亦即英国特性。

有些讽刺意味的是，保护英国特性免受美国影响的努力，将以跨越大西洋去了解美国文学研究发展的方式进行。利维斯及其同事们对英语研究的发展，对几年后在美国出现的"新批评"计划（the New Critical project）产生了影响。与此同时，正是这种以语言为焦点导致"新批评派"似乎放弃了对历史和国家的认同；在利维斯看来，类别是包含在语言本身之中的。如果故事停在这里，那么这将是足够具有讽刺意味的。我们将能够看到的是一个学术轨迹，它在逃避历史的时候也埋葬了它自己的历史；在这个轨迹中，美国的英语语言似乎净化了它与英国特性的联系而成为一种正统。

然而，即使是在新批评的高峰时期，或者在后结构主义语言学转向某些人认为是其理论的扩展时期，美国的英语研究从来没有真正放弃国家历史。相反，这些类别被融入到了学科的结构中：被划分为英国文学和美国文学。当随着20世纪90年代的后殖民研究等领域的蓬勃发展，国家再度成为一个探究的明确对象时，已经存在一种基于国家的认识论：它反映了某种占据主导地位的历史趋势，

被美国化的英国

而这种趋势却牺牲了其他一些历史趋势。正是因为这些，约瑟夫·罗奇（Joseph Roach）才在1993年批判了："英语研究中根深蒂固的鸿沟，一边是美国文学，而另一边是英国文学。"[72]

后殖民研究的例子极其清晰地揭示了这种鸿沟的影响。尽管后殖民研究可以说是当时文学研究中最重要的发展，但它也，尤其是它的早期形式，通过英国与美国文学之间的鸿沟进入了英语文学研究。这种鸿沟偏离了美国影响可能有助于解释英国与帝国概念之间的关系的想法。即使是后殖民理论在美国的有争议的应用，也不是主要为了弥合英国与美国研究的鸿沟。尽管后殖民视角的好处之一是，带来了研究英国的一种日益全球化的角度，但美国仍然经常被排除在英国及其后来的帝国的殖民地——宗主国关系的论述中。[73]将美国列入在内，通过在一个独特的地理框架内重组现有的知识，从而能够弥补、拓宽和深化理解英国帝国主义的尝试。

20世纪文学，可能尤其是现代主义写作，似乎是寻找英国和美国之间相互交流中的明显之处。毕竟，英语语系的现代主义大部分是由移居海外的人书写的；如特里·伊格尔顿（Terry Eagleton）在他的一部有影响力的早期作品中所写的，现代主义的环境可以被定性为一种流亡的环境。[74]此外，几十年来，该领域一直被称为"英—美现代主义"（Anglo-American modernism），短语中的连字符衔接和结合了这两个国家，肯定了它们的一体性。然而，这种将"英—美"混合的结构，与其说是描述了英美之间的关系，不如说是使两者变得闭塞，沿用了语言学正统中根据作品的审美特征而不是国家进行分组的方法。早已占据了两个领域之间的鸿沟的看似无差异的空间的，既不是英国研究，也不是美国研究，而是英美现代主义。

罗奇对英国和美国研究之间认识论的鸿沟的感叹，是该领域一个更广泛运动的一部分：大西洋研究的成长。其他学科在文学研究之前，重新发现了大西洋；比如，对18世纪文学的跨大西洋的观点，在很大程度上沿袭了当时历史学家的模式。[75]与此同时，大西洋研究在英语语系的文学学者之间变得流行起来，这部分地归功于社会学家保罗·吉尔罗伊（Paul Gilroy），而吉尔罗伊又反映了人类学家所做的工作。[76]尤其是保罗·贾尔斯（Paul Giles）和劳拉·多伊尔（Laura Doyle）两位学者，使得大西洋研究的观点影响了20世纪早期的英国文学。[77]尽管贾尔斯令人信服地致力于研究大西洋革命概念对英美关系的影响，而多伊尔却有说服力地表明了大西洋种族意识形态对现代文学发展的重要性。然而，这些作品都没有聚集于笔者所认为的两次世界大战期间英国自我概念改变的核心：美国大众文化的到来以及它对新兴的美国帝国的象征作用。通过表明那个时期许多作家在面对美国化的威胁或者前景时重新构想了英国和帝国，笔者将大西洋研究的宽广视野用于对20世纪早期这些英国作品的具体研究。

笔者对英国的美国化的探究分为两部分。前面的三个章节探讨美国帝国主义、爵士乐和好莱坞，笔者认为对美国化在英国人想象中的出现以及英国的一系列反应的探讨都是必要的。最后两章是关于F. R. 利维斯和T. S. 艾略特的作品的，笔者特别研究了对美国化的某些特定风格的反应，如何开始发展成为一种审美和文化哲学甚至英语研究本身的基础。

*　*　*

到冷战的时候，显然英国与美国之间的权力平衡已经发生了转移。大英帝国在非殖民化的浪潮中分崩离析之后不久，英国发现自己处于美国核计划的庇护之下，依赖于它与它的前殖民地的"特殊关系"。到这个时候，吉卜林1899年对美国是一个几乎无望获得世界主导地位的天真少年的想象，已经完全让位于美国粉饰的"超级大国"这一新词。在这个时期被固化的"特殊关系"的修辞，不仅依赖于外交联盟，也依赖于横跨大西洋的大众娱乐的双向传播。尽管英国人可能不会在早上醒来时发现自己变成了美国人，但吉米·波特（Jimmy Porter）却正感到这种不安的蜕变即将来临，似乎愈来愈可信。

本章后面的部分是关于冷战之前的历史——不是被感知的"命运转变"既成事实，而是脆弱的、摇摇欲坠的时期，这时还不清楚未来英国与美国各自的作用将变成什么。当英美财富的转变似乎变得既可能又令人难以置信的时候，面对美国所代表的新奇以及有时候甚至是可怕的"在世界中存在"的方式，那些在英国的人从他们的反应中积聚了重塑英国特性的力量。这个时期的作品，尤其是相当重要的文学现代主义，记录并且改写了这些紧张关系，并且以关键的方式发挥它们语言症状的作用。也就是说，由于英国现代主义在动荡的20世纪初的现代性时期变得成熟，在美国化的时代，它也参与了削弱英国对现代的自我认同。

在大多数人看来，美国世纪已经结束。那么，我们回顾的时候所能看到的是，问题的答案对于20世纪初期的英国而言是极其独特的，同时也具有广泛的启发性。这些答案会告诉我们，一个时代如何崛起又如何消失，现代性的冲突如何塑造了我们最亲密的归属和重建的叙事，以及对于那些讲述了应运而生的故事的人而言，即将到来的新时代感觉像什么。

第一章 美托邦：
关于英国未来的跨大西洋小说

> 我们的未来与美国的未来紧密相连，某种意义上可以说取决于后者。
> ——H. G. 威尔斯，1906 年

> 美国的未来即世界的未来。
> ——奥尔德斯·赫胥黎（Aldous Huxley），1927 年

> 美国在当今世界上是最有趣的事情……（美国人）面向将来，而非过去。
> ——弗吉尼亚·吴尔夫，1939 年

美国作为一个未来充满无限可能、有着新的社会秩序的地方，作为乌托邦或者反乌托邦，始终吸引着世界的想象力。实际上，"乌托邦"这个词就是受到阿美利哥·韦斯普奇（Amerigo Vespucci）旅行的启发，通过托马斯·莫尔（Thomas More）虚构的一个地方而进入到英语中的。美洲可能在欧洲探索和殖民的早期阶段代表了发展前途的外延，然而，新建立的美利坚合众国实际上代表了大英帝国

的失败，甚至它还表现为民主自治和后殖民时期反抗的一个典范。当美国随着1898年的美西战争及其随后对菲律宾的并吞而宣布自己的帝国计划之后，在一些英国人的眼中，这个昔日的殖民地似乎可能会成为一个帝国的竞争对手。鲁德亚德·吉卜林1899年的诗歌"白种人的责任"对美国帝国主义的诞生做出了回应，设想美国或许会证明是一个略小的大英帝国——一个需要其更加智慧的祖先引导的突然崛起的帝国。然而，截至两次世界大战的间隙，吉卜林的帝国信心已不再是当时的社会潮流。更确切地说，英国作家们表现出愈来愈多的忧虑，美国可能会篡夺大英帝国的权力，并使得未来呈现出一派不同的景象。

笔者建议将"美托邦"作为对凭借美国对未来进行幻想的文本的名称，同时将"美托邦式的冲动"一词作为美国理念对现代伟大的美国思想实验的重要性的普遍认知：重新思考国家和帝国的尝试。在美托邦的标题下，笔者对著名的英国作家——鲁德亚德·吉卜林、威尔斯、奥尔德斯·赫胥黎以及弗吉尼亚·吴尔夫——的一系列鲜为人知的文本进行了思考，从第一次世界大战前到第一次世界大战后。而这些文本的范围从一部不知名的科幻小说到弗吉尼亚·吴尔夫为《大都会》撰写的散文，它们通过一个共同的问题产生作用，这个问题引导它们去想象在美国的帝国主义、技术和文化发展的作用下，英国和世界的未来。这些文本以及支持它们的普遍的文化冲动，反映了大英帝国试图运用美国理念的想象以及定义国家和帝国的方式。换言之，"美托邦"的概念体现了将美国作为原材料去梦想未来的运用，即使未来有时是一个噩梦。

在分析"美托邦"这一概念时，回顾一下弗雷德里克·詹姆森的建议可能会有帮助，他认为乌托邦从来不是单纯的幻想。如他所言，"纵是最疯狂的想象也全都是由经验拼贴而成，是由现时此地的零零碎碎构成的概念"。[1] 詹姆森的观察提到了美托邦的双重性，其同

第一章　美托邦：关于英国未来的跨大西洋小说

时作为对未来梦想的根据,也是对于美国化和美国帝国主义影响的更为实际甚至更为急迫的忧虑。前者,美国作为由想象所鼓动的一种象征,一定程度上是因为其代表着:新世界的民主、后殖民时期的帝国以及现代的独特存在。与此同时,美国化也威胁破坏了地方风俗、个人品位、艺术和高雅文化。作为后者,仿佛世界不仅仅会跟随美国,而实际上成为了美国。在这种情况下,美国不再代表一个国家,而成为了现代条件的"代名词",并经常以悲观甚至灾难性的措辞来表达。

如果真的像赫胥黎在其1927年发表的文章中所说的那样,"美国的未来即世界的未来",[2]那可以从帝国的角度理解,美国从事的殖民计划不仅占据了空间还占据了时间。当时的文本从多方面表现了美国妨碍了英国帝国主义目的论的进程,并且强制性地重新定义了英国在世界上的地位。在某些叙述中,想象世界无情地成为了美国,变成H. G. 威尔斯所谓的一个"无处不在的美国"。[3]本章节中各种具有不同焦虑和热情的文本,描绘了在英国帝国主义意识形态的框架内,从美国想象的遏制到那个框架破碎的运动过程。但最终,现代英国的美托邦式的冲动并不主要与美国有关,至少不是在字面的意义上。倒不如说,在此描绘的美托邦式的冲动最终是关于英国和英格兰、英国特性和英格兰特性,以及它们凭借和反对美国理念的想象的产物。自从有了跨越大西洋的美洲幻想,也就有了美托邦。在20世纪早期的英国,这些美托邦承认对英国帝国主义和英国国家主义的理解愈来愈依赖于美国的模式、威胁或者前景。

发展寓言：伦敦的转变

20世纪早期的英国目睹了一系列关于美国的古怪的乌托邦的和坚决反乌托邦的作品。诸如题为《世界的美利坚合众国:乌托邦随笔》(*The United States of the World: An Utopian Essay*)、《亚特兰蒂斯:

被美国化的英国

美国与未来》(*Atlantis：America and the Future*)、《美国侵略者》以及《成功的机器》(*The Triumphant Machine*)等书籍和小册子，将美国作为想象英国未来发展的一种媒介。[4] 马歇尔·伯曼（Marshall Berman）将发展视为现代性的首要典范：从马克思的《资本论》(*Capital*)到歌德的《浮士德》(*Faust*)都弥漫着强烈的而且经常是悲剧性的力量。[5] 当时有一部英国作品，是一部称作"伦敦的转变"（"London's Transformation"）的佚名短篇故事，描述了第一次世界大战前英国对于美国影响所表现出的一种明显紧张的态度，从而通过英美关系想象现代的发展。在某科学类期刊连载而今天近乎完全无人知晓的这则奇特故事，阐明了战前在清晰可辨的英国帝国主义框架内遏制美国资本主义和现代化的尝试。

一个发展的故事已经变得错乱，"伦敦的转变"将第一次世界大战前英国对于美国的各种忧虑灌注其中并进行了改编。在故事中，一位美国商人承接了一项铺砌泰晤士河的激进项目，将伦敦变成了一个极乐的现代乌托邦。机动车道取代了尘土飞扬的马车路，没完没了的伦敦雾消散去除了，伦敦人也觉得自己比以往更加成功兴旺。在简短的叙述之后，该商人回到了美国，成为总统，并打着"美国统治世界"的旗号入侵伦敦。[6] 故事因此跟踪了从资本主义入侵轻易滑向军事行动的轨迹，将伦敦的美式发展展现为一种原始殖民化，这种殖民化具有使大西洋两岸权力平衡向美国倾斜的威胁性。"伦敦的转变"在自我愿望中挣扎，希望从美式创新中看到英国利益，同时又保留着英国处于发展先锋位置的理想图景。在这则关于发展的寓言中，英国处于两难之中，要么变得过于美国化而因此失去与其历史遗产的关联，要么并没有变得足够美国化，而只是象征性地将其全球领导者的位置拱手让给其在大西洋彼岸的前殖民地。

最终，故事根据英国的帝国而将泰晤士河的铺砌确立为一次殖民行动。它将这个银行、剧院和酒店的新场所呈现为"我们帝国的

第一章 美托邦：关于英国未来的跨大西洋小说

新增部分，或许比开拓一个辽阔的新殖民地更加重要……因为被开拓区域的人口必然很快变得与一个大殖民地的人口相同"。[7]在此，发展不仅同化为英国的帝国计划，也成为往内转向英格兰自身的一类殖民主义的代名词。对于大英帝国而言，这是一种恩赐，只要它在泰晤士河上得到了"新的"殖民地，但也是美国条件基础上的一个发展实例。值得注意的是，故事将巴拿马运河作为其想象的先例，因为美国侵占了这个已经成为英国发展的重要的战略和经济计划的地方。在这个将美式发展视为殖民化的叙述中，无论是与泰晤士河相关的浪漫的英格兰人还是19世纪英国工业的务实运行，都已成为过去的遗迹。

故事最为惊奇之处——美国变成一心想要征服英国的自诩的美国帝国——出现了一个可以辨别的态度，这是第一次世界大战前英国对于在其模式之后作为帝国的全球权力的态度。权力可以转至美国，但只有在美国以英国的形象重新塑造自己的情况下，才能有效取代并成为其帝国先辈。在新建立的美国帝国与捍卫自己的城市的英勇的伦敦人之间的一场激战之后，故事以英国的胜利作为结尾，英国安全地遏制了美国的威胁从而使英国获得了自身现代化的所有权。美国商人的女儿丽波提亚（Libertia）嫁给了英格兰王子，从而成为美国自由对大英帝国价值观的附属关系的一个讽喻。美国曾经像一个处于青春叛逆期的"不知感恩的孩子"，但它现在可以作为一个忠心顺从的驯服伙伴，共享其财富却丝毫不标榜帝国权力。[8]就这样，故事将过去禁锢在未来之中，指向了美国与英国被连接在一起而作为应对转变现在的现代化的一种手段的那个时刻。这种古怪的错乱，发生在20世纪初针对英美之间对比所出现的看似危机而尝试解决的过程中。"伦敦的转变"这个故事的真实计划是美国的转变，因为是美国必须改变从而使英国保持不变。这就是说，对于一个在19世纪象征发展的国家而言，进步是停滞。故事的乌托邦目标在于

被美国化的英国

幻想一种地缘政治,在那里英国权力以无休止的进步的一种停滞景象保持冻结的状态;一种只有通过同化大西洋彼岸急速成长的世界权力才有可能实现的景象。

吉卜林、帝国主义与民主

吉卜林的诗歌"白种人的责任"已经被奉为英国帝国主义感伤的化身,它实际上与"伦敦的转变"一样,对美国权力进行了大量思考;尽管批评家没有总是强调诗歌的跨大西洋的层面,然而,吉卜林却将这一作品献给自1898年的美西战争起开始实施自己帝国计划以后的美国人。吉卜林勾勒出这样一幅画面,美国成为了建立在英国模式基础上的帝国,本质上是沿着它那更加老练的先辈的道路前进的。[9]但与"伦敦的转变"不同的是,吉卜林的诗并没有排除美国与大英帝国展开竞争的可能性。诗歌想象美国不是一种威胁,而是一位年轻的模仿者,他的这种模仿为强调大英帝国计划的价值观而服务。十年之后,在一篇题为"简单犹如 A. B. C."("As Easy as A. B. C.")(1910年)的思辨性小说中,吉卜林通过想象一个未来世界国来进一步剥夺美国的权利,这个未来国是以对美国的清除为基础而做的想象。吉卜林娶了一位美国妻子并一度生活在佛蒙特州,使他有许多机会来思考对于美国的担忧。在他第一次世界大战前的作品中,这样的思考导致他宣扬大英帝国相较于美国大众政治的优越性。在1899年的诗歌以及1910年的这个鲜为人知的故事中,吉卜林依托于美国理念,试图将世界权力控制于大英帝国统治的逻辑之下,并对美国标榜的世界新秩序进行批判。

"白种人的责任"被表达成了某种指引天真的美国帝国主义者如何做的东西,也是一种帝国的未来叙述,一部鼓舞美国人在他们的殖民事业中寻找他们的"男子气概"的成长诗。[10]这种帝国主义成为一个非自然的繁殖计划,以使国家的"儿子们"背井离乡去为殖民

第一章 美托邦：关于英国未来的跨大西洋小说

地的发展牺牲。[11]正如诗歌所表达的，美国必须制造港口和道路并"以（他们的）死作为标记"。[12]因此，新发展的殖民地本应该是一个现代性的标志，却成了那些为帝国母亲牺牲的儿子们的墓地。通过诗歌演讲式的结构，劝说和命令交替出现，将美国帝国无限期地交予了未来。然而，与此同时，由于演讲者的建议来自于英国的经验，诗歌坚信美国的未来将会是英国过去的一种重现。根据诗歌的这一逻辑，美国的帝国计划将永远地推迟，永远作为大不列颠的影子。这样的结构使得诗歌在设想美国帝国主义时并没有将其表现为一个真实的对手。而且，根据吉卜林的诗，美国帝国依然停滞在潜在性之中，尚未得到发展，纵使其肩负着发展的任务。

吉卜林对美国人标榜的实力予以的鄙弃，在他对西奥多·罗斯福（Theodore Roosevelt）阅读"白种人的责任"而做的回复中尤为明显。在诗歌于1899年2月刊登在美国的《麦克卢尔》（McClure's）杂志和伦敦的《时代》杂志之前，[13]吉卜林预先送给罗斯福一本诗歌。后来以其帝国雄心而为人熟知的罗斯福，私下称吉卜林的诗歌"相当缺乏诗意，但从扩张主义者的观点来看感觉很好"。[14]然而，吉卜林对罗斯福的美国扩张主义并不十分热心。在自传中，吉卜林回忆与罗斯福的会面是在"他的国家占领菲律宾不久之后，他（罗斯福）——像一个带着孩子的年长妇人——渴望就殖民统治给英国提建议……我向他保证，英国人会从他那里吸取任何事情，但却对建议具有种族性的免疫力"。[15]

尽管"白种人的责任"将美国塑造成一个年轻的新贵，但吉卜林的奇特比喻却将罗斯福表现为年迈、不育和不再需要帝国。与大英帝国的丰饶成熟相比，美国似乎发展性地脱节了——既是一个困惑的少年又是一个衰弱的老者，与此同时，既没有经验又精疲力竭。开始一个已经到了终点的帝国计划，美国是不可能实现成为一个以大英帝国为典范的广袤帝国的梦想的。当一些英国人想象美国代表未来的时候，吉卜林给罗斯福的尖刻回复却不仅否认了美国辉煌的帝国未来，也否认了其现在实力的可能性。美国可能是新的被赋予责任的白种人，但正如吉卜林所特意明确的，他们并不是英国人：他们与英国人截然不同，无法肩负起那永远属于英国的一个帝国目前的重担。

鉴于由美托邦式的冲动而似乎产生的时间线性模式的奇特错乱，吉卜林将其最聪明的美托邦写成一部以遥远未来为背景的科幻小说也就不足为奇了。被称为"曾经写过的关于未来的最佳故事"的"简单犹如 A.B.C."，基本上是以美国解体后幸存下来的落后且充满暴力的芝加哥为背景的。[16] 吉卜林决定将美国从未来中抹除，而不是去开创其帝国主义，某种程度上可能基于对美国标榜其实力的反应，自罗斯福对其"扩张主义者的观点"表达了热情之后的十年以来，美国愈来愈标榜其实力。故事中既没有想象一个恐怖的反乌托邦的未来，也没有想象一个极乐的乌托邦的未来，而是描绘了一个专制的世界国，其权力某种程度上建立于对世界残存的美国人的镇压基础之上。尽管美国可能已经从这个虚构的未来消失，但故事在借鉴美国过去的基础上形成了它世界权力的概念以及帝国的持续性。

置于 2065 年的众多飞船之中，"简单犹如 A.B.C."介绍了一个由航空控制管理委员会统治的世界，一个资本主义寡头统治集团专注于维护航空交通和贸易。故事一开始，麻烦以公众示威的形式在芝加哥发生了，以"民主即疾病"的座右铭作为正当理由，[17] 管理委员会的国际成员从英格兰飞去镇压充斥着光影和噪声的喧嚣人群。在这个全球的未来中真正与他人格格不入的人是那些曾经的美国居民：一群民主返祖者，坚持生活在共享的居住地，坚持为有关公社利益的事务进行投票。这些美国罪犯被带上飞船，并最终被捐赠给一位颇受欢迎的伯爵阁音乐厅，这样他们的投票和民主活动就可以为完全私有化的未来伦敦观众带来新的娱乐。

第一章 美托邦:关于英国未来的跨大西洋小说

吉卜林在"简单犹如 A. B. C."中的目标似乎可能是反乌托邦的,并且给民主贴上"疾病"的标签是一种讽刺性的歪曲,而故事冲突性的反民主的冲动则夸大了吉卜林所承认的对美国大众政治的怀疑态度。[18]在 1908 年关于美国的文章"报纸和民主"("Newspapers and Democracy")中,吉卜林将民主称为"任何移动人群",强调其"暴虐倾向"的潜在性。[19]在 1930 年的回忆录《美国笔记》中,吉卜林更加大胆地表明他的犹豫:"他们说'民主思想'会使事物继续发展……我发现一个人告诉我,如果这个庞大的诸王议会上有任何事物出错的话,——如果发生分裂或者动乱或者毁坏的话,——个别人群将要服从于大多数统治人群的思想。"[20]吉卜林对美国民主的批判基于大众政治容易滑向暴民统治这一信念。

"简单犹如 A. B. C."准确回应了这种对于美国高举大众的信念。在吉卜林想象的未来,群众已经变得违法和令人憎恶,个人权利至高无上,隐私是一种无懈可击的价值观。通过一系列历史典故,吉卜林的故事表现了对美国民主思想的广泛批判。作为对美国罪犯的公共投票活动的回应,芝加哥人吟唱起一首源自推翻美国的革命时代的歌曲:"曾经有这样的人民——恐惧使他们诞生;/曾经有这样的人民,它创造了人间地狱。"[21]对"人民"的这种引用立即呼应并批判了"我们人民"的宣言,从而随之唤起法国大革命的恐怖统治。不仅如此,吉卜林将暴乱的背景设置在芝加哥,用以影射 1886 年的海马克特暴乱(Haymarket Riot),这是工人与警察之间发生的暴力冲突,成为群众骚乱的一种国际象征。[22]与此同时,故事蕴含了一个甚至更为明显的历史典故。在芝加哥,管理委员会成员在镇中心发现了一座隐藏的塑像,是一个燃烧的黑人身体,是对"群众时代"的一份献礼。吉卜林生活在美国的时候私刑普遍存在,他对滥用私刑、目无法纪、种族暴乱的美国暴民感到恐惧。这座塑像让发现它的管理委员会成员感到震惊和恶心,是对美国的最坏的群众行为一

被美国化的英国

个显著提示：将民主颠倒为恐怖。

与危险的而非现存的美国群众统治的模式相比，"简单犹如A.B.C."中的新世界秩序似乎是以大英帝国的理想和准则为榜样的。尽管在吉卜林的故事中并未言明大英帝国统治全球，但在它想象的新世界寡头统治这个方面，却让人想起"白种人的责任"中所表达的大英帝国的价值观。故事最后，管理委员会对投票人的处置决定，不是惩罚他们而是将他们置于舞台之上，表现了英国的殖民展览的传统。1899年的大英展览、1908年的法英展览以及1911年的加冕展，为了娱乐付费的参观者，全都展示了大量殖民地臣民对其日常生活进行的表演。[23] 当德福雷斯特（De Forest）描述其美国俘虏时，这位伯爵阁音乐厅的制作人表示他们将通过表演民主仪式获得赢利："你的意思是说他们知道如何投票……他们能表演这个吗？"[24] 这样的表演讽刺性地将美国人展现为殖民地的臣民，令人想起早先英国与美国之间的殖民关系。最后，通过将民主变成娱乐，同时将美国人变回天真的殖民地臣民，故事解决了吉卜林对群众的忧虑问题。尽管第一次世界大战之后的时期，美国大众娱乐将变得愈来愈使文化保守主义者感到威胁，但在吉卜林的战前故事中，娱乐仍然是美国大众政治善良而无用的复制品。

吉卜林在1907年获得了诺贝尔文学奖，被普遍认为是20世纪早期英国最具影响力的帝国主义作家。他作为一名作家的名气和重要性，在一定程度上缘于其为英国读者提供了一种可以理解他们与帝国之间关系的一种语言，并以白种人的责任的基本原则来教导他们。鉴于吉卜林潜心教育英国它的帝国ABC，对于他而言就必须提及并处理正在蓬勃发展的美国帝国主义。为此，吉卜林所采用的方式是概括第一次世界大战前的美托邦式的冲动，以将美国视为一个缩小的英国。以一种时间的手法而将美国成为附属，想象美国帝国只是为了将其排除在外，吉卜林1899年的诗歌和1910年的故事都

第一章 美托邦：关于英国未来的跨大西洋小说

揭示了关于被阻止的发展的叙述，这种发展对日益增强的美国权力的想象性的遏制至关重要。吉卜林在美国创作了许多关于美国的作品，而这两个美托邦式的文本尤其清晰地表明了，关于做英国人意味着什么样的现代教育，是如何建立在对美国概念的灵活的修辞运用基础上的。

插曲：伍德罗·威尔逊与全球梦

有些时代与其他时代相比，更有助于孕育出关于乌托邦的作品。弗雷德里克·詹姆森认为，历史的气氛与情绪可以激发或者抑制乌托邦的活力。[25]20 世纪的第一个十年为诸如"伦敦的转变"以及"简单犹如 A. B. C."等科幻小说提供了肥沃的土壤，而第一次世界大战之后，关于美托邦的作品则暂时变得衰落。这种转变不仅源于战后时期的精疲力竭，更是由于全球舞台上一个真实存在的、政治的美托邦的出现。在紧随战争之后的时期，伍德罗·威尔逊被欧洲数以千计的人们称呼为"拯救者"和"救世主"，他将美国样本作为一个世界想象的独立国家的典范。通过其十四点和平原则以及最为显著的"国家自决"原则，威尔逊将其哲学建立在了一个由"像"美国这样的国家组成的未来世界的愿景的基础之上。

当然，由于这种信念，威尔逊被称为是理想主义的、一个失败者，以及最为常见的，是一个乌托邦主义者。尽管历史可能因为其全球视野而宽恕或者谴责威尔逊，但是在 1919 年及其随后的短暂时期，通过威尔逊这一人物，美国成了想象未来独立国家本身的一种催化剂。两次世界大战之间的初期因此充满了美托邦式的冲动——美国可能代表着真正的世界政治的未来——甚至在关于想象中的美托邦的创作暂时衰落的时候。这一情绪的高峰可以追溯到 1918 年的巴黎和会前威尔逊的盟国之行，当时他受到巴黎 200 万狂热观众的欢迎，在罗马和米兰受到的欢呼声将其誉为"从大西洋彼岸来的摩西",英格兰也满是表示欢迎的民众。[26]大众支持威尔逊的情绪如此高涨,以至于法国首相克莱蒙梭(Clemenceau)被感动得要正式结束"任何支持总统的游行"。[27]

这种美托邦式的冲动遍及全球,促使战争仅略有波及的国家以及盟国的敌人,派遣密使到巴黎以期实现威尔逊的国家自决的承诺。诸如韩国等日本的殖民地以及伊拉克等英国的保护国,都表示希望能将他们的自由写入凡尔赛条约,具有象征意义地铭刻在世界新秩序中。这将是一个美丽的美洲的新世界,一个独立的和自我界定的国家的新世界。当然,威尔逊的理想与调停者以及他自己国家的目标在很大程度上互不相容,大多数申请人对调停者的希望都无情地落空了。[28]然而,这些希望一定程度上通过对威尔逊的极端信念而成为可能,他是新生的代表,是旧欧洲之外的一个人物,独立于19世纪的帝国政治之外。

当威尔逊被称为乌托邦主义者的时候,通常是批判其理想主义的新世界秩序梦想的一种谴责性的措辞。威尔逊所激励的那些拥护者们不经意的背叛被写入了历史,因为调停者要拼凑组合的文件是如此松散、广博和庞大,以至于没有一个人在将它签署成条约之前曾全部阅览过。[29]按照佛朗哥·莫雷蒂(Franco Moretti)"现代史诗"的概念,如果现代主义作品通过它所包含的所有形式遏制并服从于历史的能量的话,那么,凡尔赛条约——就在《尤利西斯》(*Ulysses*)和《荒原》(*The Waste Land*)之前出现——可能会在试图掌控历史危机的现代主义者中言之有理地占据一席之地。

在和平会议之后的数年间,威尔逊引发了诸多评论,其中包括约翰·梅纳德·凯恩斯(John Maynard Keynes)对其所看到的威尔逊在经济上的天真所进行的严苛批评,可能在想象上对威尔逊的乌托邦的功用最为合拍的人物就是英国科幻小说作家 H. G. 威尔斯了。从其早期作品《时间机器》(*The Time Machine*)(1895 年)开始,

第一章 美托邦：关于英国未来的跨大西洋小说

威尔斯自己就是一位著名的乌托邦和反乌托邦叙事的作家。与许多同时代的人相比，威尔斯更乐于接受这种理念，认为美国可能代表进步以及在19世纪欧洲资本家的束缚之中的人的解放。然而，《将要出现的事物形状》（*The Shape of Things to Come*）（1933年）作为他众多对于未来的描述之一，在这部作品中，威尔斯却决定将未来世界国家的起源定在威尔逊失败的和平实验中。

在《将要出现的事物形状》中，威尔斯显示了对威尔逊非凡且全面的理解，将其视为能够抓住世界想象并为美国指引其未来方向的一个美托邦式的人物。如同此前的其他美托邦式的文本一样，《将要出现的事物形状》在线性编年表上大做文章。在这里，威尔斯想象了一位来自未来的历史学家叙述关于现在的历史：

> 在短暂的间隔中，威尔逊独自代表了人类……情势如此热切以至于全人类急不可待地接受并赞美威尔逊——为了一个警句，为了一个姿势。人类将威尔逊视为其象征。他在人们的眼中得到美化。他不再是一个普通的政治家；他成了一位救世主。[30]

从威尔斯的未来历史学家的角度理解，威尔逊是黯淡并饱受战火的现在与未来新的世界秩序之间的一个象征性的纽带。威尔斯的作品意识到了具有象征意义的国家经济体，威尔逊在其中已经成为一种理念，就像美国自身的理念一样，围绕这种理念，各种希望和恐惧聚集在一起。威尔斯笔下的历史叙述者，当"世界国被构想出来"的那一刻，他确定了威尔逊最终失败的计划，以及作品所描绘的整个虚构未来的基础，他也提及了伴随威尔逊荣耀的"短暂"时刻而来的时间凝结的感觉。[31]这种感觉是威尔逊在他痴迷的崇拜者眼前制造或者变幻出了未来。正如威尔斯的历史学家认为的那样，"从一开始，美利坚合众国就是一个历史突破，一个新生事物，就其时代而言，它远比列宁的苏维埃共和国更新，而从一开始它就没有将它的新持续下去。"[32] 像威尔逊一样，美国充满了关于新的承诺；一个它立刻唤起而无法实现的承诺。美国，像威尔逊一样，代表了新的世界秩序的梦想却无法实现，通过其对于想象无法抵抗的吸引力，使得其对历史的背叛成为可能。

H. G. 威尔斯与"无处不在的合众国"

威尔斯在《将要出现的事物形状》中写下对威尔逊的揶揄颂词之前，他已经表达了这种赞美并且正在对一系列关键性的与美托邦相关的作品进行研究。当吉卜林洋洋洒洒地想象了一个没有美国民主威胁的未来的时候，威尔斯却似乎在积极支持美国日益增长的权力和影响。早在1906年，威尔斯就已经宣称"我们的未来与美国的未来紧密相连，并在某种意义上依赖于它"。[33] 第一次世界大战之后，当吉卜林战前的那些关于美国附属性的科幻小说不再完全站得住脚的时候，威尔斯的作品却展现了对美国登上全球舞台的一种基本认可。世界英语文坛上同时期的作家愈来愈抵制美国影响力的上升，而与此相反，他仍然认为美国的命运与英国以及世界的命运无可阻挡地交织在一起。

《将要出现的事物形状》将未来新的世界秩序的起源追溯到威尔逊和美国，而威尔斯鲜为人知的20世纪30年代的小说《帕勒姆先生的独裁统治》（*The Autocracy of Mr. Parham*）（1930年），则明确地将美国理念作为跨越和批判英国特性的一种手段。在《帕勒姆先生的独裁统治》一书中，威尔斯将他的乌托邦式的政治愿景与他所认为的精英主义的英国文化理想联系在一起。虽然今天这部小说不再为人熟知，但是在其出版之时，它所产生的巨大影响力激起了F. R. 利维斯的怒火，他在颇具影响力的文章"大众文明与少数人的

第一章 美托邦：关于英国未来的跨大西洋小说

文化"("Mass Civilization and Minority Culture")的篇末指明了对《帕勒姆先生的独裁统治》的批判。毕竟，是在《帕勒姆先生的独裁统治》中，威尔斯将英国文化的精英主义或者对所谓高雅艺术的赞美抨击为原法西斯主义。而且，威尔斯将战后英国最大的威胁描述为，其自身对作为一种国家意识形态的"传统"进行的再投资。与这种倒退的英国特性形成对比，威尔斯通过大众娱乐和政治民主，将美国想象成普通人的国度。甚至比吉卜林早期对政治和功绩的赞美更为明显，威尔斯的小说将正在蓬勃发展的高雅和低俗的意识形态与政治、国家主义和全球未来等更为广阔的问题联系起来。最后，他提出了美国价值观的扩散——一个"无处不在的美国"——作为给他在战争期间定位的英国精英主义的一个解决办法。[34]

威尔斯将他的小说分成现实和幻想两部分，以此完成他对英国精英主义及其深远影响的批判。首先，在现实部分，我们会见到众多人物，包括小说的主要反面主角：一位致力于精英审美理想的牛津大学的学监和一位嘲弄学监等级嗜好的英国资本家。在第二部分，超自然的方法将这个低微的小学监变成了手握重权的独裁者。小说然后就切入到思想实验中，将学监的文化理想转化成灾难性的公共政治。在英国与美国互相较量的世界大战之后，美国人提出要引领世界朝向新的方向，要废除英国帝国主义的旧成见，并且要实现近似威尔逊的全球和平的愿景。小说将美国的主张作为一个真正的可能性，使美国代表一种仁慈的资本主义，完全处于旧世界秩序暴政的对立面。

小说开篇相当战略性地设在伦敦国家美术展览馆，学监帕勒姆（Parham）先生正在那里自作主张地开始教导资本家伯西（Bussy）阁下关于艺术和文化的重要性。其中的一幕确立了小说将立足于文化问题，伯西想知道流行的色情文学与委拉斯凯兹（Velasquez）的裸体之间的区别。对于伯西而言，不是画作本身而是画作所具有的

被美国化的英国

估价令他感到困扰。伯西渴望一个摆脱了令人窒息的欧洲传统主义的世界。小说最终使伯西得到了肯定而判定帕勒姆的野心有罪,帕勒姆在伯西身后喃喃低语表现出的侮慢——"他没有任何传统"——在小说结尾被转化为对帕勒姆自己的一种控诉:"帕勒姆先生是传统的"。[35]

一位极其富裕的实业家,他的事业被简单地表述成买入和卖出,对他的讽刺代表了大众趣味,这似乎没有令威尔斯感到忧虑。对于小说的目的而言,伯西是通俗的赞助者。伯西对传统的缺乏不仅体现在他对艺术和贵族同样的轻蔑,还体现在他在宴会上展示的爵士乐。正如帕勒姆看到一支美国黑人爵士乐队时所表达的震惊:"贞洁女王,她最亲爱最忠诚的伯利怎么成了那个古铜脸的指挥了?"[36]第一次世界大战期间,爵士乐随着美国黑人乐队的领队詹姆斯·里斯·欧罗巴(James Reese Europe)来到英格兰;正如埃里克·霍布斯鲍姆(Eric Hobsbawm)所指出的,在20世纪20年代,伦敦许多地方都跟着爵士乐跳舞。[37]威尔斯在此注意到,英国对爵士乐的迷恋程度已经干扰到传统的文化理想,尤其是在种族界限方面。在这方面,威尔斯的《帕勒姆先生的独裁统治》是对国家主义者反应的一种模仿,国家主义者集合了英国历史以对抗美国黑人对国家音乐的入侵。

在帕勒姆对英美政治关系的沉思中,这样一种并置风格显示了它的怪诞回应。帕勒姆考虑这个问题:

尤其是自从战争开始,美国人似乎已经诡秘地、不知不觉地从世界的指挥思想中溜走了……叛徒!他们究竟有什么更好的?以伊丽莎白女王、莎士比亚、罗利、五月花号、尼尔森和维多利亚女王的名义,这些人有什么更好的呢?[38]

帕勒姆的反复诵念试图将英国的遗产变成对抗美国的魔法。这些将英国定格在过去的名字将莎士比亚变成了意识形态的维护,以抵制美国在诸如国家联盟等国际联盟方面的企图。尽管帕勒姆将国

第一章 美托邦：关于英国未来的跨大西洋小说

家联盟视为"可怜的威尔逊的垂死的纪念"，但是对于在新的世界秩序中美国所扮演角色的前景却深感困扰。[39] 在小说的第一部分，威尔斯显然站在美国国际主义这一方，以伯西为代表，与英国资本主义展开较量，以对抗国家主义传统，这些传统都醒目地写在帕勒姆的英国历史象征的清单上。

当小说确立了它对于文化以及社会状态的关注之后，它展开了更为直接的政治批判。通过帕勒姆这个人物，威尔斯将文化精英主义与政治独裁联系起来，并将旧欧洲秩序的价值观与新的美国全球主义进行对比。凭借其著名的超自然主义，他完成了这个相当雄心勃勃的一系列的关联。在小说的第二部分，伯西与帕勒姆开始参加降神会；也就是在那里，帕勒姆突然被尘世之外的存在所控制，将他变成了独裁的派拉蒙王。作为派拉蒙，帕勒姆很快接管了议会，重新武装了英国，并在他成为独裁者之后的首批法案中取缔了爵士乐。关于英国，他做了辞藻堆砌的热烈表达，犹如"加冕的帝国珍宝"能够传承"历经时间残酷考验的最为伟大的传统"，这一表达使得一位挑剔而有教养的学监所挚爱的传统变成了灾难性的国家政策。[40] 帕勒姆的极端国家主义显而易见地具有法西斯主义的意味，并且在一定程度上看似以1922年已经成为意大利总理的墨索里尼（Mussolini）为原型，在这篇小说中，威尔斯在此将其讽刺为意大利独裁者派拉墨吉（Paramuzzi）。在很短的时间内，帕勒姆就说服了其他欧洲国家，废除民主，支持独裁，以助其攻击俄国的模糊计划。然而，帕勒姆发现自己遭遇了美国的抵抗，这是对其复兴军事主义最为抵触的国家，这个计划没有获得通过。帕勒姆警告他的海军要抵抗"美国，她可能做任何事，甚至可能去向'现代'而打破历史——甚至她自己短暂而有限的历史。在危机到来之前，给予她思考的时间越短，越是有利于我们旧世界的传统"。[41]

美国作为英国"传统"的一种威胁是小说的副情节线（the refrain of the novel），同时贯穿于现实和幻想的部分。帕勒姆的最大恐惧是英国公众会被"美国的和平宣传"所动摇，以美国为基础的反战的《凯洛格—白里安公约》（1928年）就是一个路人皆知的典故。[42]帕勒姆的好战将军格尔森（Gerson）就资本家对全球冲突的抵触做了结论："商人和银行家因此被和平主义腐蚀。他们从广播中听到。他们从美国那里得到……'战争有利可图吗？（Does war pay？）'他们问道。"[43]格尔森提出，如果和平主义持续下去，"你们就会有一个无处不在的合众国，舰队和军队都将被放到废料堆上"。[44]在这部20世纪30年代的小说里，这样一种恐惧伴随全球化而来，全球化被想象成世界范围的美国化。在帕勒姆击沉了一艘美国船只以后，与美国的冲突一触即发，甚至英国和英联邦的全体民众似乎都赞同美国的意识形态：

> 他将会发现英国人民可以变得多么极端的不英国。西利（Seeley）和吉卜林曾经预言过的帝国的最高意义的实现，仅仅触动了有限的民众——不仅是国内的大众而且那些英联邦的自治领地也都逐渐失去了联系——这些更庞大更茫然的大众正在跟随美国而愈来愈偏离英国历史和英国国家行为的本质概念。[45]

这里威尔斯记录下了吉卜林不敢说出名字的恐惧：美国会使历史的浪潮转而离开大英帝国的可能性。与第一次世界大战前许多满怀帝国信心的作品相反，威尔斯20世纪30年代的小说嘲讽吉卜林是一个英国帝国霸权被误导的"先知"，无视即将到来的美国时代。与着重于美国军事力量的威胁的"伦敦的转变"不同，威尔斯想象了美国的特例或者理念对于在英国本土以及整个帝国成为英国人意味着什么的"本质概念"所产生的威胁。他所提及的英联邦政治领地激起了对帝国衰落的恐惧，这种衰落在20世纪30年代已经变得

第一章 美托邦：关于英国未来的跨大西洋小说

明显，尤其是担忧其他的讲英语的殖民地和国家可能会效仿英国最强大的前殖民地。当威尔斯虚构的"北大西洋战役"在伴随英美双方海军的覆灭而陷入的僵局中结束时，小说以此场景作为结局，借此威尔斯充分展示了他的新世界秩序的理想。与帕勒姆好战的传统主义相反，伯西和他的资本家伙伴出现在叙述的最后，以宣告未来的可能性。"我们是新曙光的劳动者。没有国家的男子汉。没有传统的男子汉。面向未来而非过去的男子汉。"[46] 如同 20 世纪 30 年代想象得那样，威尔斯式的新世界是这样一个世界，它追随了其所认定的在美国已经明显的资本主义的全球化趋势。美国在此不再是对单个国家的称谓，而是作为现代化的特定条件。它是"无处不在的合众国"的一种想象，至少只要这样一个名字象征一个以和平主义者和后国家资本主义，以及英国传统的终结为基础的未来世界国家。

正是对英国传统主义的抨击，导致了利维斯在他的文化评论"大众文明与少数人的文化"中，对《帕勒姆先生的独裁统治》进行了明显的谴责。利维斯将威尔斯的计划概括为："在他最新出版的《帕勒姆先生的独裁统治》一书中，他创作了他的笑柄，一个怪诞的挂着'牛津学监'标签的蜡像，不仅是宗族国家主义、帝国主义和旧外交的代表，也是文化的代表。"[47] 也许在蜡像学监的身上见到了对他自己的嘲讽，利维斯谴责威尔斯将文化精英主义与帝国主义者和好战的政治倾向联系起来的计划。以《帕勒姆先生的独裁统治》的形式，威尔斯对艺术和文化中的精英主义的谴责，促使利维斯将威尔斯视为美国反文化的一个标志："亨利·福特说：'历史是胡言乱语！'威尔斯先生，作为一个权威，为之担保。"[48] 威尔斯在《帕勒姆先生的独裁统治》中对传统进行的攻击，使他因此招致可能是利维斯最有力的侮辱，将他与亨利·福特做了比较。正如威尔斯转向美国以想象一个摆脱英国传统主义的世界那样，利维斯在其反驳中描绘了美国资本主义的一个偶像。这场为英国文化而起的特殊战役的

被美国化的英国

双方都依托于美国榜样，或者将美国作为一个被效仿的典范，或者作为一个需要避免的命运。威尔斯对英国传统轻蔑的政治倾向揭示，在多大程度上他所信奉的价值观将与那些倒退的政治国家主义价值观结成联盟。在此，威尔斯并不像大多数同时代的英国作家那样，他拥抱大众文化、工业以及明确地作为未来世界革命计划的福特主义。威尔斯认为这个体系——除非确信战争"有利可图"，否则不要开战——将保卫英国和世界的未来。在威尔斯的美托邦式的未来中，是资本主义带来了革命。

美国化的美丽新世界

奥尔德斯·赫胥黎在1929年《名利场》（*Vanity Fair*）发表的一篇文章中，通过鄙视地称他为"威尔斯将军"，从而记录下了他对威尔斯所担保的进步、技术以及大众的优势所持的怀疑态度。在这篇文章中，赫胥黎认为"威尔斯将军的高贵的方面、享誉全球的名望以及高远的意图"不足以动摇"历史的缪斯"，使之转至威尔斯的通过技术进步推动社会的计划那一边。[49]赫胥黎对进步的意识形态的不满成为反民主的政治哲学的基础，这种哲学立即使人联想到吉卜林的哲学。对于威尔斯所信奉的"荒谬的民主理论"的诽谤，这种理论意味着"你可以将任意一个放羊娃教育成牛顿（Newton）、亚历山大（Alexander）和拉斐尔（Raphael）那样的人"，赫胥黎讽刺地强调，"我们已经推行普及教育50年；但是牛顿们的供给并没有显著增加。"[50]在一份仿佛威尔斯笔下的精英牛津学监所发出的声明中，赫胥黎对通过提高大众素养来改革社会的尝试不屑一顾："人人可以阅读——所以古老的传统就消逝了，为生命赋予滋味的当地特点也正在被熨平。"[51]尽管赫胥黎夸大了他对阅读的公众的批判，但他听起来更像利维斯在这种对正消失于现代化中的"旧传统"和"当地特点"的怀旧之情中。

第一章 美托邦:关于英国未来的跨大西洋小说

赫胥黎与威尔斯本人相识——威尔斯曾经师从赫胥黎的祖父,生物学家 T. E. 赫胥黎——并将威尔斯对民主和大众文化的信奉视为其科学理性主义的一种危险产物。然而,尽管赫胥黎不赞同威尔斯的进步信念,但他与威尔斯都认为如此进步的未来在美国。在他1927 年的一篇刊登在美国《哈珀》(*Harper*)杂志的文章"美国文化的展望:在机械时代的一些思考"("The Outlook for American Culture: Some Reflections in a Machine Age")中,赫胥黎将美国文化表现为世界未来的模板:

> 美国的未来是世界的未来。物质境况正在驱使所有国家都沿着美国正在行进的道路前进。生活在当代环境中,到处都正在变得更加美国,人们感觉到一种要走那条路的心理冲动。命运有和没有;不容抵抗。或好或坏,看起来世界必须被美国化。[52]

在赫胥黎的分析中,即将到来的世界的美国化"不容抵抗"。美国不仅为迫近的世界文化提供了一个模式——"世界的未来"——它同时也创造了一种可能的世界文化的概念。世界的地区和文化的异质性,如同体现在地方性和传统性中的那样,将屈服于美国化,这是赫胥黎在此提出的唯一一种真正即将来临的全球化。尽管社会主义自 19 世纪开始就已经侵入到英国工人阶级的文化中,但在 20 世纪,从爵士乐到好莱坞电影等美国大众文化愈来愈无处不在,遍布所有的阶级。不仅如此,美国文化被当作 18 世纪民主理想的象征和产物,赫胥黎对这种民主理想持有犹如在关于威尔斯的文章中的那样的怀疑。在"美国文化的展望"一文中,美国不再指作为有界实体的美国,而是成为世界彻底同质化的代名词。

当赫胥黎在"美国文化的展望"一文中对美国进步的方面予以

被美国化的英国

简要赞扬的时候,他也在撰写一篇评论,该评论奠定了他对美国大众文化在英国的影响的忧虑的基础。赫胥黎在此通过对大规模生产的讨论以对民主进行批判。对于赫胥黎而言,"机械时代"不仅以大规模生产的商品为标志,而且还以"大规模生产的思想和大规模生产的艺术"为标志。[53] 赫胥黎将"轮转印刷机、印刷版、电影院、收音机、留声机"视为"粗俗"的工具;他坚持认为,他的这些结论"对于任何瞥过一眼流行图片、看了一下流行电影、在电台或者留声机里听过流行音乐的人,必然是显而易见的"。[54] 正如赫胥黎所解释的那样:"机械使得操控它的资本家们可以将任何他们喜欢的想法和艺术形式强加于人类大众。流行文学和艺术的标准化程度越高,制造商的利润就越高。"[55] 这种对大众文化的鄙夷为另一篇评论奠定了基础,赫胥黎将那篇评论视为其合乎逻辑的延伸:大众政治。

与吉卜林一样,赫胥黎以美国为例,证明政治民主的最糟糕的特征。"对国王或者公爵表示尊重可能是荒谬可笑的,"赫胥黎声称,"但是对一位百万富翁表示尊重就更为高贵吗?……在美国,任何幸运的或者有能力赚钱的人都可能要求得到一个财阀应有的尊重,并且都有可能从统治阶级的权力和财物中分享属于他的那部分。"[56] 赫胥黎坚持认为,这种民主政治的问题在于,其对于市场压力及其权力的商品化的敏感性。赫胥黎表达了他对美国民主的怀疑态度,建议转向其他已经脱离了西方霸权政治实践的模式:

> 关于政治民主,它的弊病在美国与在其他已经将其作为政府体制的国家一样正变得日益明显……在欧洲已经开始了对政治民主的反抗,而且这种抵抗显然必定会蔓延开去。当然,这并不会回到独裁统治。政府将趋于集中在明智并且活跃的寡头集团的手中。理想的状态是有一个由智者组成的特权阶级控制的实质性的民主……理想状态中的明智并且活跃的寡头集团尚

第一章 美托邦：关于英国未来的跨大西洋小说

未出现。但是意大利的法西斯党派、俄罗斯的共产党、中国的国民党是他们仍然不充足的先驱。[57]

尽管美国的未来可能是世界的不远的未来，但赫胥黎仍然对民主将被一种明智的寡头体制所取代抱有希望。在此，他的战后希望与吉卜林的战前沉思不同：吉卜林似乎乐于见到一种资本主义寡头依靠技术进步得以维持，而赫胥黎却蔑视大众观点，以及他所想象的产生如此观点的文化的机械传播。然而，特别有趣的是，赫胥黎与吉卜林都将美国民主与大众娱乐联系起来。吉卜林将美国选民想象成演员，而赫胥黎则更为直接地为大众文化的影响以及国家平民政治的阴谋哀叹。对于赫胥黎而言，大众文化与民主都滋养了人类有利可图的标准化。赫胥黎在其关于美国机械时代的文章中能够指责"普及教育"是因为，他相信涉及教育的民主原则与构成机械时代本身的原则具有同样的错误逻辑。

尽管在赫胥黎的职业生涯中，他写了11部小说和无数文章，但最广为人知的代表作是他1932年的小说《美丽新世界》（*Brave New World*）。大多数批评家同意，《美丽新世界》，一幅肤浅的反乌托邦的图画，这幅流水线人类工程——赫胥黎所谓的"人类产品标准化"——的图画大量借用了关于美国的比喻。[58]正如阿多诺在一篇《美丽新世界》的读后感中所指出的那样，"美国主义，这个拙劣模仿的笑柄，已经接管了世界。而那个世界按理说与乌托邦相似……从技术的角度来看是可以预见的。然后，经过延伸，它变成了地狱。"[59]阿多诺因其收集了自己对美国大众文化的批判而闻名，他称赞《美丽新世界》的夸张技巧，以及由此创造出美国化显著的如同地狱般的特征。

然而，批评家们并未迅速认识到，在某种程度上，《美丽新世界》不仅谴责了美国文化的一些方面，或者无情地变得像美国文化

被美国化的英国

一样的世界文化的一些方面,而且也在抵抗中发明了英国特性的一个版本。而正如题目所暗示的,《美丽新世界》想象了一种新的世界秩序,仅以美国和英国为背景,将伦敦作为被现代化、被美国化社会的最佳范例。在这个关于英国的美国化未来的故事中,赫胥黎设置了第二叙事,以莎士比亚的作品抗衡流行电影,并且以此种作品中衍生出来的价值体系来对抗未来的堕落。赫胥黎对《暴风雨》(*The Tempest*)的幽默改写重塑了英国与美国的关系,他的标题也来源于此,在改写中想象了一种具有将未来从迫近的美国化恐惧中解救出来的潜力的价值结构。

在《美丽新世界》中,很大程度上被美国化了的伦敦,居民们用美元支付并且崇拜亨利·福特;统治阶级成员一边划着缩短的十字手势意指他的T型车,一边虔诚地吟诵着福特的格言,比如"历史是胡言乱语"。工人们不仅在流水作业线上辛苦工作,而且他们实际上也是在那儿通过一种生物工程和社会调节系统被制作出来的,那个系统生产出刻板的不同等级的体力劳动者、传送机操作员和世界管理者。新社会赞扬消费并且存在于一种自耗的静止状态中,在这个状态中,科学创新、文学、历史和艺术全都被认为是对社会稳定的威胁。在这个新世界中,艺术被称作"可触电影"(feelies)的大众娱乐所取代,这种具有触觉的电影使人想起起源于美国的"有声电影"(talkies)或者说话的电影。甚至被行为主义者用于调节新世界儿童的社会科学,其运用的理论在美国比在英国更受欢迎。当那些已经在新社会出现的名字——波利·托洛茨基(Polly Trotsky)、伯纳德·马克思(Bernrd Marx)、列宁娜·克劳宁(Lenina Cronne)——意味着一种社会主义遗产、私有财产和社会阶层才是当今的秩序。在这部20世纪30年代早期的作品中,赫胥黎在很大程度上通过对美国资本主义和娱乐的一种毒辣讽刺,为英国描绘了一个反乌托邦的未来,从而捕捉到了反美国化作者的焦虑。

第一章 美托邦：关于英国未来的跨大西洋小说

与赫胥黎的世界国有差异的唯一的社会空间被自相矛盾地设在了美国，在新墨西哥州的一个祖尼族居留地。这里不仅包含了 D. H. 劳伦斯和其他现代主义者所认为的赋予人性的仪式，也是小说中英国文化遗产的首要象征——一部完整的威廉·莎士比亚（William Shakespeare）作品的存放处。[60] 在这部作品主要情节的转折之处，其中的两位主角列宁娜和伯纳德乘坐火箭飞船前往新墨西哥去探访祖尼族居留地，在这里他们惊奇地发现了约翰，一个堕落的英国女人的白人儿子。出生在居留地的约翰是社会化领域的一个研究课题，这项研究尤其着重于不同文学和文化形式导致的社会化。当约翰在小时候偶然发现了一部莎士比亚作品全集之后，他汲取了其中的语言和语法。蒲柏（Popé）已经沉迷于约翰母亲的床榻，面对这个当地的男人，约翰通过莎士比亚式的短语的引导分流而逐渐意识到他的感情：

> 他越来越痛恨蒲柏。一个人可以微笑再微笑，却是一个恶棍。残酷的、奸诈的、纵欲的、无情的恶棍。这些词语到底意味着什么？他只是一知半解。但是它们的魔力难以名状地强大，在他的脑海中隆隆作响，并且不知怎的，他以前似乎从来没有真正憎恨过蒲柏；从未真正憎恨他是因为他从来未能说出他是多么地憎恨他。但是现在，他有了这些词语。[61]

在此处，莎士比亚的作品不只是言明了约翰对蒲柏的憎恨，而是以拉康的方式，通过将其引入象征之中而事实上创造了这种憎恨。通过对他的情感的这种创造和言明，而将约翰融入了西方的文化传统。在从蒲柏到父亲这种迅速的俄狄浦斯式的转变，约翰袭击了在他母亲床上的这个男人，让他一边大嚎一边羞愧地逃走。《美丽新世界》并没有将此种行为视为是本能的，而是将之表现为完全文化性的，是通过莎士比亚而来的社会化产物。约翰成了一个行走的伊丽莎白式英语的知识库：他抵达《美丽新世界》中的福特主义的伦敦时，引用了《暴风雨》，在引用了《罗密欧与朱丽叶》（*Romeo Juliet*）之后，他尝试向列宁娜求爱，一天，在他断断续续地低语了《哈姆雷特》（*Hamlet*）中的台词之后，他最终上吊了。

在作品临近结尾的地方，约翰遇见了作为世界管理者之一的穆斯塔法·蒙德（Mustapha Mond），他固执地阐述自己的价值观："尽管如此，《奥赛罗》（*Othello's*）是好的，《奥赛罗》比其他的可触电影要好。"[62]蒙德作为剩下的少数已经阅读过这些被禁止的戏剧的现代人之一，回应道："但这是为了稳定我们所不得不付出的代价。你必须在幸福和人们过去所谓的高雅艺术之间做出选择。我们已经牺牲了高雅艺术。我们拥有可触电影和嗅觉器官作为替代。"[63]在这个想象中的未来时刻，莎士比亚成了"人们过去所谓的高雅艺术"。这种追溯式的称谓方式使人回想起20世纪30年代利维斯的思索，他注意到莎士比亚戏剧在伊丽莎白时代并不"高雅"，而是在朝向现代性的进程中变得如此的。[64]莎士比亚由此代表了赋予文学价值的实践的名字。不仅如此，文学价值提供了一种特殊的社会化功能，即反映新世界的行为主义。尽管新世界的居民，其行为和信仰得到了训练，完全是机械的产物，约翰则是以自由、个人主义和自由意志的理想而被社会化的，他是《莎士比亚全集》（*The Complete Works of William Shakespear*）的产物。

看起来在机械夺走人性的同时，高雅文化又将之添加进来。约翰并非一个自然人，在一群卢梭式的野蛮人中被养大，尽管自始至终他都被称为"野蛮人"，甚至是"野蛮先生"。当作品小心地将高雅文化与未来的机械世界区别开来，将文学敏感性与大众的"福特思维"区别开来的时候，约翰的社会化遵循了人类工业生产的模式。事实上，约翰表现得与英国的美丽新世界的居民们很像，但却用了

第一章 美托邦：关于英国未来的跨大西洋小说

不同的脚本：当列宁娜反复说着儿时睡梦中播放的训练歌谣的时候，约翰则引用莎士比亚来指引他的决定，制造他的情感，同时放置一个关于世界的解释框架。正如列宁娜在不安或者危机时刻转向歌谣那样，约翰会将貌似的矛盾返回去与他社会化的莎士比亚式的原始文本联系起来。尽管赫胥黎显然希望展现以机械为基础的、行为主义者的未来所具有的危险，但奇怪的是一种行为训练的模式已经多么深入地渗透在了他的作品中。看起来《美丽新世界》会将"高雅艺术"作为机械文化的一剂良药，而不是作为脱离行为主义者的训练的一种解放，却是作为具有不同内容的训练。尽管作品让约翰赞美自由意识——"我渴望诗歌，我渴望真正的危险，我渴望自由，我渴望罪恶……我正在要求变得不幸福的权利"——它仍然同时展现了作为他的阅读影响的渴望。[65]当《美丽新世界》将宣扬"高雅文化"作为抵抗机械文化的保护措施的时候，它提供了一种行为主义者对高雅文化价值的叙述，不仅指出莎士比亚是价值产物的名字，而且指出这种价值建立在制造具有某种特殊情感和推理主题的能力之上。在他著名的反乌托邦中，赫胥黎因此并没有尽可能地贬低训练，而是提出了以莎士比亚所体现的英国传统作为训练的适当内容。

尽管英国帝国主义长久以来一直在进步的旗帜下前进，但是在《美丽新世界》中，它心照不宣地成为了英国历史和传统的怀旧象征。赫胥黎将英国与美国进行的调换——伦敦将福特奉若神明并用"美元"支付，而新墨西哥州则存有莎士比亚的作品全集——很可能已经反映了一种日益增强的意识，即英国正在将其国际先锋的位置让给大西洋彼岸的它的前殖民地。如果像赫胥黎在其1927年的文章中所宣称的，"美国的未来是世界的未来"，那么，从帝国的角度而言，美国可以被理解为已经开始实施其不仅在空间而且在时间上的殖民计划了：它自己的那个未来。在《美丽新世界》中，赫胥黎对一个美国化未来的创造，产生了一种对抗性的英国历史的想象，这

被美国化的英国

种想象将高雅文化与帝国的巅峰时刻结合在一起。赫胥黎对威尔斯式的进步的排斥因此缘于他对一种英国特性的想象,这种英国特性不再能够命名未来,并且已经成为过去传统的标志。如此一来,对于赫胥黎而言,《美丽新世界》在某种程度上揭示了,关于英国传统的理念是在针对美国化的具有威胁性的扩散的反应中产生的。

弗吉尼亚·吴尔夫的世界性国家主义

在20世纪30年代末期,弗吉尼亚·吴尔夫创作了一种非常不同的美托邦,这种乌托邦反映并重塑了那个世纪早期的美托邦式的冲动。她1938年发表于《大都会》杂志上的文章,扣人心弦地被题为"在当今大都会式的世界中从未让我看到过的令我最感兴趣的美国"("America Which I Have Never Seen Interests Me Most in This Cosmopolitan World of To-Day")(后简称"美国"),这不仅是对正在进行中的关于美国对英国自我概念重要性的争论的一种介入。而且,在很大程度上,这是建立英国美托邦历史的结构的一种自发反思式的叙述。纵观20世纪上半叶关于美托邦的讨论,吴尔夫不仅完成了她所说的想象美国的任务以及由此而想象英国的狡黠计划,而且,她还将这些任务置于英国对美国的焦虑这样一个更为宽广的、元话语的表达之中。作为她所处文化时刻的一位见多识广的读者,吴尔夫可以同时既嘲讽英国与大西洋彼岸相反的趋势,又可以利用它们的启示性的力量,以提供一幅新的英国可能成为的图画。

尽管吴尔夫从未访问过美洲,但是对于她而言,从她的第一部小说《远航》(*The Voyage Out*)(1915)开始,它们代表了一种想象的试金石。在《远航》中,背景大部分设置于英国在巴西的一个观光殖民地,吴尔夫加入到一个更广阔的、将新世界视为一幅用于探索新的社会秩序的空白画布的英国历史之中。尽管《远航》既非乌托邦也非反乌托邦,但是它运用了乌托邦式的置换手法,将其主题

第一章 美托邦：关于英国未来的跨大西洋小说

转移到著名的不准确的新世界的背景中，以凸显它们的英国特质。在吴尔夫1938年关于美国的一篇文章中，她再次将一个美国空间刻画为与英国和大英帝国的旧世界形成鲜明对比的地方。到后来，为了想象英国，吴尔夫对想象美国的行为已经变得自觉，并且敏锐地察觉到英美的步调一致，据此，第一个人的想象必然产生、掩盖或者揭示第二个人的想象。

为了回应《大都会》的疑问："在当今的这个大都会世界中，什么最让你感兴趣？"在文章开篇，吴尔夫从果断的英美的角度回答道：

> 这是一个巨大的问题；世界是一个非常大的对象，在地表的每一英寸都嗡嗡作响，充斥着有趣的事物。但是如果我们将世界的精华和概要进行压缩和归纳，那么有趣的事物毫无疑问地被浓缩为美利坚合众国。美国是当今世界上最为有趣的事物。但是，如果你从未去过美国，美国于你意味着什么？它是什么样子的？还有美国人自己——他们是什么样子？这些是受困于孤岛的英国人总是在问的关于想象的问题。[66]

尽管吉卜林创造了一个全球的未来，其中美国已经成了一个没有影响力的落后地区，然而，在26年后的作品中，吴尔夫将全球浓缩成了美国本身。吴尔夫将"世界的精华和概要"压缩为了美国，而不是一个庞大的日不落帝国的模式。更为生动的是吴尔夫所选的词语"归纳"（epitomize）。"归纳"一词的一个定义是"包括在一个小范围内"，这一定程度上表明美国正在作为世界的提喻。[67]再也不需要派某个人的船去地球最远的边缘，而是在一个国家的疆域内就可以收集技术和进步的迷人事物。用休·肯纳（Hugh Kenner）的话说，英国根本不是一个正在沉没的岛屿，而是英国人"被困"在上

被美国化的英国

面的岛屿,仿佛他们的船已经最后一次被冲上了他们自己的无法逃避的海岸线上。[68]在压缩和扩大的修辞价值中的微妙转换意味着,可能再也无需将对海洋的控制当作一种无处不在的帝国权力,以成为世界利益的缩影。

47 吴尔夫在其前言的备注中也同样运用了奇特的修辞技巧:她将"想象"拟人化,将其作为背景在美国的文章的较大部分的叙述者。在一次关于她的叙述方法的描述中,吴尔夫写道:

> 不幸的是,想象不是一个完全准确的记者;但是她有她的优点;她行进快;她行走得远。而且她乐于助人。前几天,问了她一个问题,"美国是什么样?"她抖了抖双翼,用她那轻松的语调说道:"在康沃尔海岸上的一块礁石上坐好;我会飞到美国去,然后告诉你美国是什么样子。"这么说着她就起程了。[69]

吴尔夫以"想象"作为叙述者不仅仅是出于方便,让她可以讨论一个她从未去过的地方,而且也表明了她关于英国的更广阔的思索。尽管吴尔夫的"想象"声称只为吴尔夫讲述,但也作为特殊的英国文化想象的讽刺性的对应。这样做,它多方面地吸收、嘲讽和扩展了英国关于美国的辉煌和新颖以及英国的相对衰退的幻想。吴尔夫利用的这位叙述"记者"也使人想起了最早的英语乌托邦作品中的比喻:在莫尔的《乌托邦》中,利用了一位英国访问者,他对于新世界的描述必然导致了与旧世界的一种对比。

跨越大西洋之后,"想象"将开始显现她的比较功能。声称着"这里的空气比英国要干净上千倍"并且"这里的一切都比英国快千倍而且更加有序",叙述者将夸张的手法用于她的对比研究中。着陆在"纽约城",那里"没有房屋"而"是由非常高的塔制成的",叙述者将美国城市的景象描述成一个未来主义的新世界。[70]与英国相

第一章 美托邦：关于英国未来的跨大西洋小说

比，美国的氛围是具有炫目的规模、速度、效率和同质化的氛围。

文章不仅将美国想象成一个未来的世界，还将它刻画成一个使得英国的等级制度及其对帝国社会制度的依赖变得过时和陈腐的世界。将目光转到美国国内的场景，叙述者想象了一个没有阶级的社会，在此传统的英式社会关系被技术所取代："尽管是晚餐时间，并没有一个戴着帽子身着围裙的女侍端上镀银餐具。弹簧被触及；冰箱打开了；里面有可以食用的一整套大餐；冰上的蛤蜊；冰上的鸭肉；高脚杯中的冰镇饮料。"[71]文章的手稿与刊登在《大都会》上的那一篇有些微但却显著的差别，吴尔夫打趣地将美国社会展现为与英国社会等级制度全然不同：

> 在我们决定将军的遗孀是否优先于印度之星骑士长的妻子的时候，美国人已经吞下了他们的晚餐。并且仆人从不说先生或者夫人；没有仆人。人人平等。那也节省了时间。[72]

吴尔夫在上文中的最后三句话，用了其阶级决定论的肯定表达，在美国"没有仆人"，可能由于它们过于明显的不准确，这句话被美国期刊从她的原始手稿中删除了。但有趣的是，在之前提到"印度之星"的时候，吴尔夫将英国等级制度表现为对英国殖民主义的一种传统回归。到了1938年，吉卜林的"白种人的责任"似乎可以被完全地并且从想象上颠覆。殖民计划不再能够代表新颖和扩张，而已经成为传统主义。因此，"印度之星骑士长的妻子"在吴尔夫夸张演绎的英国是一个可以确定的等级位置，尽管它精确的社会价值十分模糊，使得晚餐的布置被延误。幻想在美国"没有仆人"，忽略了美国历史与社会关系，使美国成为与英国对比的一个"效果"。

吴尔夫的"美国"文章扰乱了英国帝国主义的双重脚本：扩张的地理模式和线性发展的时间模式。从城市和房屋，"想象"抵达了

被美国化的英国

那个国家,此时文章开始了它的时间错位。"我们身处乡野,""想象"说道,"但是此处的乡村与英国、意大利或者法国都不一样。它是原始的乡村;一个以前没有过乡村的乡村。空间巨大;山峦起伏;平原蔓延。"[73] 吴尔夫的想象的叙述者解说道,美国的乡村不是像英国、法国或者意大利那样的国家式的"乡村";它是与美国超技术化的城市同时存在的原始空间。的确,正如叙述者所指出的那样,原始平原上的废墟不是"撒克逊人埋葬的地方、罗马人的营地"而是"旧汽车的骸骨"。[74] 这是以前没有过乡村的乡村,甚至处于完全的史前状态,却代表着未来。技术化的现在被荒废在广袤的原始乡村;使得美国如此有趣的革新立即屈服于尚未开化和开发的土地的规模。关于乡村的描述将美国作为一个散落着技术进步遗迹的荒芜而原始的大地的景象,写成了一个关于现在、过去和未来的国家脚本。诸如汽车等的技术进步也可能是已经成为过去的遗迹或残骸,一个原始的、国家前的景观。这里的遗迹,寓言的本杰明式的标志是绝对现代的。[75] 时间并没有沿着吴尔夫的美国景观的叙述顺序前进;而是美国自身能够设定一种新的时间概念,可以将现在插入到古代历史中。

此外,叙述者似乎将英国的过去和美国的未来的交汇视为,英国文学遗产和美国文化实践的交汇。当跨越了代表"未来"的山陵而到达了一个现代城市之后,"想象"叙说道:

> 但是那个可能是一座工厂或者一座教堂的庞大建筑——是什么?它占据了一个显要位置。在英国,它会是国王的宫殿。但是这里没有哨兵;门向所有人敞开着。墙壁是由不锈钢制成的,架子是不碎玻璃制成的。而且,莎士比亚的对开本书籍、本·琼森(Ben Jonson)的手稿和济慈(Keats)的情书都在美国的阳光下闪闪发光。[76]

第一章　美托邦：关于英国未来的跨大西洋小说

就像在赫胥黎的《美丽新世界》中一样，莎士比亚已经被迁移到了美国。但是在这里，英国文学的原始文献——由莎士比亚、琼森和济慈所代表的——出现在了美国图书馆的现代的公共空间。这种迁移以它的方式表现了对英国文化的美国化的极度恐惧：这里英国珍视的文学遗产——手稿和对开本书籍而不是副本——移交给了民主档案馆。当英国的文化遗产变成像《罗密欧与朱丽叶》的电影那样的大众财产的时候，闪耀的美国太阳既照亮又毁灭了它。梅尔巴·库迪-基恩曾经将吴尔夫称为"民主知识分子"，一个自我意识的精英，既赞同又蔑视现代大众文化。[77] 正如那些从吉卜林到赫胥黎都显而易见的，这里吴尔夫以自我意识地方式改编了在面对美国大众文化的崛起时，关于英国文化遗产命运的恐惧和焦虑。并且像吉卜林和赫胥黎一样，吴尔夫也将文化影响置于一种政治框架内：美国图书馆已经取代的不是私人藏书，而是一个旧世界的政治实体，国王的宫殿。在文章对于未来的短暂颂词中，图书馆能够取代宫殿，因为美国的文化实践能够如此容易地被想象成将与美国的民主理想的相融合。

尽管吉卜林通过将民主的冲动转化为流行表演而遏制它，吴尔夫却将英国文学的原始文稿不仅置于美国，而且置于被想象为平等主义的美国文化实践之中。美国图书馆取代了英国国王的宫殿，因为美国文化实践本身被想象为对封建主义政治结构的一种攻击。美国的未来不仅是技术进步的未来，而且在这个未来公众文化威胁将篡夺英国文学遗产，将其与英国土地分离，并且置换沃尔特·本杰明（Walter Benjamin）所谓的艺术作品的"光晕"。[78] 在本杰明看来，像电影这样的大众文化形式无法产生那种他归之于原始的、未被复制的作品的光晕。据本杰明所说，光晕的消失是向具有革命潜力的大众文化转变的标志之一。当存放在玻璃和钢铁的档案馆中的文献是原始而非大规模生产出来的时候，通过对美国公众可用性的新发现，它们参与到了一种大众文化的逻辑之中。在美国化的未来中，吴尔夫的文章冷静地预言，英国的文学文化可能不再属于英国。

联想到《美丽新世界》中的非线性时间，吴尔夫的文章进一步将美国与英国的历史互相交错。正如叙述者所说："这个山谷犹如一只杯子，时间滴落其中并保持清澈和静止。这是查尔斯一世（Charles the First）的英国，依然可见，依然存在于美国。在她广阔的平原和幽深的山谷中，美国拥有包容所有年代和所有文明的空间。"[79]援引17世纪早期统治英格兰和苏格兰的查尔斯一世，令人简要地回顾起作为英国殖民地的美国的过去。虽然这使人想起美洲印第安人手持"战斧"、身披"鹰羽"的刻板印象——一个从《大都会》提供的附图中信手拈来的形象——文章并没有对英国殖民美洲的神话进行深思，而是迅速地从过去转换到了未来。[80]在美国的风景中，时间是地理分层的。不仅原始平原上散落着美国被技术化的现在的遗迹，而且还让英国的过去"依然存在"。美国作为世界上有趣事物的缩影，也是将各个时期并入一个共时的主体内的一个缩影："从这种所有文化和所有文明的非凡联合与协作中将孕育出未来"。[81]原始的新颖和欧洲的文化遗产仅仅作为原料，仿佛美国是为了如此未来的发展的实验室。在"想象"报告的最后，她解释道："这就是使他们成为世界上最有趣人民的所在——他们面向未来，而非过去。"[82]

美国人的新奇以及他们面向未来的能力，作为与一个同时的英国场景的对比："当她（想象）去过美国归来的时候，一位年老的夫人蹒跚穿过一片田地，将枯枝填满她的篮子，用于她在冬天生火。"[83]此处"想象"已经回到她康沃尔礁石上的巢中；吴尔夫自己的叙述声音描绘了这幅更加荒凉、更加英国的景象。这很难作为一幅面向未来的图画：用没有生命的累赘般的"枯枝"蹒跚并且填满一只篮子。而且，这个场景是乡村的和工业化之前的。与美国的机

第一章　美托邦：关于英国未来的跨大西洋小说

械时代相比，它是自身的倒退。对英国乡村生活的一幅讽刺画，老妇人的行为像是古老英格兰的一则寓言。英国的过去已经被转移到美国的原始森林之中，英国的手稿被转移到了美国的图书馆中，而未来在等待着美国的前进。

在结尾部分，吴尔夫将美国展现为不太像一个地方，而是作为与时间的一种特殊关系。她并没有简单地将美国等同于现代，或者等同于"一个最新的城市"，正如她与世界主义的纠葛所暗示的那样。[84]但是，当英国的生活像一位如拾柴火的老妇人那样前进的时候，美国却似乎已经被历史的天使拜访过了。以类似于本杰明对同步时间的想象，吴尔夫文章中的美国包含了"所有时代"和"所有文明"。[85]在即将来临的全球未来的预言下，过去和现在被彻底地重新排列。从本杰明的角度来理解吴尔夫的时间，这里的救世主是技术创新和进步、摩天大楼的预期后代、遍及四方的铁轨以及通过冷藏而不是革命转变成的没有等级的社会。小小的英国，被寓言化为一位为了漫长冬天而储存枯枝的老妇人，几乎仅剩下一口气了。

在吴尔夫将美国视为世界缩影的处理中，她捕捉到了我们现在与全球化相联系的现代浓缩的感觉——与大英帝国曾经翻腾过的广阔开放的大海的感觉完全相反。以这种方式，吴尔夫的"美国"文章完全改写了《远航》中的大西洋之旅。尽管她较早期的小说大多都被置于英国帝国主义的框架内，甚至当它挑战了帝国传统的一些方面的时候，"美国"这篇文章却认识并表现了源自美国现代性的一种新的世界秩序。吴尔夫的文章清晰地指出，英国的衰落反映了它与19世纪扩张主义者的殖民计划，以及这种计划所代表的现在世界的旧模式的关联。当《远航》的主人公越过海洋，行至南美洲的乡村的时候，在吴尔夫的这篇"美国"文章中，英国人依然"被困"。通过将英国自身呈现为一个英国人被谴责的"孤岛"，吴尔夫颠倒了文学的——和真正历史的——关于英国水手和罪犯被困在遥远的、

被美国化的英国

热带群岛的比喻。正是以大洋探索和帝国历险的特有语言风格，英国的不足被讽刺性地得以衡量；英国人被抛弃在了一个已经变得原始的岛屿上而与美国形成对比。正如"被困"一词所意味的，英国人处于困境的、迷失的并被那个没有他们也可以前进的全球未来驱逐出来。

当然，对于美国未来的这种颂扬是为《大都会》的广大美国读者写的。以其引导性的问题，"在当今这个大都会般的世界上，什么最让你感兴趣"，杂志将特权授予了世界主义的——城市、技术、进步——与此同时，它也使得美国大众媒体成为典范。在某种程度上，通过文章被刊载的平台，吴尔夫无疑被引导做出了她对美国大众文化和未来的有趣的衍生评论。的确，随着她的文章在美国《大都会》上的发表，通过对帝国在修辞上的削弱以及对美国大众文化的实质参与，吴尔夫将英语写作从吉卜林对美国的思索中带回原地。吉卜林的美国人被囚禁在伦敦的音乐厅之中，而吴尔夫在此对英国衰落的隐晦反思被传递给了美国大众。

吴尔夫以狡黠与晦涩的方式所展示给这些大众的是，对那些忧虑的一种重新包装，那些忧虑曾激发了吉卜林对无穷无尽的英国帝国主义的赞颂、威尔斯跨大西洋的热心拥护态度，以及赫胥黎对莎士比亚的焦急守护。在世纪之交的时候，尽管吉卜林将美国视为一个较为弱小和年轻的英国，但吴尔夫却描述了到20世纪30年代末美国如何去建议一种新的权力形式。通过将美国等同于未来和将英国困于过去，以显示对时间表的一种干扰，吴尔夫提供了一场具有讽刺意义的表演，是关于现代英国对美国已经变成的样子所产生的焦虑的。的确，吴尔夫能如此狡黠地写出从未也无须去访问的美国，因为，正如她所理解的那样，在20世纪30年代末期，美托邦在任何地方都没有像在英国想象中那样有力地存在。

第二章　爵士乐中的英国：
爵士乐的跨大西洋入侵与英国特性的重塑

> 爵士乐曲调就是我们的民歌曲调。
> ——伦敦《泰晤士报》(*Times*)，1921年1月12日。

> 但是爵士乐却在科茨沃尔德！……这些跳着爵士舞的村民难道没有一点历史观念？对于当地的地方精神没有一点尊重？
> ——伦敦《泰晤士报》，1923年9月5日。

当爵士乐传入英国的时候，整个国家正处在一个虚构的悬崖边上：既想抓住历史又试图埋葬它，既为其所遭受的严重损失所困扰，又急于通过狂乱的歌舞来忘掉这一切。在第一次世界大战期间，一支全部由黑人组成的美国陆军步兵乐队已经将爵士乐引入了欧洲；此后，爵士乐似乎弥补了那些曾在战争时期隐匿的所有快乐。[1]在国家重建的这个脆弱的时期，英国的未来并不明朗，而爵士乐却掀起了一股前所未有的流行浪潮，席卷全国，成为了被战争摧残的这代

被美国化的英国

人的流行音乐。人们反复地将爵士乐视为英国人的"民族曲调",这显示了当时的情势是多么非凡而奇特。一幅出现在1926年的《笨拙周报》(Punch)上的漫画,讽刺了作为英国乡村最受欢迎的新消遣方式的爵士乐所扮演的离奇角色。到了1927年,R. W. 孟德尔(R. W. Mendel)毫不犹豫地将爵士乐视为整个国家的"民间音乐"。[2] 尽管英国的民间文化从其本质上来说应该源自英国的人民、乡村及其大地本身,但是这种全新的音乐却源于美国,而更让一些人感到震惊的是,爵士乐在很大程度上是由美国黑人创造的。在英国现代历史上这是第一次,英国的民间音乐不再具有英国风格。[3]

由于这个原因,爵士乐激起了许多人的反抗,他们在这个音乐中看到了英国独特民族性的终结,看到了英国的娱乐、休闲以及消遣这一有机整体的终结,也看到了在两次战争期间曾抱有的对民族文化的迫切渴望的终结。1923年出现在伦敦《泰晤士报》上的一句悲叹——"这些跳着爵士舞的村民难道没有一点历史观念"——反映了对英国遗产处于包围之下的情感。[4] 对于那些因爵士乐的广泛传播而对其怀有敬意的人来说,爵士乐的部分问题在于它能够使英国实现现代化,使其消遣方式与美国、法国、意大利甚至德国的消遣方式变得一致。欧洲大陆的人民对于爵士乐也有许多不同的反应,法国的超现实主义者对其充满了狂喜之情,而在纳粹统治下的德国则全面禁止爵士乐。在英国,对于爵士乐的不同态度反映了美国化更为广泛的历史,并逐渐演变成了一种对于美国爵士乐既爱又恨的复杂感情。英国音乐家联盟长久以来都在努力鼓动禁止美国爵士乐表演——终于在1935年这一禁令得以实施[5]——但是这并不是因为他们不喜欢爵士乐。恰恰相反,他们希望只有自己能演奏爵士乐,并将其英国化,为自己在音乐领域开辟一片新天地。但是随着越来越多的爵士乐爱好者投身于这种新的民间文化,出现了大量反对爵士乐的精英人士,他们认为爵士乐会毁了英国文化。一本英国期刊早

第二章 爵士乐中的英国：爵士乐的跨大西洋入侵与英国特性的重塑

在1919年就总结了这场争论："当今世界似乎分化成了两个阵营——支持爵士乐的和反对爵士乐的。爵士还是非爵士——这是个问题。"[6]

爵士乐迅速地——甚至是令人震惊地——通过创造出一种被埃里克·霍布斯鲍姆（Eric Hobsbawm）称为"新的流行性的大众交际舞"改造了英国文化。[7] 爵士乐涵盖了多种不同的音乐风格，从狐步舞到布鲁斯，"热辣"且"肮脏"的摇摆爵士乐，使得听众舞动身体，而这些人往往也都是舞者。[8] 在公共场所跳舞这一风潮似乎在一夜之间就席卷整个英国；一份报告显示，仅仅在20世纪20年代的前五年里，就有11000家舞厅和夜总会开张。[9] 甚至在家里，一些年轻的英国人也通过无线电广播和留声机唱片来举办舞会。[10] 跳爵士舞需要摇摆臀部，脚也要以错综复杂的方式快速移动。这又为妇女们催生了新的极简主义时尚——包括了更短、用料更为轻薄的裙子，以便在双人舞中更加亲密。此外，爵士舞也跨越了阶级的界限。尽管在1918年以前"在公共场合跳舞"是富人的标志，但是很快爵士舞就成了所有阶级的人民狂热追求的对象，尤其引人注目的是那些工人阶级和下层中产阶级。[11] 与此同时，一些爵士舞的性感热情也激发了种族幻想，譬如约瑟芬·贝克（Josephine Baker）在巴黎穿着她的臭名昭著的香蕉裙所做的那些富有特色的表演。爵士乐似乎经常是危险、异化、性感和种族化的——《泰晤士报》分别称之为"噪音"、"灾难"和"疯狂"[12]——同时它也是两次战争期间普遍存在的英国文化的一个方面。

随着关于爵士乐入侵的争论在英国的报纸和期刊、会客厅和酒吧愈演愈烈，这场辩论将爵士乐转变成了英国现代化的一个象征。因此这个时期的文学作品不仅参与了这场辩论，还赋予了爵士乐比喻的性质，一次又一次地将其变为解决一系列关于民族认同命运的矛盾话语的一种手段。尽管作家们用美国的爵士乐来探索在两次战

被美国化的英国

争期间英国特性的危机似乎有些令人感到惊讶,但正是爵士乐引发了许多相互矛盾的问题——艺术和娱乐、白人和黑人、英国和美国——这些矛盾它都很好地体现出来了。爵士乐不断地移动和入侵,超越了种族、阶级和国家的界限,使得思想不再狭隘,从而对英国急剧发展的民族狭隘危机产生了影响。与此同时,与高雅艺术和低俗娱乐同样具有入侵性特点的爵士乐,推动了人们对于艺术和文化的重新思考。正如布鲁姆斯伯里的作家克里弗·贝尔(Clive Bell)在1921年的一篇文章中所哀悼的那样,爵士乐似乎宣告了高雅文化"传统"以及支持这些传统的独特品位的终结。[13] 其他一些作家,诸如伊丽莎白·鲍恩(Elizabeth Bowen)、W. H. 奥登以及弗吉尼亚·吴尔夫等,则将爵士乐用于探索英国帝国主义的衰落以及随之而来的英国本土主义的兴起。南希·库纳德(Nancy Cunard)接受了爵士乐跨大西洋的特点,而战后作家菲利普·拉金(Philip Larkin)和金斯利·埃米斯(Kingsley Amis)则试图弄清楚爵士乐真正变得英国化意味着什么。在这些不同作家的概念里,爵士乐不仅仅是作为现代化的背景音乐,而是提供了一种探索英国正在发生着什么的方法,一种可以为第一次世界大战以后笼罩整个国家的危机命名的语言。

爵士乐与民族主义:W. H. 奥登、弗吉尼亚·吴尔夫和伊丽莎白·鲍恩

在W. H. 奥登1936年的诗歌"写给拜伦勋爵的信"("Letter to Lord Byron")中,他回顾了20世纪20年代和20世纪30年代早期的历史,用寥寥数语总结了爵士乐是如何象征英国特性的传统纽带的中断的。诗中的主要意象是将现代英国的新景象介绍给幽灵般的诗人旅行者拜伦。奥登在开篇将拜伦与美国电影明星贾利·古柏(Gary Cooper)进行了一番对比,紧接着又强调"过去美好时光里的

76

第二章　爵士乐中的英国：爵士乐的跨大西洋入侵与英国特性的重塑

约翰牛（John Bull）"*已经被迪士尼标志性的"米老鼠"所取代了。[14] 正如他向这位诗人挖苦般顿呼："哪一个更好，我让你来决断。"[15]这个决断问题对于奥登描述现代英国以及即将成为它的遗产的新的跨大西洋文化来说非常重要。在其中的一节诗中，他轻易地将英国的政治衰落与美国娱乐的兴起合并在了一起，他写道：

拜伦，你真的应该生活在现在！
　　我在想，如果你可以，你会怎么做？
不列塔尼亚已经失去了威望、金钱和权力，
　　她的中产阶级显出了一些损耗，
　　我们学会了从空中轰炸彼此；
我无法想象威灵顿公爵
对艾灵顿公爵的音乐会说什么。[16]

奥登用一种充满韵律而又轻描淡写的方式指出了20世纪30年代英国的国家衰落中最为严酷的一面："不列塔尼亚已经失去了威望、金钱和权力"。紧接着这句论断之后，奥登又用一个似乎不太工整的对句指出了文化现状，"我无法想象威灵顿公爵/对艾灵顿公爵的音乐会说什么"。这个对句提到了曾经在19世纪早期，英国在近代衰落之前统治过英国的一位首相，将这节诗中的政治能量与爵士乐放在了一起。在这里，爵士乐代表了与威灵顿公爵所代表的国家权力的复杂规则以及19世纪的品位之间的一种断裂。而提及的轰炸和失去的威望则是英国发生变化的直率而明显的标志，诗歌将"艾灵顿公爵的音乐"作为一个点，在这个点上，它的思维实验中断了，说话人"无法想象"新奇与传统的和谐。艾灵顿的爵士乐现在无情

---

* 典型英国人。——译者注

被美国化的英国

地成为被改变了的英国风景的一部分，也因此成为国家从拜伦时代到现在的衰亡的确切比喻的缩略语。

＊＊＊

在"写给拜伦勋爵的信"之后，弗吉尼亚·吴尔夫也出版了其最后一部小说《幕间》（*Between Acts*）（1941年），在书中，爵士乐再次成为了英国特性的破坏者，而其所采用的方式比奥登对于变化的时代巧舌如簧式的颂词似乎更能体现现代派的特征。[17]尽管如此，当人们想起爵士乐的时候，吴尔夫并不是让人立刻想到的现代派作家。当 T. S. 艾略特是一位有名的爵士乐迷，并且兰斯顿·休斯也创作了自己的布鲁斯版本的时候，吴尔夫还没有对阿尔弗雷德·阿佩尔（Alfred Appel）所谓的"爵士现代主义"激发太多批判性的思考。[18]不仅如此，她的最后一部小说《幕间》的背景设定为英国的田园景色，似乎与世界范围内受爵士乐影响的文学实验大相径庭。尽管《幕间》可能不太像对爵士乐进行思考的素材，但正是在这部小说中，吴尔夫揭示了爵士乐对意识形态的英国特性的批判的独特价值。在吴尔夫写《幕间》的时候，她已经吸收并改写了关于两次大战期间英国爵士乐传播的话语。爵士乐对于她准确探究英国乡村生活十分有用，因为它看上去如此不同寻常。正是异域和本土、奇异和普遍的特点，使爵士乐具有了通过"变得"英国化而改变英国特性的含义的威胁。

《幕间》是一次新种类的风格实验，它将英国历史展现为一部历史剧，演员则是生活在乡间草地上的村民，同时还展现了观众看完其他更加个性的戏剧之前以及"幕间"的那些时刻的细节。正如一位角色所指出的，这部历史剧"取自英国历史的场景"正是那些可以产生那种怀旧构想的"快乐英格兰"。[19]但是《幕间》对于间隙和

第二章　爵士乐中的英国：爵士乐的跨大西洋入侵与英国特性的重塑

破裂的强调——历史的再现经常被打断，容易误听或者听不到——给人以历史剧在意识形态上巩固英国特性的假象。准确地说，《幕间》并不像那个时代的一些作品那样充满了爵士乐元素，它只是在一个关键时刻将爵士乐引入了历史剧，这个时刻标志着一种民族主义的终极目的的中断。就在节目播报剧情将要进入"当代。我们自己"这一幕的时刻，留声机的音乐换成了爵士乐。[20] 尽管观众们不认为爵士乐是"刺耳的音乐"，但小说却用它来代表历史剧本该表现的民族主义话语的破裂。尽管吴尔夫很少在她的作品中提到爵士乐——她的小说中唯一一次出现"爵士乐"这个词是在《幕间》里——她的最后一部小说却依靠爵士乐构建了一种实验性叙述的元语句，暗示着现代音乐打破一种连贯的关于爱国的英国特性的神话的可能性。[21]

这部历史剧是对英国过去的温柔而滑稽的颂赞，从笨手笨脚的坎特伯雷朝圣者到健忘口吃的伊丽莎白女王，整个舞台充斥了最为现代的商品的声音：留声机。留声机与这部历史剧的导演拉·卓柏（La Trobe）女士一样隐藏在幕后，但是它用观众熟悉的音乐片段来调动观众的情绪，而这些音乐则随着剧情快速变换。例如在一个19世纪的场景中，伴随着一位身份不明的角色林恩·琼斯（Lynn Jones）夫人的内心独白，"甜蜜的家"的音乐片段激起了人们的怅惘沉思。在两段唱片之间，留声机使得整部历史剧充斥着机器运转发出的空洞的声响："嚓、嚓、嚓，机器运转着。"[22] 一位角色沉思地说，发出嚓嚓声的留声机正在"记录着时间"，而另一位则坚持认为，时间"不因我们而存在……我们拥有的只是现在"。[23] 作为现代标志的留声机的设置使它与历史剧格格不入，而该剧对于其想象中的过去的深切怀念则是现代的。机器将这个时刻的现代性进行了编码，即便它用陈旧的歌曲和爱国唱诗做了掩饰。留声机因此既从音乐上伴随了"快乐的"英国历史，也为在机械时代现代与过去的神

被美国化的英国

话叙事之间的不可比性提了一个醒。

当这部历史剧最终到达节目所谓的"当代"这部分的时候，留声机突然将音乐转变成了一种让此前飘飘然的观众感到震惊和失望的音乐：爵士乐。[24]在用华尔兹舞曲片段向国际联盟做了简短而奇异的致敬后，[25]音乐突然变得不再舒缓：

曲调变了；中断了；破碎了；参差不齐了。这是狐步舞吗？还是爵士乐？总而言之音乐的节奏变得喧闹、欢快、仓促而简短。这是怎样一种叮当作响的热闹之音！好吧，就静静地听吧，不要问太多。这是怎样刺耳的咯咯声！一直持续。如此突然。而又放荡。这样的一种愤怒；这样的一种侮辱；而且不是直白的。非常现代，全部都是。她在玩什么把戏？破坏？慢跑和快步走？抽搐和傻笑？用手指在鼻子上？斜视和窥探？偷窥和监视？噢，不敬的这一代人只是暂时的——幸好是——年轻人。[26]

在《幕间》奔放、自由而迂回的风格特点的话语中，吴尔夫的观众感受到了一种可以辨别的反爵士乐倾向。吴尔夫用了尖锐而有节奏的中断来描述这种"现代的"音乐，这种音乐与这部小说中所批判的爵士乐形式上的特点相似。这部小说中的大量问题，包括责问音乐本身的——"这是狐步舞吗？还是爵士乐？"——都强调了爵士乐令人不安的新奇，而这种新奇正好与"回甜蜜的家"（Home Sweet Home）中让人感到安心而熟悉的曲调相反。换句话说，吴尔夫颠覆性地创作了这样一种反爵士乐立场，效仿了这部小说所批评的爵士乐形式上的特点。在《幕间》里，生硬而无礼的音乐所反映的不仅仅是小说所描述的内容；它也为小说在整体上提供了一种美学上的模板。像爵士乐一样，《幕间》的特点正是中断、片段和"破坏"的冲动；甚至其结尾的感觉也遵循了一种片段式结构。并不

第二章　爵士乐中的英国：爵士乐的跨大西洋入侵与英国特性的重塑

是说吴尔夫从爵士乐里学到了这种风格——反形式主义本身就是她的风格——而是她与这种席卷了英国的大规模复制的音乐达成了一种风格上的同盟。在这里，吴尔夫运用了爵士乐的活力，使得她的片段式美学更加明显、现代而富有意义。爵士乐的反叙事结构虽然没有得到观众的认可，但却独特地回应了《幕间》本身的开放式结尾。通过这种方式，英国历史剧的传统结构与《幕间》的片段式美学之间的张力，在从熟悉的欧洲音乐到爵士乐的突然转换中找到了对应。

这种全新的、破坏性的音乐揭开了这部史诗剧最后也是最神秘的一个场景；这个场景利用了模拟的表达功能，而这也是吴尔夫一直以来计划挑战的。在爵士乐的背景下，演员们拿着镜子碎片和其他反光的物品走上了舞台：

任何足够光亮的东西都大概能照出我们自己吧？
我们自己！我们自己！
他们跳了出来，抽搐着，跳跃着。现在老巴特（Bart）出来了……他被抓住了。现在曼雷沙（Manresa）出来了。出现了一个鼻子……又有一件裙子……然后只有裤子了……现在或许是一张脸……我们自己？但那是残酷的。在我们有时间出现之前就被打碎了……而且也只有碎片……这正是让人所感到如此扭曲、苦恼和完全不公平的地方。[27]

在这部史诗剧转入到"现代"这一场景时，吴尔夫用不完整的话语展现出的蒙太奇场景，反映了在镜中变为"碎片"的观众的破碎的身体。在镜子后面，演员们同时慷慨激昂地朗诵着此前场景中的台词，仿佛英国历史本身已经变质成了共时的时间。在将窘迫的观众定位成"碎片、小块、片段"之后，强大的拉·卓柏（La

Trobe）小姐通过将观众的注意力转移到留声机上来给予他们安慰："高潮出现了。唱片发出了混杂的声音。狐步舞、'甜蜜薰衣草'、'回甜蜜的家'、'大不列颠颂'——丰富地呈现了出来，负责音乐的吉米将这些都置于一旁，放上了合适的音乐——巴赫（Bach）、亨德尔（Handel）、贝多芬（Beethoven）、莫扎特（Mozart）或是其他不太著名的人，但都仅仅是传统的曲调。"[28]不像是"没有结尾"的爵士乐，"传统"的欧洲音乐使得紧张不安的观众得以平静，并最终到达了一个可以识别的终曲，这个终曲是"结束了的、解决了的、圆满的"。[29]欧洲音乐即使不是作曲者也是可以识别的，这一点很重要：除了必须选择"巴赫、亨德尔、贝多芬或者莫扎特"之外，观众也接受可能"'仅仅是'一种传统曲调"的音乐，这种音乐就像传统的文学叙事方式一样，遵循一种熟悉的结构并朝一个可以识别的结尾发展。[30]

因此，爵士乐在这样一部将观众从中世纪时代带到现代的历史剧中并没有起到决定性作用。相反的，经典音乐片段、当地牧师的演讲以及熟悉的国歌"天佑女王"将这部历史剧重新限定为向英国特性致敬。但是在这部历史剧转到刻画现代的时候，爵士乐则代表了这个失去方向的年代。这种到现代的转换尤其是通过吴尔夫的小说所赋予爵士乐的破碎性得以体现。吴尔夫的正式计划一直都表达了她致力于对新文学的追求，她在1924年的"贝内特先生与布朗夫人"（"Mr. Bennett and Mrs. Brown"）一文中认为，可以采用"间歇性、模糊性、破碎性和失败性"的最初形式。[31]在这篇文章中，吴尔夫有一句著名的宣言，即过去的叙述形式都不足以抓住现代动荡的能量；爵士乐为这种现代主义诉求提供了一种特别而有效的美学模板。尽管在她1938年的《四海为家》一文中，吴尔夫表明自己是一位关注美国化对英国想象的影响的机敏读者，在《幕间》中她展现了这种影响作用在文学形式上对她所产生的反响。通过她的最后一

第二章　爵士乐中的英国：爵士乐的跨大西洋入侵与英国特性的重塑

部小说，爵士乐不可思议地同时成为了一种实验美学，和一种被广泛认为的对民族主义英国特性的威胁。在阅读吴尔夫令人惊叹的文化瞬间的时候，可以看到她将爵士乐对英国特性的一种连贯性的神话的"文化"中断，转化为对民族主义历史剧和一种"传统"叙述的终极目的的"形式"中断。因此，吴尔夫在某种程度上在《幕间》中所展现的她最为典型的英国特性，也是她最具美国特性的一面。也就是说，通过对爵士乐的回应，吴尔夫承认了一种美国大众娱乐形式所采用的方式也能够"为"英国现代主义所用，只要这种现代主义讽刺和打断了栖息并且重复出现于民族记忆中的古老美学形式。

在讨论关于《幕间》中留声机的运用的一篇文章中，邦尼·吉米·斯科特（Bonnie Kime Scott）指出，吴尔夫可能是通过 T. S. 艾略特对于爵士乐的记录认识了爵士乐，因为艾略特的妻子薇薇安（Vivien）很喜欢跳爵士舞。斯科特推测，"这些记录成了社会和文化上的黏合剂，不仅连接了艾略特和吴尔夫，也连接了多元文化的大西洋现代主义。"[32] 尽管斯科特将《幕间》中音乐的运用认定为一种多元文化现代主义的参与，但杰德·埃斯蒂却将吴尔夫对于历史剧中民间艺术的接纳，视为与青少年和 20 世纪主流现代主义美学的一种背离。通过展现《幕间》如何记录与英国民族主义相连接的一种古老的公共形式和能够破坏这种古老话语的跨大西洋大众文化之间的矛盾，对于爵士乐的关注揭示了这两种观点的相互依存性。吴尔夫的最后一部小说，通过对于其自身形式创新的表达，明白地展现了其现代主义倾向。在《幕间》里，整部小说都是一种形式实验，并由爵士乐回应和呈现出来，而爵士乐在文学上也有了相当的地位。

在吴尔夫创作《幕间》的前十年，出现在《泰晤士报》上的一篇社论"什一税谷仓：科茨沃尔德的爵士乐"（"Tithe Barn: Jazz in the

Cotswolds"），展现了人们对于吴尔夫在《幕间》中所模拟的爵士乐入侵英国乡村的反应。[33]这篇社论由《泰晤士报》的一个化名为"戏剧评论家"的人所写，回忆了他在窥探一个科茨沃尔德谷仓时所看到的钢琴，以及挂在墙上的"狐步舞"字样，并为此感到震惊。他充满真诚而非讽刺地哀叹道："噢，亵渎啊！噢，亵渎！"[34]他的评论如下：

> 显而易见的事实就是这个谷仓被用作了村民跳舞的地方。这里提供了大面积的平整地板，如今似乎会不可避免地吸引所有并且各种各样的村民以及自由民前来跳爵士舞。但是爵士乐却在科茨沃尔德！更糟糕的是，在这样一座庄严的建筑里跳爵士舞，这座建筑在他们在黑斯廷斯打仗时就已经存在了，看上去仍然更像一座教堂而不是谷仓！……这些跳着爵士舞的村民难道没有一点历史观念？没有一点对"当地守护神"的尊重？[35]

对于这篇《泰晤士报》的戏剧评论而言，"在科茨沃尔德跳爵士舞"是对英国历史的否定。这是一种"历史观念"的丧失，是对有着闪亮英国光环的科茨沃尔德谷仓的一种亵渎扰乱行为。就像吴尔夫的民族主义历史剧的观众一样，评论家面对爵士乐对英国乡村所代表的持续性历史的扰乱而不由自主地感到厌恶。从这个意义上来讲，爵士乐具有隔断（历史的）时间与（英国的）地点之间的联系的威胁。对于《泰晤士报》的评论家而言，就像吴尔夫的观众那样，爵士乐削弱了英国乡村作为国家历史化身的固有观念。

* * *

在一部出自英裔爱尔兰人而非英国人的作品里，更为直接地表达了对于爵士乐破坏一个国家与其历史之间的联系的能力的认可。

第二章　爵士乐中的英国：爵士乐的跨大西洋入侵与英国特性的重塑

伊丽莎白·鲍恩的《最后的九月》（*The Last September*）（1928年）将爵士乐描述为一种强大的现代化力量，它能够瓦解英裔爱尔兰人的庄园主制度，并从根本上预示了地主阶级暴利的终结。《最后的九月》的背景设定为爱尔兰共和国建立之前不久的一段时间内，爱尔兰人、英裔爱尔兰人和英国人之间的动乱局面，这部小说思考了有关爱尔兰独立斗争所造成的一个帝国前哨被颠覆而带来的民族认同问题。鲍恩出生于一个英裔爱尔兰人的地主家庭，成长于爱尔兰尚未独立的年月，后来逃往牛津，并在那里创作了《最后的九月》，那时距离那个特别的历史时刻已经过去了十年。鲍恩将这部小说称为"从历史上撕下来的小说"，她通过将古老的英裔爱尔兰人的生活方式即将终结的预兆累积起来，从而引出了最后符合题目《最后的九月》的结局。[36] 爵士乐与爵士舞作为这些预兆中最为普遍的象征性存在，暗示了一种具有威胁性的现代性将要进入英裔爱尔兰人的庄园生活传统。小说中首次出现爵士乐时将其描述为"令人厌恶的噪音"，但却让年轻的主人公感到疯狂。爵士乐代表了沉闷的青年人的渴望，即便它危险地抹去了阶级烙印，模糊了国家界限。[37] 这种与英国部队一同到来的音乐标志着英裔爱尔兰人身份的毁灭和终结，甚至就像它代表了一种被改变了的英国特性一样，通过接受爵士乐，这种英国特性变得现代而且几乎难以辨识。

《最后的九月》中最为明显的情节线就是洛伊斯（Lois）和杰拉德·勒斯沃斯（Gerald Lesworth）之间的爱情和误解。洛伊斯是丹尼尔斯顿英裔爱尔兰人地主的外甥女，而杰拉德·勒斯沃斯则是一位前来镇压爱尔兰革命暴动的年轻英国军官。尽管鲍恩在小说的序言里将当时的大环境描述为"伏击、逮捕、俘虏、焚烧、报复和反报复"中的一种，但小说却坚持认为洛伊斯对于这些活动都是"一知半解"。[38]《最后的九月》确实在某种意义上有一些成长体小说的风范，因为其真正的关注点不在于洛伊斯和杰拉德之间的禁忌之恋，而是洛伊斯如何通过奋斗得以快速成长，以及她对于自己作为一个有闲阶级的年轻女性无需工作也无需结婚所感到的纠结。这些情感在英裔爱尔兰人庄园房屋的坚固中，以及它的居住者所举行的一些文雅的仪式中找到了比喻性的对应物。在小说的最后，随着杰拉德的被杀以及丹尼尔斯顿的房屋的被焚毁，英裔爱尔兰人地主生活的理想和传统最终也屈服于一种具有破坏性的现代性的早期征兆。

爵士乐一出现在这部小说里就持续地侵占了庄园房屋空间的象征性界限。从一开始爵士乐就用它那"有人在留声机上播放"的粗暴音乐，侵袭了造访的客人雨果（Hugo）和弗朗西·蒙特默伦西（Francie Montmorency）。[39] 在随后的场景中，洛伊斯的留声机里放出的爵士乐似乎重新排列了庄园房屋本身的内部空间：

> 透过地板，从下面传来了一阵轻微而缓慢的刮擦声，随即又变成了断断续续的旋律；切分的舞蹈音乐，可怕地伴随着屁股的扭动和黑暗中的恐怖。那场不明智的婚姻所诞生的孩子洛伊斯，正在用留声机放音乐。劳伦斯听着，充满了愤怒，随后拿起一把椅子用力敲向地板。她听到了；音乐戛然而止，在截肢一般的中断之后则是一阵让人感到刺痛的静默。[40]

在这样一段充满了连写句的段落里，爵士乐的切分音不请自来地飘入了洛伊斯的表亲劳伦斯的房间；它穿透地板就好像是闯入了蒙特默伦西房间的私人空间。在这里，音乐可以召唤出幽灵般的舞者或者至少是他们被转喻的身体部位："鬼魅的摇摆的臀部"。这些幽灵般的身体部位在演绎舞者的快乐时也映照了一种景象，那就是越来越多的散落着的士兵和革命者的身体。伴随着音乐结束的比喻性的"截肢"，进一步加强了爵士乐与暴力语言之间的身体性联系。因此，在那场蔓延了丹尼尔斯顿房屋的天花板和墙面的大火发生前

第二章　爵士乐中的英国：爵士乐的跨大西洋入侵与英国特性的重塑

的很长一段时间，洛伊斯的爵士乐就是一种入侵，充满了幽灵般的肢体。音乐以一种让人感到烦乱、恐惧而又非物质的方式侵入房屋，象征性地引出了深藏在表面安全的空间内的冲突，预示了房屋及其所代表的事物将屈从于政治动乱的那一刻。

播放爵士乐的留声机不仅使房屋里充满了幽灵，同时也绘制出了房屋与外界之间的关系。当洛伊斯的叔叔理查德·内勒（Richard Naylor）告诉他的客人们在他的庄园没有暴力的时候，他在用事实向他们保证，"即便是士兵到了这里，我们也从来不会允许洛伊斯和军官们在大街上来来回回地跳舞。"[41] 让客人们感到惊愕的是，洛伊斯解释了她在大街上跳舞的原因，"只有一次，是为了打赌。我和一个叫勒斯沃斯的人一起跳舞，一直跳到了白门，那个和我们打赌的人一直跟着我们，抱着一台留声机。"[42] 显然，这种手摇曲柄留声机的移动播放描述了房屋之外潜在的危险空间。尽管洛伊斯在大街上跳舞的古怪形象与晚上渗入劳伦斯房间的恐怖的爵士乐的强度并不匹配，但它却将爵士乐表现为非常具有侵略性，能够改变房屋外部空间的含义，并为这些空间提供了多重并且相互矛盾的安全指数。

尽管洛伊斯持续地通过用她的留声机播放爵士乐来造成社会破坏，她爱慕的对象、年轻的军官杰拉德·勒斯沃斯却更加尖锐地将爵士乐引入到故事中来。在较早的场景里，洛伊斯第一次想到杰拉德以及"他们在一起的完美"时，打断她的这种想法的不是他的军人形象，而是因为他作为爵士乐队成员的身份："他很懂音乐，他在兵营里组织了一支爵士乐队，她正想着的时候又记起来乐队现在应该在排练了……一段曲调冲入了她的脑子里，她就在大街上跳起舞来。"[43] 尽管爱尔兰正处在动乱之中，但关于军营洛伊斯最先想到的形象却是爵士乐排练，正如那台牵引着洛伊斯和杰拉德在大街上来来回回跳舞的留声机那样。在这里爵士乐在精神上是运动的，曲调随着她跳舞而"冲入"她的脑中。

在这部小说里，爵士乐持续地描绘并侵入私人空间，不论是卧室还是房屋的界限；杰拉德作为一名士兵和爵士乐演奏者，在他追求洛伊斯的过程中威胁着另一种流动性。在追求的过程中，他的阶级地位和组织一支爵士乐队的"音乐"倾向对他很不利。洛伊斯的婶婶内勒夫人坚决反对洛伊斯和杰拉德结婚。她的理由基于民族、阶级和流动性的混合因素之上："我认为所有的英国人都很难琢磨。他们很讨人喜欢也很有礼貌，但是我一直怀疑他们是否不肤浅；他们会无缘无故地收拾好行囊，穿越六个国家。"[44] 内勒夫人觉得杰拉德有些让人摸不透是因为他是英国人。和扎根于庄园房屋的英裔爱尔兰人不同，英国人有四处游荡的习性，并在这个过程中抹去了他们可以辨识的阶级属性。这样的活动就像爵士乐本身所具有的流动性一样，是英裔爱尔兰人地主阶级最为排斥的。美国军队将爵士乐带到了欧洲；在这里英国军队又把它带到了爱尔兰。爵士乐在爱尔兰乡村的出现标志着新的文化运动和跨国交流的形式，同时也排除了对以阶级为基础的民族纯粹性的幻想的可能性。因此，在《最后的九月》一书中，爵士乐的流行标志着英裔爱尔兰人阻挡现代化召唤和英国士兵的徒劳尝试，这些英国士兵在小说里被表现为流动的、远离家园的并且与他们带到这个国家的音乐一样奇怪的。

在进一步的讽刺性转变中，似乎作为一个英国人，杰拉德的英国特性反映他受到了现代美国文化的影响。当他将洛伊斯带离军营里的舞会时，他给了洛伊斯一支香烟，"美国产的，非常柔和。"她问他，"你的乐队怎么样了？"[45] 这正是鲍恩刻画的场景：英国士兵和爱尔兰姑娘一起抽美国香烟并谈论爵士乐，而与此同时他们周围的世界则将要崩塌。这种美国文化的痕迹给了爱尔兰一种跨国性的快乐，而这种快乐已经超过了英国。在20世20年代末期，来源于美国文化的英国年轻人文化已经发展到这样一种程度，以至于美国香烟和爵士乐成了杰拉德的英国特性的标志以及和英裔爱尔兰人之间

第二章　爵士乐中的英国：爵士乐的跨大西洋入侵与英国特性的重塑

的差别。在小说的结尾，洛伊斯渴望离开爱尔兰，但她简短地考虑了一下就放弃了前往美国："美国就在那里，但是一个人……总朝上看东西脖子就会抽筋。"[46]而她想去的是伦敦，在她的想象里，伦敦是"那种政治让人感到厌烦而漠不关心的地方，是乐队在炎热的夜晚进行室外演出而没有人愿意去睡觉的地方。"[47]洛伊斯关于逃离的思考反映了她虽然拒绝美国，但却拥抱一个被美国化的英国。

与洛伊斯的大都市在深夜没有政治打扰的爵士乐演奏的幻想不同，正是政治冲突导致杰拉德和他的乐队的终结。在一次军营舞会的高潮场景中，狂热的人们砸碎了留声机。杰拉德想从科克再弄一台新的，但却在科伦摩尔的一次伏击中被杀。杰拉德的死结束了丹尼尔斯顿居民的狭隘幻想，激发了符合题目的完结感。与此同时，小说将他的死与被砸碎的留声机和乐队的解散联系在了一起。在得知杰拉德死亡的消息后，洛伊斯担心"爵士乐队会变成什么样"；一位奉命处理杰拉德事务的军队勤务兵震惊地发现，"杰拉德的房间里有一些为乐队创作的新乐曲，写在一张草稿纸上，随风不停地飘动。"[48]在风中飘荡的爵士乐是不协调的，是任性和杂乱的。就像从丹尼尔斯顿房屋的大花板和墙壁渗入的爵士乐一样，这里的散页乐谱本身也代表了一种切分音式的躁动，一种已经遗失事物的最终标志。

《最后的九月》中诸多有关爵士乐的例子——散页乐谱、乐队、爵士舞、留声机唱片——似乎都是饱含深意的。小说在对被历史毁掉的一个时代和地方的怀念与对标志着现代的乐曲和舞蹈的迷恋之间被撕裂，而爵士乐则预示和加速了英裔爱尔兰传统的终结。[49]在小说的结尾部分，毁掉丹尼尔斯顿房屋的那场大火极具侵略性地穿过了天花板和墙壁，以对洛伊斯留声机播放的爵士乐做出一种比喻性的回应。爵士乐的流动性及其不纯粹的阶级性，侵蚀了与内勒夫人的解释性权力所依赖的基础之间的可读联系。在过去的盎格鲁—爱尔兰，没有爵士乐这种新音乐的一席之地。在小说的最后，翻飞的

被美国化的英国

乐谱暗示了正是这种不安分的音乐将存活到最后,而不是地主与土地关系的同名。因此,《最后的九月》不仅通过比喻性地借助于爵士乐来体现对爱尔兰即将发生的改变的焦虑,还将一种被美国化的英国特性引入了爱尔兰的现代冲突之中。

* * *

在那首关于艾灵顿公爵的押韵两行诗发表之后的第三年,奥登像吴尔夫和鲍恩一样也转向爵士乐以捕捉现代的跨国流动性。《难民蓝调》(*Refugee Blues*)(1939年)是奥登在20世纪30年代继其他几首"蓝调"诗歌之后的又一首诗歌。奥登的蓝调是一种有趣的混合:他将蓝调原有的韵律重新排列成一种地道的英国本土话语。例如在其中一首诗中,奥登将对一个警察的白手套的浮华赞颂融入到他哀叹的结构之中。在它们所有的不协调之中,奥登提出了几个问题。根据休斯顿·贝克的观点,如果说蓝调产生了"美国经验得以命名的表达所在"的话,那么美国"之外"的蓝调又是什么呢?[50] 既然蓝调可以通过贝克所谓的"一种激发相互主观性的鼓励"来创造一种身份鉴定的空间,那么不是作为一种个人悲叹而是讲述其他人烦恼故事开始的蓝调又是怎样的呢?[51] 这显然是蓝调所要遭遇的,尤其当它是由一位受过牛津大学教育,甚至最终将获得美国公民身份的英国白人诗人来写的时候。奥登在20世纪30年代末期创作的诗歌以对无家可归的德国犹太人致敬开篇:"这座城市有一千万个生命,/一些住在高楼大厦,一些住在贫民洞穴:/但是却没有属于我们的地方,我的宝贝,但是却没有属于我们的地方。"[52] 尽管这里的蓝调与《最后的九月》中疯狂的舞曲迥然不同,但却发挥了一种惊人的和谐作用。[53] 由于奥登的"蓝调"诗歌讲述的是大规模无家可归的人的故事,是一个民族从一个国家中被驱逐的故事,它也同样起到

第二章　爵士乐中的英国：爵士乐的跨大西洋入侵与英国特性的重塑

了追寻民族主义话语中的歧见分界线的作用。对于奥登而言，这个现代的无家可归的故事在美国的音乐中找到了它最佳的对应表达。

奥登写这样一首关于犹太移民的蓝调诗歌可能是因为这种音乐的入侵性的联系，以及爵士乐与犹太作曲家和演奏家之间的联系。尽管英国人经常将爵士乐与美国黑人联系在一起，但是在德国和美国，爵士乐也会与犹太人联系在一起。在有关1935年新的禁令立法的报道中，《泰晤士报》推测"迄今为止纳粹对爵士乐的厌恶是基于这样的指控，即这种表达了黑人这一低等种族的原始文化的音乐被（德国广播公司的主管），由于没有给出的原因，认为是像犹太人的"。[54]根据《泰晤士报》的报道，这名主管坚持认为，"我们不会再通过无线电台收听像犹太人的讲话（Mauscheln）……甚至用音乐的方式播的也不会听。"[55]这位广播公司的主管显然没有意识到丝毫的不对，他还通过报道声称，爵士乐应当"滚回非洲"。[56]在审查任何涉及种族退化的声音的严谨尝试中，这位主管又说"甚至是'伪装了的爵士乐'也要被禁止。"[57]当然，在20世纪30年代的时候，一些像艾拉（Ira）和乔治·格什温（George Gershwin）这样的美籍犹太作曲家和音乐家早已驰名海外，至少大家都听过他们为好莱坞电影创作的歌曲。[58]但是，德国人却将爵士乐与非洲和犹太人联系在一起，而这两者与美国黑人都没有直接联系，这反映出在奥登创作他的蓝调诗歌时爵士乐的种族联系的顽固复杂性。

奥登选择德国的犹太难民作为其蓝调诗歌的主题，向这种形式的跨国流动性致以了一种凄美的敬意。在奥登创作《难民蓝调》的时候，爵士乐和蓝调，甚至是以最"变相"的形式出现的，都会被视为对于纳粹意识形态的一种蔑视。的确，爵士乐的流动性的历史，它的跨国性，以及它吸引跨越种族、民族和阶级界线听众的能力，都与纳粹巩固和净化故乡（Heimat）的计划背道而驰。奥登决定以蓝调的名字创作一系列诗歌——是关于下一个十年中欧洲著名的大

被美国化的英国

规模迁移的诗歌——标志着他不断增强的反对国家僵化意识形态的愿望。尽管吴尔夫对于爵士乐会打断大获全胜式的英国特性的叙述的可能性保持警觉,但在20世纪30年代末,奥登却通过利用蓝调的形式力量来谴责法西斯民族主义的崛起而将爵士乐的政治优势进一步地发挥。

爵士乐、种族和文化价值

像吴尔夫和奥登这样的英国作家的作品都将爵士乐作为民族主义话语崩塌的标志,这种标志或者是被赞扬的或者是遭痛恨的。而在其他作家的作品里,这种崩塌在种族问题上达到了顶峰。例如,在克里弗·贝尔和温德姆·刘易斯(Wyndham Lewis)在两次战争之间关于爵士乐的讨论中,高雅文化和低俗文化的修辞经常会引出种族类比和种族主义的话语。伊夫林·沃(Evelyn Waugh)于1928年创作的典范作品《衰落与瓦解》(Decline and Fall)则更具讽刺性,通过对爵士乐的讨论探索了两次战争期间关于种族和文化价值的概念。尽管爵士乐迷经常用原始主义热情来回应一些潮流,类似约瑟芬·贝克从一个纽约《踯躅而行》(Shuffle Along)音乐剧中的喜剧演员转变为欧洲的一位具有异域风情的"非洲"舞者那样的潮流,但有一位英国乐迷南希·库纳德却将爵士乐作为一个左派的关于种族正义政治纲领的出发点。[59]尽管本质有所不同,这个时期的作品反映了爵士乐带给英国文化前景的种族设想、意识形态和冲突。

1921年是菲茨杰拉德(Fitzgerald)称之为"爵士时代"的十年的开端,而在这一年克里弗·贝尔却宣称了爵士乐的终结。[60]贝尔是一位来自布鲁姆斯伯里的艺术评论家,不只是他一个人希望这一似乎已经成为流行爱好的音乐能够很快地消亡;伦敦的《泰晤士报》也在同一年刊登的一篇文章中欢欣地宣称,"'爵士乐'正处于垂死的痛苦之中。"[61]但是在一篇名为"更多的爵士乐"("Plus de Jazz")

第二章　爵士乐中的英国：爵士乐的跨大西洋入侵与英国特性的重塑

（1921年）的文章中，贝尔指出，对于爵士乐的这样的觉醒，其利害关系要比仅仅痴迷于最新的潮流要重要得多。贝尔之所以有这种痴心妄想，是因为他作为一个艺术评论家，担心爵士乐代表了一种对艺术的攻击，尤其是对他做过批判性判断的艺术的攻击。在描述知识界的反爵士乐运动时，贝尔解释道：

> 我相信，使得这么多敏感的知识分子反对爵士乐的原因在于，它给了成千上万愚蠢的俗人以鼓励，使得他们幻想自己能够理解艺术，使得成百上千受到欺骗的人认为他们可以创造艺术。所有"跳着舞"的女孩以及酒吧里那些喜欢狐步舞或马克西舞的运动男们，习惯于被那些应该更了解他们的人认为，他们比那些喜欢贝多芬的人对音乐更加敏感。[62]

贝尔认为，将爵士乐定义为"艺术"，正是造成那些"敏感的人"反对爵士乐的激烈反应的原因。贝尔将自己算在这群敏感的人之中，他们的愤怒不是源于爵士乐本身，而是源于他所看到的其从低俗到高雅的转变，以及因此而造成的两者之间差别的削弱。对于贝尔来说，这是皮埃尔·布迪厄（Pierre Bourdieu）观念意义上的一种文化资本问题。[63]爵士乐爱好者会有这种误解是因为，他们比那些听欧洲浪漫主义音乐的人有同样多或者更多的文化资本。"更多的爵士乐"的最主要的目标是纠正这种误解并保留一种文化等级，这种文化等级能够安全地使舞曲的民粹主义快乐从属于贝多芬音乐的快乐。

尽管贝尔表达了他对爵士乐迷不屑一顾，但他仍然保留了对于爵士音乐家最浓厚的厌恶之情。贝尔以悲观的夸张手法预言，如果爵士乐继续当道的话，西方文明将会终结："不再有经典音乐演奏会和音乐课；不再能通过心灵感知利西达斯（Lycidas）；再也没有旅行

被美国化的英国

指南（Baedeker）；再也不会在西斯廷教堂（Sistine Chapel）拉长脖子：除非在萨沃伊率领乐队的有色人种先生对于这些事情有一种自然的倾向。"[64]在这里，贝尔赋予了爵士乐一种建立一个新的价值体系的权力，这种价值体系能够使弥尔顿（Milton）和西斯廷教堂黯然失色。在这一情节里，爵士乐从其新兴的领导地区——伦敦中心的萨沃伊开始威胁欧洲文化的象征。尤其是在萨沃伊"率领乐队的有色人种先生"已经成为能够毁灭这些象征的一个创造时髦风尚的人。在贝尔看来，乐队的领队已经占据了评论界，而贝尔认为那本是属于他的地方。

贝尔对于爵士乐的排斥，在很大程度上基于他对乐队领队是"有色人种"的观点，乐队领队取代了贝尔的评论判断，也因此威胁到了西方文明。正如他的其他文章所显示的，贝尔并不绝对排斥欧洲以外的人创造出来的艺术。在一篇名为"黑人雕塑"（"Negro Sculpture"）的文章中，贝尔谈到了非洲艺术并且认为，非洲艺术在欧洲会受到欢迎的部分原因在于其对于欧洲解读和评论的顺从性。[65]然而，当贝尔想象性地将非洲大陆的艺术品转变成像他一样的评论家发表评论的空白载体的时候，爵士乐却带着自己的乐队领队到来了，这些领队具有设立新的品味标准的威胁。贝尔并没有明显的种族主义倾向，他坚持认为黑人音乐家"可以成为受人尊敬的艺术家，除了高昂的情绪之外没有任何独特的天赋：因此为什么要拉进知识分子行列呢"。[66]遍及整篇文章的这种关于种族的论述是他的思想的核心。如果说爵士乐的问题不仅仅是让英国评论家对一组艺术品投以赞赏和原始的目光，而是将评论的任务交给"萨沃伊的……有色人种先生"，那么似乎黑人音乐家的中介作用就是造成最终的威胁。[67]在这里，"爵士乐"这个词为这个具有破坏性的中介提供了密码。当贝尔坚持认为"爵士乐不可能让知识或者文化消失"的时候，他同时从修辞学上赋予这种形式以潜在的中介作用，正如他解释的那样，

第二章 爵士乐中的英国：爵士乐的跨大西洋入侵与英国特性的重塑

这种中介作用源自爵士乐队的领队和音乐家的危险影响。[68]

在贝尔之后的一篇文章里，他的反对态度变得更加清晰，但这种反对针对的是黑人音乐家在确立新的品味标准中的中介作用而非爵士乐本身的音乐形式。贝尔在此将重心从爵士乐本身转移到了他所谓的"爵士运动"。[69]贝尔解释说，"在过去的十年里，爵士乐占据了音乐和有色人种文学的主导地位；正如我说过的，它对于绘画的影响可以忽略。"[70]贝尔以一种惊人的赞同感描述了爵士乐对于斯特拉文斯基（Stravinsky）——"他谱写了繁音拍子"——的影响，却限制了爵士乐对于意大利未来派画家在绘画方面的影响。[71]更为有趣的是，贝尔将一系列现代作家称之为"爵士作家"。[72]其中最主要的就是美国人T. S. 艾略特。贝尔这样描述这场运动：

> 或许可以说T. S. 艾略特先生——一位有着不同寻常的优点的公认的伟大诗人——他的犹如分娩般痛苦的创作活动似乎在一位笑嘻嘻的黑人女神的舒适照料下得到了一些缓解。可以肯定的是，助产士似乎对于一位妇女来说是一种奇怪的职业，人们不会将她想象成那种随意女郎的角色：而是诗人所需要的一位助产士，她已经通过助产方面的能力帮助了他。[73]

这个从种族主义的陈词滥调中直接吸取过来的诗人形象，在其对于爵士乐影响的奇异颂歌中将黑人保姆转变成了女神。尽管黑人爵士音乐家"不可能让知识或者文化消失"，但T. S. 艾略特却能凭借爵士乐的影响成为"活着的诗人中最好的诗人"。[74]艾略特不仅在保持品味等级方面做到了足够精英，而且他保持了足够的白人特点，由一个看不见的、笑嘻嘻的中年妇女支撑着。贝尔对于爵士乐的双重评价，同时作为将要迫使弥尔顿和艾略特实验主义背后的卑屈女神终结的危险的民粹主义形式，建立在将艾略特与萨沃伊的乐队领

被美国化的英国

队区别开来的种族意识形态之上。就像那些解读非洲艺术品的欧洲评论家一样,艾略特是爵士乐的解读者:他的诗歌从自己的中介作用中产生。在对这类爵士作家的奇特鉴定中,贝尔在其对爵士乐的文化影响的分析中进一步显示出他对于种族意识形态的依赖。

尽管贝尔继续将包括让·科克托(Jean Cocteau)、布莱斯·桑德拉尔(Blaise Cendras)和詹姆斯·乔伊斯(James Joyce)等其他作家归纳为"爵士作家",但他却将最强有力的喝彩声给了一位不在这个分类之列的现代作家——弗吉尼亚·吴尔夫。在他撰写"更多的爵士乐"时,贝尔已经对吴尔夫很熟悉,这不止是因为他娶了她的姐姐。[75]在能想象到的最高评价里,贝尔将吴尔夫与爵士乐分离开来:

> 她并没有被灌输那些激励了正宗爵士作家的精神……在她的作品里,我找不到任何含蓄的东西,而经常都是对那些关于散文和诗歌应该怎么写以及写些什么的固有观点的非常值得的嘲笑;没有对传统价值观、学术、文化以及知性主义的紧张不安的厌烦;总而言之,没有任何观点是反对一种思想或情感可以比另一种更重要或更有意义的观点的。确信无疑的是,吴尔夫夫人并不属于打着"不要歧视"、"不要文化"、"不要思想"的旗号的那类人。[76]

贝尔坚信,由于她对于"传统价值"的坚守,吴尔夫证明了自己不是一个"爵士作家"。相较于盲目地用民主观念来解读艺术,吴尔夫是具有辨别力的典范。尽管吴尔夫在《幕间》中将爵士乐作为扰乱品味、传统和民族主义等级制度的标志而显得有些讽刺意味,因为这些正是贝尔谴责爵士作家所具有的风格,但这或许不足以让人大惊小怪。毕竟,贝尔对于爵士乐的抨击以及吴尔夫对其颠覆性的运用,都是吸取了爵士乐对民族传统固有观念的破坏这一共同

第二章 爵士乐中的英国：爵士乐的跨大西洋入侵与英国特性的重塑

象征。

贝尔担心爵士乐破坏西方文明的美学基础，而其他一些人却认为爵士乐可能会威胁到大英帝国自身的声望。1927年发表在《泰晤士报》上的一篇文章报道了H.考沃德爵士（Sir H. Coward）写给谢菲尔德扶轮社的致辞，在致辞中他宣称，如果英国"想避免像埃及、巴比伦、希腊和罗马这样伟大帝国盛极而衰的命运"，就应该杜绝爵士乐。[77]考沃德将爵士乐称之为"一种低级的原始音乐"，他解释说，"'爵士乐'的流行以及随之而来的放荡舞蹈将会降低白种人的威望。为了避免威望的进一步损失，我们必须杜绝'爵士乐'"。[78]在他的致辞中，考沃德毫无保留地陈述了跨大西洋分离主义和杜绝爵士乐的必要性："如果美国人愿意，就让他们拥抱'爵士乐'吧，但是由于这种音乐既不可爱而且名声也不好，我们必须杜绝各种形式的爵士乐，直到其有害的影响消除。"[79]

考沃德满足于将爵士乐的"有害影响"限定在美国；而英国现代主义者温德姆·刘易斯则更加尖锐地将对英国文化的价值和白色英国人的皮肤，坚持用于对美国发展出来的各种看法的平衡之中。刘易斯或许是英国反对贝尔和布鲁姆斯伯里一派最为激烈的作家，他这样做其实是重申甚至加强了贝尔对爵士乐的评论中的一些观点。在他篇幅巨大的关于美国种族的专题论著《白人："熔炉"的哲学》(*Paleface: The Philosophy of the 'Melting-Pot'*)（1929年）中，刘易斯宣称，"黑人带给美国白人并且通过美国传播到整个白人世界的文化'礼物'，可以总结为一个词'爵士乐'"。[80]对于刘易斯而言，爵士乐代表了那些威胁英国和美国白人的本土主义意识形态的潜在文化影响。在这本书的开篇，刘易斯想让他的英国读者知道，"我们的白色皮肤到底有多少象征性或实质性的价值，正是在美国它的命运得到了最清楚的预兆。"[81]刘易斯带着一种危言耸听的紧迫感强调，美国，尤其是美国黑人的文化产品，有着决定英国和整个世界白人价

被美国化的英国

值的力量。

为了表达这种两次战争期间的忧虑感,刘易斯有效地运用了一个跨大西洋的种族关系范例来代替一个更老的帝国范例。刘易斯援引吉卜林的"白种人的责任"解释道,"尽管欧洲现在还不存在白人的责任",但这种负担却在美国存在,并且它的影响会有感染力地跨过大西洋进行传播。[82] 尽管吉卜林将他的诗作为一种帝国主义的教训写给美国人,但刘易斯却发现美国对于种族的意义有太多的控制。刘易斯对于种族隔离制度下美国的种族主义并不关心,他关注的重点在于文化产品,譬如爵士乐和美国黑人小说,这些都成功传播到了英国,使白人产生了"自卑情感"(inferiority-complexes)。[83] 刘易斯在书中最为强调的一点是,美国黑人的文化产品可能会在欧洲白人中产生的一种心理上的翻天覆地的变化,将通过重新定义白人的意义来重新定义欧洲人的意义。

像贝尔一样,刘易斯了解爵士乐参与文化价值构建的作用。但比贝尔更为尖锐的是,他指出这种文化价值的构建是在人类价值范畴之内的。思考了20年代的文化趋势之后,刘易斯启发式地提出了按照目前事态可能发展出的未来情形:

> 你最终将会预期到的情形是这样的。在纽约和约翰内斯堡这样的城市,你会发现有一个黑人区,在那里会有大型歌舞厅,里面没有其他的舞而只有华尔兹和玛祖卡舞,可能还有米奴哀舞,跳舞的是魁伟的黑人;也会有一个白人区,那里也会有歌舞厅,里面没有其他舞而只有爵士舞……在黑人区将上演《哈姆雷特》这样的戏剧;而在白人区则将是《上帝的儿女都有翅膀》(*All God's Chillun*)。[84]

刘易斯的种族隔离的未来情景,正如他自己所看到的那样,其

第二章　爵士乐中的英国：爵士乐的跨大西洋入侵与英国特性的重塑

中最大的讽刺源自种族和文化的一种交叉。让白人跳爵士舞而让黑人观看《哈姆雷特》，刘易斯断言，这样会以一种现代独有的方式切断被他视为种族根源的文化。令人好奇的是，刘易斯将这种交叉在一系列将艺术价值转化为一个种族的相对优点的假设中呈现了出来。在这种呈现过程中，他为我们上演了一段种族之间的辩论：

> 但是黑人会恶狠狠地说他比白人更优秀，因为在娱乐方面他们更加尊贵（指他的华尔兹、莎士比亚保留剧目剧院，等等）。白人则坚持认为他更优秀，因为他不像黑人那样冲动和花哨，而且因为莎士比亚、莫里哀等人本身就是白人。[85]

尽管刘易斯将莎士比亚想象为两个种族价值竞赛的标志，关于爵士乐的相互矛盾的争论，分裂为类似于弗洛伊德（Freudian）所说的那种想要拥有与想要成为之间的区别的某种东西。白人可以拥有爵士乐，是从在这种音乐中获得快乐的意义上讲的，而黑人却被指责为像爵士乐的，也就是说，是"花哨的"（jazzy）。陷入由这个形容词所预想的身份使得爵士乐与种族身份变得密不可分。除了《哈姆雷特》与华尔兹之外，刘易斯的设想坚持认为是黑人就是"花哨的"，而《牛津英语词典》（Oxford English Dictionary）自1919年才有这个词，最初的定义是"与爵士乐相关或者像爵士乐"，但也指"生机勃勃的、活泼的、生动的、花哨的"。[86]尽管在这里爵士代表的是一个试图宣称其文化价值的群体的最终谴责，但刘易斯似乎更关注于贬损爵士乐本身而不是对生物本质的一种承诺。这也就是说，让人感到惊讶的是他的种族主义是相对的。刘易斯这样来阐释他臆想的场景，"在这样一个即将发生的事态之前的很长一段时间内，实际上，种族之间会互相通婚而且他们的习惯也会变得相同。"[87]对于刘易斯而言，在《白人》（Paleface）一书中，黑人与白人会混合并且种族差异也会消失，但爵士乐却永远不会与《哈姆雷特》混合，并且它们的价值将在时光流逝中保持不变。[88]

刘易斯对于作为文化价值和人类价值的一种标志的爵士乐的兴趣，是他在《白人》中有关著名的哈莱姆文艺复兴知识分子艾伦·洛克（Alain Locke）的一段辩论之后出现的。关于洛克与白人至上主义者洛斯罗普·斯托达（Lothrop Stoddard）之间的一场公开辩论，刘易斯将洛克对于文化的概念阐释为："但是洛克先生……坚持认为白人不可以每晚都随着黑人音乐跳舞，成群结队地去观看《珀吉》（Porgies）和《琼斯皇帝》（Emperor Joneses）这样的戏剧，也不可以继续在与黑人有关的地方傲慢自大。"[89]洛克的辩论中提到了美国当时的种族主义，以及对爵士乐的迷恋所产生的"悲剧性的讽刺和即将来临的社会闹剧"，这种辩论风格是其他支持种族平等的人所赞同的，包括了英国作家南希·库纳德。[90]然而，刘易斯回应洛克说，社会平等不可能通过像爵士乐这样的低级媒介物来实现。1929年，刘易斯在主要依据这样一种关于爵士乐疯狂流行的论断基础上提出："各个地方的白人互相影响而喜欢上爵士乐，使得爵士乐几乎已经取代了所有其他形式的活动。"[91]对于爵士乐的普遍渴望随后被交织在刘易斯对于爵士乐的摒弃中，他认为爵士乐不过是"一种野蛮的、忧郁的、疯癫的民俗音乐"。[92]刘易斯将爵士乐表现为像欧洲民俗音乐早期形式那样的一种音乐，而它如此广泛的普及以至于"几乎取代了所有其他形式的活动"，反映了他反对爵士乐的程度，而他的反对源自爵士乐对大众的影响力和吸引力。"各个地方的白人"而不仅仅是美国人，正面临着屈服于爵士乐的危险，就因为爵士乐在20年代末已经无处不在了。刘易斯经常想象爵士乐仿佛发挥着一种社会主义功能："'非洲裔美国人'最成功地提供的就是一种疯狂的无产阶级潜意识的美学媒介。"[93]对于刘易斯而言，比他的那些反对爵士乐的同时代人更为尖锐地指出的是，爵士乐是种族意识形态显而易见的承

第二章　爵士乐中的英国：爵士乐的跨大西洋入侵与英国特性的重塑

载者，并且已经在全世界改变着种族和民族的意义。贝尔主要担心的是艺术的地位和评论家的作用，而刘易斯所关注的则是一种具有影响力的民俗音乐对于易受影响的无产阶级思想的影响。

在刘易斯的概念里，通过爵士乐和小说从美国带来的跨大西洋的文化侵袭，以一种凶猛的打击而对英国特性和白人特性产生了威胁。尽管刘易斯在他创办的先锋期刊《疾风》（*Blast*）的第一期就表达了他的民族主义情绪，他选择了"祝福"英国，但他也强烈地认为欧洲大陆与英国有着同样的情形。[94]刘易斯对于美国在决定两次战争期间种族意识形态的作用的抗议，隐晦地表达了对于欧洲人不再具有欧洲特点而变为仅仅是白人的一种担忧。刘易斯推测，这种事态的延展局面是美国人而不是欧洲人或者英国人，正在创造白种人特性的新含义。源自美国而在英国培养起来的"波布拉多猎犬大枪"（Borzoi big-guns）系列，就是一家带有哈莱姆文艺复兴文学风格的出版社的作品。这种无处不在的文化形式，有着近乎被纳入的经历以及"几乎取代了所有其他形式的活动"，它只能是爵士乐。

最后，刘易斯在其夸张的散文中坚持认为，美国黑人的文化产品预示着"白人世界'终结'了，一种文化或者政治有机体将在来自内部而非外部的打击下分崩离析，并且极有可能以传统和历史的《衰落与瓦解》（*Decline and Fall*）模式而实现"。[95]贝尔在20年代早期主要考虑爵士乐对于艺术的威胁，并且含蓄地提及其对于英国文化的威胁，而刘易斯在20年代末则对美国黑人文化产品对于西方世界的稳定所产生的威胁发出了严肃呼吁。尽管刘易斯作为一名先锋作家在20世纪30年代逐渐转向于法西斯主义，也因其极端的种族主义观点而闻名，但重要的是要注意到他在《白人》中对于像爵士乐这样的跨大西洋文化产品的流通所做的可怕的政治预测。在他关于美国黑人音乐和小说的危险性的思索中，刘易斯揭示了美国娱乐将对西方世界产生的持续而具有改造性影响的可以想象的程度。

被美国化的英国

* * *

就在刘易斯宣称像爵士乐这样的文化产品正在使世界陷入一种"衰亡模式"的一年以前,伊夫林·沃在他1928年的并不相干的小说《衰落与瓦解》中看似夸张地演绎了这种观念。第一次世界大战以后,吉本(Gibbon)的罗马帝国衰亡史开始被视为关于英国未来,以及在很大程度上关于欧洲过去的故事。[96]在沃的这部同名小说中,一位美国黑人爵士乐手与一位英国公学的职员之间的相遇,揭示了后者对于英国力量的潜在信仰,这种力量足以抵抗爵士乐所代表的一切:现代性、变化以及种族和民族的关系。贝尔和刘易斯都由于文化的原因而严肃地敦促杜绝爵士乐,而沃却夸张地演绎了这种反爵士乐的立场,并且经常有着令人难以理解的准确性。然而,沃对待爵士乐的态度在他的夸张演绎失败的时刻也是可以被看出来的,他又重回到爵士乐本身,而表现出小说所赋予英国特性的能够抵抗爵士乐的新价值体系的象征意义。

在构成《衰落与瓦解》的一系列耸人听闻的片段中,拉纳巴公学虽然位于威尔士却被确定是完全"英国化"的,举办了一系列赛跑活动以作为富有的学生家长们一天的娱乐。[97]在聚会的核心事件中,一个被宠坏了的孩子的母亲贝斯特·切特维德夫人(Mrs. Beste-Chetwynde),带来了一位美国黑人爵士乐手而使得茶点帐篷里的人们感到震惊。这位名叫乔吉(Chokey)的乐手让人第一眼看上去,像是用来证明贝斯特·切特维德夫人炫耀财富的一种时尚装饰品:像宣布她到来的"鸽灰色和银色的超大豪华轿车"那样,乔吉走下轿车,无可挑剔地穿了"一件鸽灰色的紧身外套"。[98]在与轿车颜色相匹配的人的服饰包裹之下,贝斯特·切特维德夫人无须再宣布她的身份。乔吉特别地发挥了一种财富象征的作用,并以一种可以让人

第二章　爵士乐中的英国：爵士乐的跨大西洋入侵与英国特性的重塑

联想到两次战争之间纽约的资助体系的方式而发挥作用。小说本身否认了乔吉在判断贝斯特·切特维德夫人的社会地位方面的象征作用："有没有她的那个黑人，贝斯特·切特维德夫人都是一位极其重要的妇人。"[99]

沃的叙述很快将乔吉进一步拉入英国文化衰亡显然要依赖的价值危机之中。贝斯特·切特维德夫人将乔吉介绍给了学校的校长费根博士（Dr. Fagan），这就已经宣告了这位乐手对于英国价值体系具有象征性的破坏和具有讽刺性的巩固：

"乔吉一看到古老的教堂就走不动路了。他对于文化很着迷，不是吗，亲爱的？"

"我确实是这样的。"乔吉说。

"你对音乐感兴趣吗？"博士机智地问道。

"你听到了吗，宝贝，"乔吉说，"我对音乐感兴趣吗？我应该说是的。"

"他演奏得真的太棒了。"贝斯特·切特维德夫人说。

"他听过我的新唱片了，你是说？"

"没有，亲爱的，我想他还没有。"

"先生，只要你听了我的唱片，那你就会知道　我对音乐很感兴趣。"[100]

让乔吉感到"着迷"的文化不是别的而是英国文化，这里用"古老的教堂"表现了这一点。实际上，就像贝斯特·切特维德夫人立刻解释的那样，"他对英国也很着迷"。[101]在此，文化等同于英国文化，或者说等同于英国本身。费根博士对于乔吉的音乐的无知显示了博士的文化地位，这种文化地位是由隔绝于流行音乐形式的公学的狭隘性所定义的。贝斯特·切特维德夫人随意地猜测费根博士不

被美国化的英国

会听过乔吉的新唱片,只是强化了那些从根本上拥有英国文化的人与那些只是为其着迷的人之间的区别。这种特殊的区别在乔吉与博士关于高等教育的讨论中达到了讽刺的顶峰。乔吉列举了他去过的学校——"牛津大学、剑桥大学、伊顿公学和哈罗公学。我就去过这些"——其中似乎有一种欲通过旅游来吸取它们的文化利益的企图。[102]费根博士在回应乔吉提出的"你去过牛津大学吗"这一问题时,一举击败了他对于英国文化机构的枯燥冗长的叙述,他平静地答道,"是的;实际上我就是在那儿接受了教育。"[103]

尽管《衰落与瓦解》中的所有角色都带有幽默批判的倾向,但其所塑造的奉承英国文化的爵士乐手却是一个例外。当然可以看出来,最符合沃的讽刺性的种族主义的角色似乎是威尔士"白银"乐队的乐手们,小说将他们描述为"反叛的"、"狡猾的"以及"像猿猴一样的"。[104]这支来自威尔士的乐队被彻底地塑造成动物,像"月出时分丛林里"的动物一样"吼叫和狂吠",从而激发了费根博士将所有威尔士人谴责为"世界上唯一一个没有创造图形或者造型艺术、建筑以及戏剧的民族"。[105]然而,对于威尔士乐队的极端描述——"低眉毛……和弯胳膊",像狼一样嘴里淌着口水并且迈着大步——使得这个片段具有了明显的喜剧尝试的标记,而对于乔吉和贝斯特·切特维德夫人的描写至少激起了一位《衰落与瓦解》的美国评论家的"欣喜的赞誉"。[106]这个片段对于威尔士乐队的描述最为有趣的一点仍然是,它如何强有力地将英国传统民间音乐与英国的种族和民族意识形态联系在一起。似乎无论一种新的种族和娱乐的剧本是否会代替旧的,威尔士民间音乐和爵士乐都会完好无损地保留英国文化至高无上的地位,并通过种族渊源、种族和民族的剧本来创造高等的英国文化。

在描述乔吉对英国文化的迷恋时,沃提出了一种类似于刘易斯在《白人》中的臆想景象的文化价值的颠倒。乔吉这样描述他游览

第二章　爵士乐中的英国：爵士乐的跨大西洋入侵与英国特性的重塑

英国的感受："当我看见大教堂时，我的心开始上升并歌唱。我的确对于文化很迷恋。你们普遍认为我们是黑人所以只关心爵士乐。为什么呢，我愿意用世界上所有的爵士乐来换取你们的其中一座大教堂上的一小块石头。"[107]沃在这里用市场交易的语言提供了一种关于文化价值的表述：一块英国大教堂的石头抵得上世界上所有的爵士乐。这种价值表述是具有讽刺性的，因为它出自爵士乐手本身，他小心地解释说自己并不只关心爵士乐，而且还参与到了以英国大教堂为象征的人文对话中。不仅如此，乔吉还向他的听众保证，看到大教堂便产生了形象的音乐——"我的心开始上升并歌唱"——因而也代替了爵士乐的功能。刘易斯与沃所想象的场景都显示，截至20年代末，文化价值的标志经常被用来代表种族价值。尽管沃的喜剧冲动使他将乔吉描写成一个英国文化的觊觎者，这样的场景是从文化价值的交叉中产生的，而这种交叉像是那个年代一幅最受喜爱的视幻觉画。刘易斯和沃所依赖的对于人物和交叉的利用，都是以暴露自身的不可能性的方式展开的。刘易斯利用这种交叉，使他的读者对一个种族与文化的联系已经交织在一起的未来而感到担忧，沃则抓住了在他所表现的种族之间令人震惊的文化兴趣再分配中的喜剧潜力。他似乎想说，如果白人能够屈服于爵士乐，为什么不想象一下美国黑人会崇拜英国文化呢。对于交叉的突出运用也因此强调了种族与文化的争斗被视为反常和不可能的程度，对于沃和刘易斯而言，则分别被视为喜剧和危险的东西。

通过乔吉对英国文学和文化的赞颂，沃揭示了由爵士乐主宰的两次战争期间将反动的英国文化产品视为格调高雅的程度。乔吉期待着刘易斯关于交叉的换言，他贬低爵士乐而赞美莎士比亚："我欣赏艺术。大量的有色人种来到这里，但除了一些夜总会之外却看不到别的。我阅读莎士比亚……《哈姆雷特》、《麦克白》（*Macbeth*）、《李尔王》（*King Lear*）。读过吗？"[108]作为乔吉迷恋英国文学的一种症

被美国化的英国

状,一个角色告诉另一个说:"他问我是否听过一位叫托马斯·哈代(Thomas Hardy)的作家。"[109]乔吉声称其了解牛津大学、索尔兹伯里大教堂、莎士比亚以及哈代时所产生的喜剧性,源于那种暗示与他对话的人对于英国文化所具有的有机而不可动摇的权力的方式。费根博士曾就读于牛津大学,也读过莎士比亚,圆周女士(Lady Circumference)就是在索尔兹伯里大教堂附近长大的,其他人也肯定都听说过托马斯·哈代,他们对于英国文化财富无可争辩的权力,通过乔吉注定失败的证明自己价值的尝试而得到了保证。

圆周女士与费根博士都含蓄地表示,他们与乔吉只能游览的地方以及他只知道名字的作家之间有着一种有机的和亲身经历的联系。乔吉与哈代的密切联系尤其与他英国化的计划部分相符,因为哈代的作品与一种英国的地位感之间有着密切的关系。如此强调地位或许可以被视为,对抗爵士乐这种跨越了大西洋而风靡整个英国的流动文化形式的一种有效手段。作为抵抗爵士乐的跨大西洋传播的一种形式,对于这些英国地名的繁复而冗长的叙述——索尔兹伯里、牛津、伊顿——显示出将英国高等文化的抵抗根植于英国本土的愿望。乔吉想要做的那场交易,即用所有的爵士乐来换取大教堂的一块石头,使得一种流动的跨国文化形式与哥特式建筑的重量和根基展开较量。乔吉的可笑之处在于,他认为一个美国黑人爵士乐手能够比英国人自身更加贴近英国文化,而参与到互为组成部分的高等文化与英国文化的生产之中。因此,值得注意的是,尽管沃能够想象出一种类似于英国阶级体制内的牛津富人和穷人的场景,但效果不可能有更多的不同。通过乔吉这个人物,高等文化成为白人文化和英国文化的同名词;这是一个美国黑人爵士乐手可望而不可求的文化。

在《衰落与瓦解》出版两年之后,沃在他展现两次战争之间的堕落和"汇聚的人性"的小说《邪恶的躯体》(*Vile Bodies*)中,重

第二章　爵士乐中的英国：爵士乐的跨大西洋入侵与英国特性的重塑

新提及了爵士乐的话题。[110]《衰落与瓦解》展现了种族与英国特性在面对爵士乐的意识形态影响时的重要性，而《邪恶的躯体》则将这些理念扩展到了一个更宽广的地理范围，英国的殖民地也被涵盖其中。在小说倒霉的主人公亚当（Adam）在伦敦的和平咖啡馆结识了刚从锡兰回来的"一个名叫金吉（Ginger）的男子"时，爵士乐从故事的一开始就对金吉的价值体系产生了压力："一名黑人乐手出现了，穿着一双黑色羊皮鞋，站在一片聚光灯下，这让金吉很不喜欢。"[111]正如金吉所说的，"一个人一路从科伦坡来到伦敦"不是来看"一个黑人乐手的"。[112]在这里，金吉哀叹帝国的种族和价值观念在伦敦的夜总会里不适用了。显然，这位歌手的出现促使金吉对于现代英国产生了更加充斥全身的消极反思："金吉变得有些易怒，他说伦敦已经不再是他的家了，一切都变了。"[113]在一个似乎是挖苦性地回应温德姆·刘易斯对于美国黑人文化的担心的场景中，黑人乐手的出现使得金吉对于伦敦感到陌生，它似乎突然之间就处于一种新的令人不安的现代性的统治之下："一切都变了。"为了能减轻通过爵士乐手的形式使他与现代性产生冲突所带来的痛苦，"金吉喝了一杯酒，然后他和一个美国人唱了几遍伊顿船歌。在夜晚快结束的时候，他承认在帝国欢乐的古老首都还是剩下一些生机的。"[114]作为一种行为上的治疗，"伊顿船歌"通过其与英国本土和传统的音乐联系有效地对抗了爵士乐歌手的破坏性场景。对于金吉来说，唱伊顿船歌将伦敦从一个嘈杂的现代大都市，转变为"帝国欢乐的古老首都"，而在这个现代都市中殖民地的种族差别似乎不复存在了。旧的抵制了新的，伊顿船歌完胜爵士乐歌手，亲英的美国戏剧通过歌曲来齐声支持英国特性的复兴。

被美国化的英国

＊＊＊

沃的描写可能是具有讽刺性的，但在现实生活中却真有其事。例如，沃在《衰落与瓦解》中所刻画的富有的英国白人妇女与美国黑人爵士乐手之间的关系，就可以在南希·库纳德的小说里找到对应的情节。南希·库纳德是英国作家和出版人，也是赞美美国黑人艺术和文化的传统的继承者。在沃的1928年的小说出版后不久，库纳德就在威尼斯遇到了美国爵士乐钢琴家亨利·克劳德（Henry Crowder）。他们之间长久的友谊使得英国报纸倾向于编造一些有关库纳德与另一个美国黑人保罗·罗伯逊（Paul Robeson）之间的故事，二人曾于1932年在一起共度时光。[115]库纳德用一次成功的诽谤罪诉讼回击了这些故事，并将其获赔的资金用于了她一生中最具雄心的计划，一部名为《黑人》（Negro）（1934年）的巨型文集。受斯科茨伯勒审判（Scottsboro trial）和种族平等事业的驱使，库纳德从150多人那里收集了许多关于黑人斗争和成就的评论，其中包括了W. E.（B）杜波伊斯（W. E. [B] Du Bois）、佐拉·尼尔·赫斯顿（Zora Neale Hurston）、西奥多·德莱塞（Theodore Dreiser）、威廉·卡洛斯·威廉姆斯（William Carlos Williams）、安德烈·布勒东（Andre Breton）和塞缪尔·贝克特（Samuel Beckett），还配有上百张插图。这部文集收录了阿姆斯特朗（Armstrong）和艾灵顿的照片以及一系列的相关文章，它对爵士乐的颂扬是歌颂全球非洲黑人和美国黑人文化成就的一次总体尝试中的一部分。《黑人》将爵士乐视为一个受压迫民族的伟大成就之一，部分原因是由于爵士乐广泛的国际影响力，但这部文集最终揭示的却是爵士乐如何令人烦恼，并且如何改变了一种新兴的现代跨大西洋的舞蹈和音乐文化的概念。正如《黑人》中的文章所展现的，爵士乐破坏了民族和种族的界限，它甚至引起

第二章　爵士乐中的英国：爵士乐的跨大西洋入侵与英国特性的重塑

了对这些界限的关注，并且加强和重塑了这些界限。

《黑人》中有关爵士乐的文章有着共同的前提，即爵士乐具有流动性强的特点。其中一篇文章特别讨论了国际舞蹈现象，即林迪舞，其名称源于查尔斯·林德伯格（Charles Lindbergh）首创的从纽约到巴黎的跨大西洋飞行。通过提及林迪舞，《黑人》文集也因此参与了这样的设想，即爵士乐凭借其具有感染力的现代节奏同样有能力消除与古老之间的鸿沟，使得距离、语言和种族特征不再有界限。然而，《黑人》似乎不能避免一个问题，即如果爵士乐在美国之外表演、重现以及被欣赏的话，那么爵士乐对于美国而言意味着什么。爵士乐对于国家身份意味着什么——无论是超越还是巩固了国家身份——这个问题出现在了一系列从多方面对爵士乐跨越大西洋的往返运动的思考的文章中。

尤其是在三篇文章中，一个英国人、一个法国人和一个美国人分别讨论了他们对于爵士乐和美国的不同观点。英国人约翰·班廷（John Banting）坚持认为，尽管爵士乐已经跨越了大西洋，但它仍然坚定不移地属于美国，甚至最好的爵士舞只有在美国才能找到。这是一个"葡萄酒在本国最香"的问题，班廷宣称。[116]这样的比喻——甚至有些陈词滥调——将爵士乐与其诞生的国度联系在了一起，这是一个源于哈莱姆俱乐部的最好的本土产品；爵士乐在英国是外来的而且从字面上来说也是格格不入的。在一篇由塞缪尔·贝克特（Samuel Beckett）从法语翻译过来的文章里，罗伯特·戈芬（Robert Goffin）提供了一种不同的观点，他在文章里将爵士乐列为美国最伟大的文化成就——"肯定要比摩天大楼和福特主义更为重要"——但却是大多数美国人不懂得欣赏的成就。[117]在戈芬看来，需要一位欧洲的文化批评家，也就是他自己，来赞颂这种美国人麻木地习以为常的文化形式。美国人乔治·安太尔（George Antheil）则提出了第三种观点，这种观点最为接近美国之外的反爵士乐人士对于爵士乐的恐惧之情。安太尔认为，爵士乐应该属于哪个国家的问题是毫无意义的，因为爵士乐会改变它传播到的地方，"在每个地方都留下巨大的黑白混合的斑点"，使观众和音乐家同样地被种族化和美国化。[118]尽管所有反动的"宗教法令"都反对爵士乐，但安太尔坚持认为，英国和欧洲想逃脱它都已经为时太晚。[119]以斯特拉文斯基为例，他声称在爵士乐出现之后没有一种音乐能完全摆脱它的影响。在他的概念里，欧洲已经变得美国化了，恰恰是以克里弗·贝尔心怀恐惧地预测的那种方式而被美国化的。安太尔想说的以及英国人班廷想要坚持的是，爵士乐在那些民众接受它的国家留下印记、声音和污点的方式，以及它所产生的一种将不仅停留在美国的、跨国的、可消费的"美国"身份。

结论：从爵士乐在英国到英国的爵士乐

20世纪50年代英国最著名的青年作家之一金斯利·埃米斯，在其回忆录中将他与爵士乐之间的关系描述为与先辈的音乐的一种完全背离："我出生在1922年，我觉得自己是将爵士乐视为一件完全自然的事情的第一代英国人中的一员，它不新潮，不是一种时尚，也不属于异国情调，当然无论如何也不会因为它出自'黑人'就是不值得尊重的或是可疑的。老一辈的人当时都很反对它，这是一句补充介绍。"[120]根据埃米斯的观点，对于出生在现代主义的奇迹之年以及之后的一代人来说，爵士乐"是一件完全自然的事情"，是他们的文化中的有机组成部分，而不是一种外国入侵的文化。此外，爵士乐的魅力还通过挑战那些生于第一次世界大战之前的趣味高雅的人的民族主义思想而得到了强化。在埃米斯的《幸运的吉姆》(Lucky Jim)（1954年）一书中，爵士乐代表了青年反叛的意愿，产生了一种直接利用在两次战争期间发展起来的话语的效果。在一个典型的时刻，小说中的非正统派主角吉姆·迪克逊（Jim Dixon）在

第二章　爵士乐中的英国：爵士乐的跨大西洋入侵与英国特性的重塑

密谋搞垮他那出自牛津大学和剑桥大学的教授时，发出了"一阵如同长号般的无政府主义笑声"，吉姆之所以鄙视这位教授是因为他对于"英国传统"的沉溺，以及对"快乐英国"的怀旧之情。[121]相比埃米斯将爵士乐视为反建制的隐喻而愉快地接受它，更为引人注目的是埃米斯将爵士乐理解为属于他这一代的英国年轻人。到了埃米斯的年代，爵士乐仍然有能力反抗精英主义的情感，但是它已经既不新潮也不令人震惊了。相反，它已经成为埃米斯那一代人的"自然的"财产。

埃米斯的好友诗人菲利普·拉金（Philip Larkin），也表现出了对爵士乐持续一生的痴迷。拉金还兼职为《每日电讯报》（Daily Telegraph）当了十年的爵士乐评论员，1961年他在对英国的美国爵士乐演奏者的地点作评论时说道："一个美国的音乐家不能像美国码头工人在蒂尔伯里帮忙一样，再与他的英国同行一起演奏了。"[122]这句话指的是20世纪30年代的保护主义立法，拉金解释说美国爵士乐手在当时被禁止在英国表演。20世纪40年代关于美国音乐家协会的部分相似立法做出之后，英国乐队在纽约的演出也变得愈加困难了，尽管在美国无疑对英国爵士乐的需求要少得多。虽然拉金坚持认为爵士乐"仍然稳固地属于美国"以及"美国音乐家最为重要"，但他也从这种方式中走了出来去描绘从爵士乐在英国到英国的爵士乐的运动过程。[123]在20世纪40年代，拉金坚称，英国观众要比美国观众的爵士舞跳得更好，而且"爵士乐唱片在英国比在美国更受追捧"。[124]在为《每日电讯报》撰稿的时候，拉金在一篇名为"酷，不列颠帝国"（"Cool, Britannia"）的文章中记录道，英国爵士乐已经自成一家。拉金解释道：

不久之前，英国人做一名爵士乐手让人马上想到他戴着一顶圆顶硬礼帽的形象，这使得这种不可能得到了完美的表达。

被美国化的英国

> 结论：完全不协调，就像葛兰地太太*跳康康舞一样。但是在今天，圆顶硬礼帽已经被这个国家最受欢迎的一些乐队作为其固有制服的一部分而愉快自然地戴在了头上。没有人嘲笑。实际上，他们为此欢呼。英国的爵士乐已经到来了，至少是在英国。[125]

拉金在"统治，不列颠尼亚"中用了一个双关语，他解释说英国的新"酷"已经随着愉快地戴着圆顶硬礼帽的爵士乐队一起出现了。[126] 尽管拉金的双关语几乎与葛兰地太太不协调的康康舞一样珍稀，但是它精准地总结了新的英国爵士乐所包含的文化变迁。到了拉金写这篇文章时的20世纪60年代早期，英国为其作为一种正在衰落的世界权力的身份而感到的纠结已经平复下来，转而热切尝试变得冷静。自两次战争期间开始，英国文化就已经变得如此彻底地被美国化，以至于美国文化现在终于能够变成英国文化。自冷战开始以后，像克里弗·贝尔的"更多的爵士乐"这样呼唤战斗和英国特性的文章开始变得难以想象，并不是因为其内容而在于其完全相信自己有能力宣告爵士乐的终结。到了这个时候，美国文化已经完全渗透了英国文化：南希·库纳德的跨大西洋的交换领域已经成为这个国家的新国情，而甲壳虫乐队早年的作品也受到了爵士乐的影响，他们正在开创属于自己的跨大西洋的入侵风格。爵士乐留给英国的遗产就是拉金在1964年的一首名为"致西德尼·贝谢"（"For Sidney Bechet"）的诗中所低吟的："你的声音落在我身上，就像他们说的爱情应该是这样的。"[127] 在战后的年代，英国人对于爵士乐的感情在某种程度上依赖于一种对怀旧情感终结的怀恋，或者至少是对一种理想化的已经遗失的英国特性的保护性怀念的怀恋。如果爵士乐甚至在战后仍能继续代表对传统主义的跨大西洋的冲击的话，那么，它这么做则有助于下一代英国人的叛逆艺术。

---

* 虚构的英国人物，是一本正经循规蹈矩的代名词。——译者注

第三章 娱乐帝国：
两次世界大战期间英国的好莱坞

> 英国维持她的殖民地，但她却没有让它们保持愉快。
> ——美国电影制片人，1926年

> 在电影方面，我们现在是一个遭受殖民的民族。
> ——英国电影制片人，1937年

> 让快乐英国的每一部分以自己的方式快乐下去。让好莱坞见鬼去吧！
> ——约翰·梅纳德·凯恩斯，1945年

第二次世界大战临近结束时，约翰·梅纳德·凯恩斯，著名的经济学家及布鲁姆斯伯里的知识分子，在英国广播公司（BBC）的节目中针对英国艺术委员会的创立发表了一次振奋人心的演讲。在英国历史上这样一个紧张的时刻，凯恩斯会对英国艺术委员会表达如此溢美之词，就好像在跟一个令人敬畏的敌人较劲一样，这并不

被美国化的英国

奇怪。令人惊讶的是这个敌人并不是一位军事对手，而是一个备受喜爱的休闲消遣的源头：好莱坞。当凯恩斯宣告"让好莱坞见鬼去吧！"作为复兴"快乐英国"的手段的时候，他挖苦式的战斗口号也是建立在20世纪二三十年代好莱坞在英国具有象征意义的重要性之上的。[1] 从某种意义上来说，好莱坞电影好像正在入侵英国，它对英国本土实践的改变到了如此程度，新的英国艺术委员会只希望能够修复损害。与此同时，好莱坞的影响范围是全球性的。尤其是在英国，一些人看到了产生自大西洋彼岸的大众电影的一种新的世界力量的潜能。

历史学家 A. J. P. 泰勒（A. J. P. Taylor）将看电影称为现代时期的"基本社会习惯"，列宁（Lenin）认为电影是"最重要"的艺术，墨索里尼（Mussolini）称电影为这个时代"最奇特的武器"。[2] 难怪随着好莱坞电影的越来越流行，它会激起英国精英们的防御性焦虑。与爵士乐不同，爵士乐早期的国际影响主要集中于英国和欧洲，而好莱坞拥有遍及全球的吸引力。到了20世纪20年代中期，世界上大部分被观看的电影都来自美国：根据有些估算，世界上80%的电影以及其中英国的85%的电影来自好莱坞。[3] 二三十年代，虽然在一系列保护主义性质的电影法令的帮助下，英国电影重新获得了一部分国内市场的份额，好莱坞被当作"殖民者"的看法被保留了下来。[4] 从一位英国电影制作人评价英国人是受好莱坞统治的"被殖民者"，到云集在洛杉矶的欧洲人才"殖民地"，关于好莱坞的描述总是将这个产业的影响力以帝国式的修辞进行解释。[5] 这样的措辞表达了一种感觉：英国也许在发挥好莱坞帝国的殖民地作用，使英国在本土被殖民的同时在海外又被这些电影所取代。虽然美国娱乐所谓的帝国主义与美国的领土兼并有所不同，但在那些已经认识美国这一新兴强国的英国人眼里，这两者已经结合在了一起。大英帝国通过最公然的侵占与统治进行运作，而美国的娱乐帝国轻易地入侵了

第三章 娱乐帝国：两次世界大战期间英国的好莱坞

领土的边界。通过大量复制休闲和商品化的日常生活，娱乐帝国发挥了一个广泛的福特资本主义体系的使者的作用。此外，与大英帝国主义的暴力和官僚主义相比，好莱坞更具诱惑力。从它的英国贬低者的观点来看，好莱坞已经设法构建了一种奇怪的、在很大程度上前所未有而且遍及世界的情景——消费者急切地叫嚷，甚至还掏钱来受制于他们新的帝国主人。

与英国相似，欧洲在一战结束后的几年也受到好莱坞的束缚。不仅如此，就像英国的情况一样，文化精英以及保守的政治家等谴责好莱坞是一个贪婪的怪物、一种破坏性的影响，并且实际上是一个帝国。然而，出于两方面的原因，英国人对娱乐帝国的叙述十分独特。第一，英国人发现自己特别容易受到美式英语的影响，最早在默片的字幕中出现，后来在有声电影的配音中也遇到这种情况。第二，美国的地位从曾经的英国殖民地转变成相互竞争的帝国，这加剧了对大英帝国自身形象的冲击。的确，对好莱坞的反应也从美国在世界舞台上越来越强大的军事与经济实力中汲取了力量。甚至更引人关注的是，美国电影对英勇的描述暗示了种族主义的思想，暗示美国人掌控白种人的意义。早在20世纪20年代，在英国及其帝国到处放映的好莱坞电影提示性地宣告了令人沮丧的反向殖民化，在后二战时期的很久以前，这样的影像大多数都是经常相互关联的。

从最广泛的意义上来说，好莱坞是国家认同的仲裁者，也是美国概念的作者与商人。在1927年英国下议院的一场辩论中，一位代表引用了《每日快报》（*Daily Express*）电影专栏里的一段报道："我们大部分经常看电影的人已经被美国化到了这样一个程度，他们把英国电影当作外国电影。他们谈论美国，思考美国，梦想美国。我们有数百万的人民，大部分是女人，他们实际上是临时的美国公民了。"[6]据英国精英所说，一些特定人群特别容易受到关于美国理想的消费的影响：女性、儿童、工人阶级以及英国境外的殖民地人民，他们只能通过电影了解西方。同时，这种幻想的公民身份的危险是经济上的。有些人认为，好莱坞电影为美国商品做了免费且强制性的广告，从而为全球进一步美国化铺平了道路。正如纳尔逊（Nelson）勋爵在1925年一场上议院的辩论中所提出的，"美国人几乎瞬间就意识到，电影的出现简直是天赐的方式来为他们自身、他们的国家、他们的行为方式、产品、理念，甚至还包括他们的语言做广告，同时他们也利用这个方式说服全世界，无论是文明的还是不文明的，都相信美国是最重要的国家。"[7] 尽管纳尔逊勋爵和《每日快报》皆有些夸大了好莱坞的实际影响，但他们都揭示了好莱坞电影是如何开始动摇有关地位和国家的脚本，暗示在银幕前面英国人可能自然地会成为美国人。

从笔者的"美国娱乐帝国"的概念来看，电影史学家的工作与有关美国帝国主义的研究结合在一起是有益的。萨拉·斯特里特（Sarah Street）、杰弗里·理查兹（Jeffrey Richards）以及克里斯蒂纳·格莱德希尔（Christine Gledhill）等电影史学家已经充分地记录了好莱坞电影在英国、欧洲乃至全世界的统治地位。[8] 尽管好莱坞只是世纪之交许多迅速发展的国家电影之一，但它在第一次世界大战期间却呈指数级地发展，而那时欧洲电影的创新却停滞不前。[9] 由于美国在1927年推出了有声电影，好莱坞形成了一种新型的威胁，特别是对说英语的地区。英国电影在1927年保护主义电影法令的帮助下重新获得了一部分国内市场份额，对好莱坞的公开批判仍在继续。有关美国帝国主义的研究工作偶尔会谈及好莱坞，然而，诸如乔万尼·阿瑞吉（Giovanni Arrighi）在《漫长的20世纪》（The Long Twentieth Century）一书中关于美国霸权主义的论述等，却倾向于关注经济与政治的统治而不是文化影响。[10] 历史学家维多利亚·格拉齐亚（Victoria de Grazia）开始逐渐弥补这种缺陷，她研究了欧洲大陆关于美国的观念，这些概念将美国视为一个"市场帝国"，其支配地

第三章 娱乐帝国：两次世界大战期间英国的好莱坞

位是从广泛的受欢迎的商品中发展起来的。[11]笔者关于"娱乐帝国"的概念建立于这样的观察，通过强调意识形态方面的脚本与信息——尤其是好莱坞似乎提出的符号入侵。确实，娱乐帝国的概念并不建立于好莱坞实际的国际影响之上，而更多地在于英国人对这个影响的看法。相对于叙述好莱坞发展与传播的历史，笔者考虑的是英国精英如何把讲述娱乐帝国的故事作为一种方法，来了解自己在世界上的位置。

从两次世界大战期间的英国人的角度来看，也许娱乐帝国最重要的方面可以追溯至语言的焦虑。英国国民及其殖民地的居民都学着说好莱坞影片中的美式英语——一开始从字幕中学，后来又从配音的对话中学。一位英国评论家沮丧地发现，一位给他的汽车加油的东伦敦的年轻人装出美国口音："他只是数百万一辈子都受美国电影影响的英国人之一。这一切能给英国来带来什么好处？它能创造爱国主义吗？它能让人们渴望维护伟大帝国的统一吗？"[12]1927年以及1934年的电影法令保护了英国制片公司的经济利益，正如许多政治家所比喻的，它们的目标是让英语语言归还至英国。[13]甚至连英国的第一部有声电影、希区柯克（Hitchcock）的《敲诈》（*Blackmail*）的广告都引人注目地写道："听听英语应该怎么说。"[14]对美国有声电影抵制的部分原因出于一种感觉，即美国俚语不只是一种粗俗的方言；它对英语中包含的道德权威与思维习惯是一种威胁。随着英国人民的语言慢慢地、普遍地被美国化，一些英国人想象这样他们的民族性格也会随之改变，使"快乐英国"迫切需要复兴。与此同时，随着美式英语开始在世界上与英式英语相互竞争，它会威胁破坏英国母语的教育，而母语则是以后英国的帝国计划如此根本性的一个方面。

出现一场全球范围的语言革命的可能性引起了用英语写作的现代主义者的关注。早期的电影评论家已经设想将默片作为一种影像

117

被美国化的英国

化的通用语言，它有潜力避免不同语言之间造成不和的混乱，将不同的人会聚在一起。这个理论的支持者包括名为普尔（POOL）的先锋派电影集团的成员，也就是美国诗人 H. D.、英国作家也是大笔财产的女继承人布莱尔（Bryher），以及苏格兰导演肯尼思·麦克弗森（Kenneth Macpherson）。由于美国有声电影的出现猛烈地破坏了他们将默片作为通用语言的梦想，因此普尔集团在他们的电影杂志《特写》（Close Up）上谴责好莱坞。虽然杂志本身倾向于欧洲——它们在法国与俄罗斯的电影上花费了大量的时间——但在针对好莱坞的回应中，杂志的核心团队却听起来越来越英国了。通过这样的谴责与声讨，普尔的成员借用更广泛的文化话语，在《特写》的篇章中创作了一种对娱乐帝国的现代主义的叙述，将好莱坞呈现为对艺术与英国特性的双重威胁。

作为针对娱乐帝国的话语创作的一种案例研究，《特写》揭示出一种英国现代主义的电影艺术视角如何依赖于对"美国化"的论述。对《特写》杂志的关注进一步展示出一种现代主义的意识形态，因其不同于实际的现代主义文学创作的多样性，如何通过一系列辩证的对立关系得以形成：高雅与低俗、艺术与娱乐、英国与美国。当然，这并不是重复那些批判的观点——它们设想现代主义与美国的大众文化完全不一致。相反，电影评论家对现代主义的美学模式的产生却给了我们不同的解释。米莲姆·汉森（Miriam Hansen）认为，经典的好莱坞电影是她所谓的"白话现代主义"艺术，她颇具说服力地指出，电影在视觉上比早期评论家所估计的要更易于理解。此外，评论家们也充分探讨了好莱坞电影与现代主义写作是如何相互影响和相互交流的。例如，苏珊·麦凯布（Susan McCabe）指出，像斯坦因和摩尔（Moore）等一些现代主义作家，他们在诗歌中运用了蒙太奇和叠映的电影技法。大卫·特罗特（David Trotter）认为电影与现代主义创作沿着"平行的历史"发展。[15]此外，尽管得到美国

第三章　娱乐帝国：两次世界大战期间英国的好莱坞

政府的战略支持，但好莱坞几乎不是美国国产的——这个城镇居住着来自欧洲与英国的导演和明星，从刘易斯·加斯纳（Louis Gasnier）到希区柯克再到卓别林（Chaplin）。[16]不仅如此，普里亚·贾库玛（Priya Jaikumar）指出，好莱坞电影在外国市场经常被审查、编辑和改编，就像那些在印度的电影。米利亚姆·汉森（Miriam Hansen）发现，在俄罗斯，欢乐的好莱坞电影往往会被赋予一个悲剧的结局。[17]所有这些差异性与多样性丰富而不是阻碍了娱乐帝国的叙述。在一个界限被模糊并且各个领域被相互侵占的世界里，将艺术和娱乐加以区分的想法，正如《特写》中所表达的，似乎更有必要了。

本章所涉及的作品，从旅行日记到新闻社论，从电影评论到讽刺小说，都参与了好莱坞娱乐帝国的构建。由于娱乐帝国本身就是一个故事，新型的电影批评，将区分艺术和娱乐作为其核心的、现代主义的课题，比单个电影的分析更加有助于全面解答本章的各种疑问。此外，尽管发展迅速的受众研究反映在了理查德·马尔特比（Richard Maltby）、梅尔文·斯托克斯（Melvyn Stokes）以及一些其他学者的重要成果中，并为我们提供了普通观影者的详细情况，但《特写》却向我们展示了一些不同的内容。[18]具体而言，《特写》自称为第一本有关电影批评的英语杂志，对它的关注有助于我们了解娱乐帝国的叙述如何没有与现代主义的核心观念相冲突，而是在与之相呼应的情况下制作出来的。

本章的总结部分，探讨了两部在《特写》杂志停刊后出版的小说，以及一部由奥尔德斯·赫胥黎合作导演的好莱坞电影。综合起来，这些作品帮助我们建立了另一个重要线索，为了对抗想象中的好莱坞影响而对英国文学传统进行的革新。从大英帝国衰落的画面到呼吁英国特性的复兴，某些英国人对民族和帝国的重新定义出现在了他们与自己创造出来的敌人进行话语战争的过程中。也许英国人是娱乐帝国故事的主要作者，而正是这个故事反过来为英国人及

被美国化的英国

其现代主义的概念施加了压力,至少在这样的情况下:美式娱乐似乎要提出一种全新而强大的帝国主义方式,它将重塑现代时代的全球文化。

"现在我们是一个殖民的民族":好莱坞与帝国的逆转

奥尔德斯·赫胥黎在他 1926 年写的旅行回忆录《滑稽的皮拉特》(*Jesting Pilate*)中一本正经地评论道,好莱坞具有削弱大英帝国的威胁。赫胥黎回忆起一次去爪哇岛的旅行,在那里他和其他几个英国人观看了一部好莱坞喜剧——他没说具体哪一部——是与一群爪哇人一起看的。警察和小偷打闹的滑稽动作,在英国本土是如此亲切,而当在国外看到的时候却让赫胥黎认真思考起来。赫胥黎说道:

> 对着东部和南部各种族的殖民地臣民,好莱坞宣告我们是一个罪犯和有精神缺陷的民族。当然,电影发明之前的旧时代情况要好一些,那时白人的臣民们对他们主人生活的世界一无所知。那个时候,他们还有可能相信白人的文明是伟大而神奇的——也许比实际的还要更加伟大和非凡。好莱坞改变了这一切。[19]

据赫胥黎所说,好莱坞电影将白人描绘成无赖和笨手笨脚的蠢货,它们削弱了白人在非西方世界的意识形态力量。如此说来,好莱坞的喜剧琐事不知不觉地给构成英国现代帝国主义大厦基础的声誉与优越感带来了压力。赫胥黎抱有这样的看法似乎有些极端,但不止他一个人这么想。1927 年,一位政府官员说道:"如今电影面向遍布整个帝国的数百万人放映,电影必将不知不觉地影响英国各个民族的思想与观点。"[20] 1932 年,英国电影委员会发布了一份报告,

第三章 娱乐帝国：两次世界大战期间英国的好莱坞

严肃地强调："（殖民地）人民从那些三流的蹩脚闹剧中获取的关于白人文明的概念，是一种国际化的威胁。"[21]该委员会也指出，令人欣慰的是，电影可以成为一种"社会教育"力量。一位成员呼应赫胥黎的观点，警告称："我们政府对殖民种族的成功几乎完全取决于我们所能激发的尊重程度。在印度和远东广泛流传的过度煽情的以及低俗不堪的电影，已经给欧洲人在那里的声誉造成了不可估量的损害。"[22]《特写》的编辑以惊人的一致的语言表达了这一观点，他们注意到，在当时的电影中，"欧洲（或者说是美国扮演的假冒欧洲）文明往往没有优势，这些电影轻易地对欧洲的声誉造成了极大的损害。"[23]一位《特写》的投稿人，针对电影与日俱增的国际力量及其重要性，甚至提议从国防预算中出资设立一所英国电影学校。[24]

虽然这些对好莱坞的反抗反映出不同范围的来源——奥尔德斯·赫胥黎 20 年代的作品、政府资助的委员会、先锋派的电影杂志——但它们的观点是相当一致的：好莱坞通过其不庄重的白人形象对欧洲文明与英国的声誉产生了威胁。爵士乐逾越了种族的界限，唤起了黑人的形象，好莱坞给白人的意义带来了压力。另外，好莱坞电影在视觉表现上比爵士乐更加充分，因此能以更快的途径接近全球大众。从一些英国人的观点来看，这个电影产业已经成为了犹太人与东欧移民的避难所，它对种族纯粹性造成的打击是可以预料的。同时，考虑到美国电影中的种族主义传统，这种对白人命运的担忧就显得尤为讽刺了，例如 D. W. 格里菲斯（D. W. Griffith）1915 年的很有影响力的作品《一个国家的诞生》（*Birth of a Nation*）就体现了对三 K 党（the Ku Klux Klan）的颂扬。然而，好莱坞对欧洲，特别是对大英帝国构成的威胁远远超出了单个电影的内容。被察觉到的对白人的攻击仅仅只是更广泛的感觉中的一部分，这种感觉就是英国正在失去对西方世界故事的掌控。娱乐帝国有着自己的故事——警察与小偷的故事、情景闹剧以及西部片——显然这足以

被美国化的英国

破坏英国帝国主义的叙述。因此，好莱坞对大英帝国含蓄的甚至很大程度上是无意的侮辱并不是在批判英国，但更多的是在暗示它的衰落。自一战结束以来，好莱坞日益展现出一种新式的世界力量，使得传统上被誉为进步引擎的英国帝国主义显得守旧而传统。1926年，一位前美国电影制作人在给伦敦《泰晤士报》的一封信中写道："英国人维持她的殖民地，却没有让它们保持愉快。"[25]这封信的作者指出，娱乐是将我们"紧密联系在一起"的一种新的全球主义。到了20世纪20年代，这样的情绪解释了为何人们已经开始觉得，为了保持大英帝国的意识形态基础而击溃美国娱乐的传播是如此的重要了。[26]

听起来像美国的：好莱坞英语与有声电影

诸如奥尔德斯·赫胥黎等人对欧洲帝国主义命运的担忧，出现于20世纪20年代早期好莱坞首次占据统治地位的时候。20世纪20年代晚期又带来了新的威胁：随着1927年美国电影《爵士歌手》的上映，讲话电影或者"有声电影"的开启。几乎可以确定的是，第一部有声电影也是一部使人同时想起爵士音乐、种族逾越以及美国犹太移民的电影——因此，这部电影包含了许多美国文化中已经让人感觉有威胁的部分，即使它采用了一种全新并且具有统治潜力的技术。[27]随着这项技术断断续续地传遍全球，电影院也努力为自身配备声音设备。当写到英国的电影产业时，克里斯托弗·伊舍伍德（Christopher Isherwood）将为了赶上好莱坞有声电影而引起的混乱称为"恐慌的时期"（"the time of the Panic"）。[28]因为一部有声电影作品的巨额费用，一些小型的先锋派制片公司没有足够的资金向有声电影转型。至少在最初，似乎全世界都急切得可能会将一部英语电影吞下去，像是要将好莱坞的默片票价消费掉一样。然而，英国与欧洲不同，它已经正确地认识到：由于使用相同的语言，英国及其

第三章 娱乐帝国：两次世界大战期间英国的好莱坞

殖民地特别容易受到好莱坞产品的影响。确实，好莱坞将英国视为主要的海外市场，将大英帝国及其殖民地作为获取利润的主要地区。[29]随着有声电影的兴起，英国人对好莱坞电影的不满呈现新的基调，将早期对英国文化的担忧放大为对英语语言本身的一种保护主义态度。1929年，阿尔弗雷德·诺克斯爵士（Sir Alfred Knox）在下议院询问"是否可以限制美国有声电影的进口以保护英国人民的语言"[30]，引起了广泛的关注。这场议会辩论表明了一种特别关注，即英国的儿童和工人阶级会吸收美国俚语，而真正的英国习语将消失。

这种对英语的冲击似乎同时也是英美之间财富转移的一种比喻和一种驱动力量。正如一位美国作家所说："最后，不列颠岛的语言也许会变成美国周边一系列奇特有趣的方言。"[31]也许是现代历史上的第一次，似乎帝国主义的中心不再是语言的中心，而一个曾经的殖民地或许将控制新的国际通用语言，不仅仅是英国，整个世界可能会开始听上去像美国人。当然，回头看，这些担忧似乎有些极端：英国及其之前的帝国的每个人事实上听起来并不像一个美国人，也不像一部好莱坞电影。但是20世纪早期，通过电影与电台进行传播的美国媒体促进了全球英语的发展，更为重要的是，通过展现替代英国语言霸权的另一选择从而激发了人们对于未来国家和帝国身份的幻想。

的确，整个英联邦以及大英帝国的部分地区存在许多对美国英语和好莱坞有声电影的反抗。例如，加拿大与澳大利亚越来越渴望语言的纯净性，以保护他们版本的英式英语不受美国的影响。澳大利亚新南威尔士州的教育部长，谴责美国有声电影里的"病态般的多愁善感的英语带着令人讨厌的鼻音，充斥着俚语"，而呼吁"严厉的措施……来保持英语语言的纯净"。[32]与此同时，也有些人将美式英语视为一种新国际主义的前兆。《墨尔本太阳报》（Melbourne Sun）的一篇文章指出，甚至连非英语国家的人都为了欣赏他们喜爱的电

被美国化的英国

影而学习英语：

> 为了保持对玛丽·碧克馥（Mary Pickford）和剧团的熟悉，甚至一些稳重、历史悠久的欧洲国家也将不得不忙于语法和词汇，以学习足够的英语来理解银幕上充满活力的对话……似乎不太可能人们会认真对待他们的娱乐到足以费力去学一门全新的语言……但对娱乐的喜爱是一种相当普遍的趋势，而且许多影迷显然宁愿不吃晚饭也不愿错过他们在当地电影院的常规之夜。[33]

1929年《印度时报》（Times of India）上的一篇社论，对有声电影所预示的世界新秩序的想象就建立在这样的假设之上：

> 假设美国英语成为了通用语言。这将是美国最伟大的创造，极有可能有一天它会发现世界在猜测。"有声电影"将会渗透到世界每一个可居住的角落，一位大使可以用"好家伙"（"Say boy"）向中国的主席问好而不会有任何被误会的风险。[34]

关于美式英语的全球适应性的这种积极观点认为，有声电影中的语言可以成为国际政治的语言，通过共同俚语的恰当措辞而开辟一个全球沟通交流的新时代。美式英语在英国也有拥护者，其中也许没有人比语言学家查尔斯·凯·奥格登（C. K. Ogden）更出名，他与文学评论家艾弗·阿姆斯特朗·瑞恰慈（I. A. Richards）都将美式英语视为没有语言屏障的、他们称之为"必备工具"（debabelization）的时代的先驱。[35]

支持者与批评者都觉得好莱坞的美式英语有潜力成为新的世界语言。然而，有些人却特别担忧英国人的命运。在1934年的论文

第三章 娱乐帝国：两次世界大战期间英国的好莱坞

《缺失艺术的人们》（Men without Art）中，英国作家和艺术家温德姆·刘易斯将对诸如英国语言和英国的世界地位等的担忧，与对好莱坞电影给英国阶级结构的冲击相关的关注联系在一起。刘易斯忧虑地指出："英国是一个独特的强大帝国，由贵族阶层统治，它对美国这个前殖民地的语言和心理造成的影响是压倒性的。"[36]据刘易斯所言，英国曾经统治并塑造了美国；而现在"形势实际上发生了逆转"，使得英国变成了美国新传媒帝国的殖民地。[37]刘易斯哀叹，好莱坞已经一举将英国的帝国、贵族阶层和语言摧毁了："但如今英国的统治地位几乎已经完全消失了。贵族阶层只不过是自己的影子。电影每夜都将美国的景象与方言带入英国人的心中，'美国化'的进程大大加快了。"[38]对于刘易斯而言，好莱坞英语的麻烦在于它后来腐蚀了英国的阶级制度。

甚至在有声电影出现之前，好莱坞电影似乎就已经通过同样地贬损上层阶级与下层阶级而破坏了英国的阶级制度。电影中看似糟糕的民主概念随着有声电影的出现变得更有威胁。措词与口音一直是社会地位的标志，在社会流动日趋频繁的时代，它们成了阶级差别更为明显的标记。萧伯纳的戏剧《皮格马利翁》*（Pygmalion）讲述了这样一个故事：说话带伦敦腔的卖花女伊莉莎·杜丽特尔（Eliza Poolittle）主要通过改进自己的发音，成为了一名淑女，是对语言和社会地位之间的紧密联系的一种颂扬。通过向来自于各个阶层的观众提供一样的美国俚语词汇，有声电影腐蚀了言语作为一种社会地位的标志的作用。刘易斯说："'好家伙'、'哥们'这样的词语从伦敦东部孩子们的口中冒出来，容易得与那些天生的讲话方式一样。"[39]尽管一小部分的俚语词汇似乎不足以侵蚀数百年的力量以及特权所确立的阶级体系，但刘易斯解释说正是这种力量和特权面对美

---

* 又名《卖花女》。——译者注

被美国化的英国

国化却是脆弱的。用他的话说,"在我们英国这个'银行家的天堂'（Banker's Olympus），现在再也没有政治上强大的高素养阶层赋予一种准确悦耳的选择性话语以威望了。美国化——对于英国来说，至少也是无产阶级化——已经发展得太先进而无需强调了。"[40]

十分重要的是，刘易斯将美国化当成英国无产阶级化的同义词。在刘易斯的观念中，有一种社会代数学在起作用，使得英国各个阶层的成员都在变成美国人，由此形成了一个无差别的大众群体，而不是在一个社会等级制度中占据各自不同的位置。尽管刘易斯的担忧具有强烈的精英主义色彩，但却不仅仅是势利的。即使是那些致力于通过教育提高英国工人阶级地位并弱化英国阶级体制的人，也并不倾向于认同好莱坞所煽动的民主。与教育不同，美国化似乎只要通过贬低就能够传播平等。根据像刘易斯等的作家所说，英国文学能使情感高雅，而好莱坞的有声电影却将工人阶级与社会上许多其他阶层，拖进愚蠢的情绪、无趣的消费主义以及当然属于低劣的俚语的新深渊。

《特写》与有声电影

电影史上的一个讽刺是，《特写》这一致力于无声电影的艺术潜力的先锋派电影杂志，于1927年发行了创刊号，而正是在同一年美国推出了第一部主流的有声电影。温德姆·刘易斯直接斥责了好莱坞的有声电影，《特写》的主要投稿人也越来越多地表示出谴责，他们在构建一种娱乐帝国的叙事的同时，呼吁英国电影的现代主义。《特写》1927年至1934年相对较短的发行期恰好碰上了美国有声电影的鼎盛时期。《特写》更像一部文学现代主义作品而不是一本大众出版物——它每期只有500册的不太大的发行量（1931年之前每月印一期，此后改为每季一期），在巴黎、伦敦、纽约及日内瓦的书店分销。[41]的确，如同安妮·弗里德贝格（Anne Friedberg）所指出的，

第三章 娱乐帝国：两次世界大战期间英国的好莱坞

甚至连"杂志的外观也类似于那个年代的文学巨著"。[42]此外，杂志的资金赞助人布莱尔以及其他一些直接或间接的作家赞助人，诸如多萝西·理查森（Dorothy Richardson）和詹姆斯·乔伊斯（James Joyce）等，允许编辑以"不受商业出版物限制"的方式表达他们的观点。[43]这种文学的敏感性使《特写》将自己定义为反对其所建构的愈来愈作为电影现代主义对立面的：好莱坞有声电影。

在他们充分认识到有声电影的影响之前，《特写》的编辑们并没有将好莱坞视为众多国家电影中的一员。由于《爵士歌手》这部电影横跨大西洋来到英国与欧洲耗费了一些时间，编辑们并没有像事后人们可能认为的那样给予它那么多的关注。更重要的是，《特写》最初几年的投稿人怀疑有声电影能否坚持下去；其他人则希望着它可能是一个可以与更宏伟的无声电影世界和平共处的新奇之物。[44]当事情一旦变得清晰，有声电影不是新奇之物而是事实上将会取代无声电影时，《特写》对有声电影的态度则变得怀有敌意，使得杂志编辑肯尼思·麦克弗森（Kenneth Macpherson）谴责有声电影是一个"怪物"，布莱尔哀叹美国人"将有声电影强加于无声电影的世界"。[45]

《特写》不只经历了其评论家所谓的言语危机，更具体地说，是美国言语的危机。[46]从一个跨大西洋的视角对《特写》的审视显示，这个"国际的"杂志是建立于古老的、英国模式基础上的国际，而此时好莱坞正为"国际"的意义施加压力。迈克尔·诺斯（Michael North）准确地注意到，有声电影通过使用民族语言预示"文化独特性"的回归，而对于《特写》中的许多人来说，好莱坞有声电影代表了国家和地方特性的丧失。[47]对《特写》的主要投稿人来说，好莱坞似乎阻碍了所谓的电影地方主义在英国的回归。与《特写》所希望的独特的国家电影传统相反，好莱坞似乎提出了一种扁平化的国家特性，鼓励全世界接受美国口音以及好莱坞式的结局。不仅如此，

127

好莱坞还对着数量庞大的观众讲话。《特写》的无声电影的通用语言将主要达至先锋派,而好莱坞却遍及大众。[48]

在他们以《特写》为代表的努力中,由 H. D.、布莱尔以及肯尼思·麦克弗森组成的先锋派电影团体,以尤为揭露性的方式阐述了好莱坞娱乐帝国的故事。首先,由于《特写》认为自己是第一本关于电影批评的英语杂志,它宣称的目标是将艺术与娱乐区分开来,或者说是区分钻石与渣滓。这种批判性的努力使得被麦克弗森视为"无稽之谈与废话"而不屑的娱乐被置于整个团队美学项目的中心。[49]这种对娱乐的抵制在很大程度上也是对特定的美国观念的反应。的确,长久以来的批判性的争论在于现代主义有时支持大众文化有时又反对大众文化,在这种背景下,如果不注意国家认同及其不满的话,这样的争论是不完整的。在普尔集团的文章中,娱乐、好莱坞与美国是相互交叉、相互依赖的。这种相互依赖性迫使《特写》不顾自身的国际范围和使命,在描绘电影未来的尝试中令人吃惊地并且强行地转为英国的范围。特别是团队中核心的三个人,苏格兰人麦克弗森、英国人布莱尔以及作为美国侨民也是英国公民的 H. D.,确立了《特写》针对好莱坞的反应的英国维度。[50]以他们独特的对美学批评与社会评论的融合,普尔集团的这些成员将英国特性以及特别是一种关于英国传统的观念展现为应对娱乐帝国影响的必要解药。

在《特写》的文章中,麦克弗森大胆地将有声电影构想成以美式英语为基础的新帝国主义,侵占了曾经似乎属于无声电影通用语言的领域。麦克弗森将有声电影称为"弑父"和"银幕上的军国主义",他解释说:"的确,它对于它的父母,就像是罗马所有的花言巧语对于智慧的希腊。"[51]对有声电影俄狄浦斯情节的能力的提及使人联想到不言而喻的英美关系。美国的帝国新贵形象在两次世界大战期间很常见,麦克弗森将这种形象转换为对好莱坞作为帝国的控诉。

第三章 娱乐帝国：两次世界大战期间英国的好莱坞

有趣的是，大英帝国一直以来被比作古罗马，而在此美国或者至少它的新的有声电影，则代表了对才智和传统的一种战斗性的打击。此外，有声电影的发明有时被想象为一种暴力行为。正如《特写》的一位投稿人所笑称的那样，似乎是为了回应英国限制好莱坞电影的配额，"美国人……发明有声电影作为报复"。[52]

布莱尔继续了麦克弗森的批判，在她《特写》上的文章"电影的危险"（"Danger in the Cinema"）以及分为两部分的系列文章"好莱坞密码"（"The Hollywood Code"）中，将其扩展为一种十分成熟的攻击。布莱尔，一个文学现代主义的支持者，甚至比麦克弗森更为清晰地将好莱坞展现为一种国家威胁。特别是，布莱尔解释道，因为看电影，英国的大众已经变成了"孩子"和"白痴"而只为银幕上米老鼠的滑稽表演投入精力。[53]尽管早前布莱尔还为了好莱坞而向众多贬低者进行辩解，但随着有声电影的侵入，她却断然宣称："好莱坞……不能创造艺术。"[54]相反，她断言，好莱坞会使英语观众的智力变得麻木，使他的"批判性的感知力……变得迟钝，缘于一种持续的只有好莱坞专属食品的饮食"。[55]在布莱尔这一揭示性的比喻中，好莱坞所烹制的乏味并且有毒的食物能够改变它的消费者。只要好莱坞的食物被摄入、被代谢并且成为人体的一部分，它就能够以它的形象重新制作现代事物。与此同时，布莱尔的比喻给出了从味觉到批判的一种轻松转换；毕竟，正是两次世界大战期间对品味分层的投入从而为布莱尔提出的区别提供了一个框架。

布莱尔对单个观众的担忧可以转化为对英国以及英国特性更为广泛的担忧。布莱尔坚持认为好莱坞为电影中的艺术敲响了丧钟，她解释说："形势变得越来越危急，电影作为一种艺术形式可能要消亡了，因为好莱坞可以非常轻易地将自己的标准强加于英国市场。"[56]由于20世纪20年代末期的经济危机，英国特别容易受好莱坞的影响："由于英镑大幅贬值，美国以相对很少的成本支付关税"，因此

被美国化的英国

就更加轻易地侵入英国。[57]布莱尔说，这造成的后果就是"其他外国电影将变得很少，而好莱坞的规则将支配英国的电影"。[58]布莱尔预测，美国人自己也会因为好莱坞的"低质量和低价值"而远离它，从而迫使制片厂只能指望"英国作为它们唯一能获利的市场"。[59]布莱尔不切实际且严峻的思虑让她对英国观众产生了一种毫不掩饰的反乌托邦印象——整个世界只有他们会蜂拥去观看最新的好莱坞电影。她将由好莱坞统治的未来描述成比吸血鬼诺斯费拉图还要可怕，这样的描述告诫她的英国读者不要悠闲地去看将使国家陷入这样一种命运的电影。

布莱尔对英国以及英国人民的担忧包含了一种特别的阶级内容：对英国中产阶级命运的担心。当英国的许多人对工人阶级观众表示关心的时候，越来越多的中产阶级也成了电影表演的消费者。在对好莱坞的谴责中，布莱尔试图通过诉诸于阶层优越感以劝阻中产阶级的影迷去电影院。布莱尔强调美国的中产阶级不看电影，她问道："我们的读者中有多少人知道美国的中产阶级既不看电影也不会讨论它们，就像在英国我们不应该讨论游乐园或者游乐园里的秋千一样。"[60]布莱尔进一步以美国中产阶级的相反实例劝诫英国观众：他们去剧院……而将电影院留给孩子或者没有特别技能的人，那些人的父母可能不会说英语。[61]布莱尔的观点的力量所依赖的想法不仅在于英国影迷可能转变成美国人，而且还在于他们可能会转变成"最糟糕的"美国人：下层的、没有受过教育的民众。布莱尔发自肺腑地呼吁理想的民族和语言的纯净性，她的警告也反映了其他相关的焦虑，担心好莱坞自身正在由东欧移民运作，他们进一步腐蚀了英国特性存留在美国的微弱痕迹。布莱尔最终指出，英国中产阶级正在走向堕落，并且正在加速英国阶级体系的瓦解。布莱尔出奇地附和了温德姆·刘易斯的担忧，而她与这位作家在其他方面则没什么共同语言，她将好莱坞的形象塑造成了对英国阶级体系的一种威胁，

第三章 娱乐帝国：两次世界大战期间英国的好莱坞

写入《特写》对本国制造的电影艺术的呼吁之中。

尽管布莱尔、麦克弗森以及《特写》的其他成员指责美国的有声电影，但他们却庆贺被宣传为英国第一部有声电影的阿尔弗雷德·希区柯克的《敲诈》（1929年）的上映。[62] 根据希区柯克自己的说法，他几乎同时摄制了电影的有声和无声的版本。[63] 不遗余力地确保角色听起来是英国口音。《敲诈》中一位出生于波兰的可爱女星安妮·昂德拉（Anne Ondra）没有给电影配音；而是由英国的女演员琼·巴里（Joan Barry）为昂德拉在银幕中的动作配上活泼、合适的对白。尽管麦克弗森不久前还将有声电影称为一种"怪物"和一个"弑父者"，但在提及《敲诈》时却极具民族自豪感："我既惊喜又感动地在英国电影中发现了无疑是我们见过的最好的有声电影。"[64] 麦克弗森对电影中以"琼·巴里为昂德拉小姐声音配音"的形式而展现的"高贵"的英国口音给予了特别赞美。[65] 在整个英国，电影评论家对新配音的《敲诈》的上映感到欣喜若狂。伦敦《泰晤士报》的一篇文章称《敲诈》"大获成功"，而电影制片公司英国国际影业"可能会感到自豪"。[66] 另一篇文章则强调了希区柯克的方式，他以这种方式"撇开美式传统的速度和刺激，为我们呈现了一部不妥协的'电影'"。[67] 这篇评论关注电影针对英国地点的利用——包括苏格兰场（Scotland Yard）的场景以及在大英博物馆持续的追逐戏——评论总结了这种许多人希望的方式，希望《敲诈》能以此"显著提高英国电影产业正在波动的股价"。[68] 麦克弗森以及其他人确定《敲诈》是一部能够无视美国的优势而为英国有声电影开辟道路的电影，然而，仅仅一部电影是不够的。更广泛地说来，《敲诈》不仅激发了英国对于制作深受喜爱的单个电影的渴望，同时也激发了他们对于一种能够取代美国有声电影的国家电影传统的渴望，并希望可以通过听起来是英国口音的方式而成功地建立起这种传统。

被美国化的英国

缺失电影的实例：英国电影传统

尽管有《敲诈》以及希区柯克作品的成功，法国新浪潮电影导演弗朗索瓦·特吕弗（Francois Truffaut）仍然做过出名的嘲讽，说"英国"与"电影"这两个词互不相容。[69]为了回应这样一种不公正的名声，当代英国电影评论家煞费苦心地指出了两次世界大战期间英国电影，特别是在电影法令的保护下，满足英国公众需求的诸多方式。劳伦斯·纳珀认为，两次战争期间的英国电影构成了一种"中等品味"的艺术，以好莱坞永远不可能的方式向英国公众进行述说。同样，萨拉·斯特里特也指出了所谓的配额快片的相对流行：为规避电影配额而与美国公司合作的制作迅速而且往往成本低廉的英国电影。[70]尽管如此，在20世纪二三十年代，《特写》仍然预示了特吕弗所表达的那种轻视，所显示的那种对于吸引人的英国影片的缺乏的念念不忘。在《特写》中，H. D. 警告她的英国读者："最后其他国家将不再以过去的且消失了的特拉法加海战（Trafalgar）来评价英国，对于一个在电影方面表现如此之少的民族是不会有任何期待的。"[71]根据H. D. 的想象，电影是新的特拉法加海战。它代表了一场英国必须胜利才能维持在世界上的地位的战争。然而，英国政府在某种程度上受民族自豪感需要的驱使设定了电影配额以及各种各样的电影机构，《特写》中的许多人对于据此而定制的银幕上的英国电影所感到的仅仅是绝望。[72]这些电影大部分无法获得广泛的支持，同时还让电影发烧友中的精英圈失望不已。伊丽莎白·马多克斯·罗伯茨（Elizabeth Madox Roberts）在第一期《特写》中总结了一种普遍的情感："老天啊，老天啊，这些英国电影。"[73]布莱尔以她特有的克制强调，她"对英国电影的体会一直都不是令人振奋的"。[74]

H. D. 对特拉法加以及英国过去辉煌的军事历史的引用，揭示了《特写》对于英国电影忧虑状态的一种准确认知。在所有各期的

第三章 娱乐帝国：两次世界大战期间英国的好莱坞

《特写》中，投稿人借用"传统"将他们对英国电影的渴望与英国的过去联系起来，表明了他们对这种新的艺术形式作为延续英国过去的辉煌的希望程度。据经常向《特写》投稿的罗伯特·赫林（Robert Herring）所说，只要英国人能够发展他们的电影业，他们就可以提供独特的国家特性："比如说，克制、理性，或许品味也算一个，以及传统。"[75] 而从另一个稍微不同的角度来看，《特写》的美国记者克利福德·霍华德（Clifford Howard）认为，美国有声电影"使英国那些自认为有义务守护英国传统和礼仪的人面临极为严峻的境况"。[76] 霍华德对英国担忧"'美国'语言对经典英语的影响"持怀疑态度，他深刻地指出为了对抗美国电影的侵蚀而愈来愈依赖于对传统的守护。[77] 似乎有一些矛盾的是，这种对英国更全面地参与一种崭新的艺术形式的要求却与传统和过去融合在了一起。然而，根据H. D. 为《特写》记录的非常明确的民族主义逻辑，正是这种必不可少的传统观念才能在好莱坞的时代保持英国过去的辉煌。

对"传统"这个正消失于电影发展中的元素的这种紧抓，是一种令人痛心的意识形态转变的症状：英国从作为先进和现代的概念转变为传统和沉浸在遗产中的概念。电影造成了这种转变，因为它对整个体系造成了猛烈的冲击：当英国依然保持19世纪末的观念将自身视为世界上最强大的帝国之一的时候，它却未能知情地在其本土市场中掌控电影这个新兴媒介。英国电影不仅在大部分的艺术价值方面悲哀地落后于欧洲电影，它还将对帝国的宣传甚至英语语言的控制也让给了美国人。这样的失败产生了一种认同危机，使得英国人的民族特征中的一方面，也就是它与传统和过去的令人尊敬的联系，转变成为似乎拥有新奇、现代和进步的美国特征的对立面。正如T. S. 艾略特关于传统作品造成的影响所证明的那样，部分植根于英国的现代主义计划产生自与过去再连接的渴望。极具讽刺意味的是，20世纪30年代的好莱坞本身就已经接受了英国特性与传统、

被美国化的英国

礼节以及辉煌过去的联系,当时好莱坞亲英派的电影开始突出英国的传统主义与礼节,而这种传统主义与礼节一定程度上出现在应对好莱坞的反应中。[78]尽管一部分英国人长期以来一直认为传统和过去的价值高于进步和新技术,但令人感到辛酸的是,这种对于传统的强调突然被应用到了电影的新技术中。通过对英国的声望产生威胁,美国电影的优势地位帮助增强了英国现代主义的核心意识形态:对新的艺术作品的渴望将仍然牢牢地植根于过去。

艺术、现代主义与小众的观念

《特写》渴望看到英国电影在世界舞台上获得自己的位置,这种渴望在一定程度上产生于对电影作为那个世纪新的艺术形式身份的一种虔诚信仰。在《特写》的首篇社论中,麦克弗森表示其深信电影将"成为现代的艺术"。[79]在将这种艺术和娱乐进行区分的尝试中,麦克弗森借用并延伸了文化中的一个概念,即小众观众。在早期的《特写》中,麦克弗森就解释了杂志培养能将电影视为一种艺术形式的观众的计划:"我们关心的不是大众,而是小众——再重复一遍,是数百万人中的一个小众,——他们的品位被忽视了,但他们的品味却极其重要而必须对其进行研究。"[80]麦克弗森在此提出的"数百万人中的小众"让他露了马脚。如果电影观众中存在一个小众的话,那它也是某种令人尴尬的"大"的小众,这个小众将开始揭示出美国娱乐对这种品味分层带来的压力。

即使面对观众的令人难以置信的比例的时候,麦克弗森渴望坚持小众的概念取决于他对区分大众和小众的投入。他表现出一种宽宏大量,只要小众仍然能欣赏电影艺术,他就不会对大众所观看的糟糕电影表示不满。通过这种假装的(虚伪的)宽容,麦克弗森将自己与其他多数小众区别开来,这些"众多的"有教养的怀疑论者将好莱坞当作谴责所有电影的借口。[81]尽管麦克弗森自信地运用大众

第三章 娱乐帝国：两次世界大战期间英国的好莱坞

与小众这样的词汇，但他笨拙的"数百万人中的小众"以及他自己相对于"众多"电影怀疑论者的这个小众，却填满了分类的接缝处。这种不均衡的衡量范围表现为各个方面，在这些方面小众与大众并非完全不同并且前后区别一致的群体，而是各个方面相互渗透、互相重叠的。譬如，当麦克弗森似乎将自己视为艺术小众的一员时，他却偶尔也支持诸如《敲诈》这样对广泛大众有吸引力的影片。正是因为对电影属于艺术还是娱乐的区分如此朦胧、腐蚀和模糊，使得小众电影观众这个具有感召力的概念才显得似乎如此必要。与沃尔特·本杰明后来所确定的亲近大众作为电影的固有潜质几乎完全相反，麦克弗森对好莱坞的现代主义式的回应在于，最终在大众电影与有品位的小众电影之间发明了一条分界线。

从更广泛的意义来看，《特写》对"大众"与"小众"概念的投入，是作为对20世纪早期电影的出现如何对品味的分层进行强化和破坏的一种回应。电影成功地创造了新的大众观众，其庞大规模和全球范围都超过了某种特定语言的读者。然而，《特写》的投稿人却经常将电影展现为与文学相似的另一种艺术形式。[82]用布莱尔的话说："往往是那些有才智的小众读者成就或者抛弃一位作者，就像也是有才智的小众最终将成就或者抛弃电影一样。"[83]如同麦克弗森一样，布莱尔也相信文化精英有必要赋予单个电影的价值。鉴于《特写》将自己宣传为第一本"从艺术的角度研究电影"的英语期刊，它将"自己"呈现为一个能够确定审美价值的小众。[84]从延伸的角度来看，《特写》必然较小的读者圈也可以将自己当作这种选择的小众。尽管麦克弗森可能希望达到他的"数百万人中的小众"，但《特写》的小众读者无论如何在结构上都是与观看好莱坞电影的大众观众相对立的。

大约在《特写》发行期的中间阶段，期刊经历了一次冲击，使它拼命地将其对电影艺术地位的关注与对电影和国籍的关注联系在

被美国化的英国

一起。这个冲击在很大程度上是英国人对麦克弗森的获奖电影《偷情边缘》(*Borderline*)(1930年)的消极反应。作为一部麦克弗森自编自导的无声电影,《偷情边缘》由美国黑人歌唱家与活动家保罗·罗伯逊(Paul Robeson)、他的妻子埃斯兰达(Eslanda)、H. D.、布莱尔以及英国演员加文·亚瑟(Gavin Arthur)出演。[85]虽然将《偷情边缘》制作成无声电影有务实的和经济的原因,然而,具有讽刺意味的是,麦克弗森选择罗伯逊这样一位著名而令人敬畏的歌唱家来主演一部无声电影。鉴于麦克弗森对美国有声电影的反对,《偷情边缘》使一位"美国"歌唱家沉默倒也特别合适。以越界的方式对待种族之间的关系及其非线性的和抽象的形式试验,《偷情边缘》违反了好莱坞电影的惯例。因此,将成为麦克弗森的电影典范的以及下一步在演变中的英国电影传统,从一开始就包含了一种将其自身定义为反对当今大众娱乐的渴望。

《偷情边缘》的故事设于瑞士的一个村庄,影片讲述了一个混乱的跨种族三角恋关系,这种三角恋激发了强烈的嫉妒并导致了悲剧的结局。无论是从它的主题还是试验性的电影摄制技术来看,《偷情边缘》似乎能够吸引麦克弗森所想象的"小众"的电影行家。然而,真正的电影行家,至少在英国,并没有对电影留下很深的印象。影片于1930年10月13日在伦敦首映之后,《偷情边缘》就被评论家、知识分子忽略了,甚至根据麦克弗森的说法,他的朋友也对它不予理会。《偷情边缘》在欧洲的接受程度稍微好一些,而很可能由于影片中的跨种族内容使其在美国被禁止放映,但正是由于英国观众对影片的消极接受激发了布莱尔与H. D.联合起来为麦克弗森辩护。[86]他们认为,对《偷情边缘》的排斥体现了英国正在变得美国化的程度以及被好莱坞电影毁坏的程度。对于这种国家的痼疾而言,恰当的补救不仅在于建立一个英国电影传统而且在于建立一个自觉的现代主义的电影传统。

第三章　娱乐帝国：两次世界大战期间英国的好莱坞

为了回应《偷情边缘》在英国的消极接受，H. D. 出版了一本冗长的小册子，通过将《偷情边缘》与当时盛行的大众电影进行对比来为麦克弗森及其电影展开辩护。通过引用麦克弗森镜头背后的精湛技艺，H. D. 指出："摄影机从很大程度上来说是怪物们的财产，就像荒原中的三只戈耳工，* 它们拥有珍贵的遗产，它们只有一只人类的眼睛。"[87] 她含蓄地问道："难道要笨拙地说麦克弗森先生及其年轻的同事，只是有点儿像那个从一群淌着唾液的恶毒的怪物手中夺走眼睛的珀尔修斯吗？"[88] 无法察觉到对麦克弗森具有吸引力的丰富和复杂的这群"淌着唾液"的独眼怪物，正是那些主要或者全部来自好莱坞并且掌控着英国大部分电影的大型制片公司。H. D. 对这些怪物掌控摄影机的情景感到遗憾，她毫不难为情地将她的神话比喻引向一个傲慢的结论：麦克弗森及其"年轻的同事们"，包括 H. D. 自己，是对抗好莱坞戈耳工的英雄，被赐予了远远超出整个电影行业的一种艺术眼光。当然，H. D. 稍稍打乱了这个神话：是戈耳工的姐姐格赖埃（Graeae）的单独和共用的眼睛被珀尔修斯夺走了。然而，在她零碎的神话中，H. D. 对大众电影进行了双重抨击。首先，在她对字母被大写的格赖埃单个"眼睛"的着重影射中，H. D. 谴责制片公司共用单一的和标准化的观念，以及隐藏着的对于同一性的巨大投入往往与好莱坞日益加剧的霸权主义联系在一起。其次，通过援引戈耳工，H. D. 幽默地暗示那些盯着大众电影看的观众将在比喻意义上变成石头，他们的感知会变得粗俗，而他们的批判能力也将变得迟钝和呆滞。

H. D. 的比喻不仅从神话的潜台词中，也从对当时著名的文学成就的典故中汲取了力量。她将电影的背景视为"荒原"，让人们想起艾略特对于现代生活的处理手法，她对独眼的表现让人想起《尤利

---

* 蛇发女妖三姐妹。——译者注

被美国化的英国

西斯》中怪物般的基克罗普斯（Cyclops）。当然，像乔伊斯和艾略特一样，H. D. 也因将神话故事加入其对现代生活的处理手法中而闻名。然而，这里她却让当代作品提供它们自己的神话，将它们对现代生活的评述转化为她对大众电影的批判。正因为如此，H. D. 含蓄地将麦克弗森比喻成珀尔修斯般的英雄化身——他对大众电影的反抗——置于一个独特的现代主义传统之中。在整个小册子中，通过提及麦克弗森"十分细致的达·芬奇式的现代主义"（Leonardo-esque modernism）[89]以及《偷情边缘》的"简练的现代主义抽象概念"，H. D. 将麦克弗森及其电影与现代主义联系在一起。[90]虽然在两次世界大战期间"现代主义"这个词具有广泛的含义，而这里 H. D. 对这个词的运用指的是崭新的并且与经典艺术相结合的先锋派美学。[91]通过明确的表达和委婉的隐喻，H. D. 将麦克弗森与现代主义联系在一起，她认为实验主义本身就可以扮演珀尔修斯的角色，而且只要被赋予这样的机会，现代主义也能将英国从大众电影中拯救出来。

作为 20 世纪早期对电影的思考，《特写》是有代表性的，由于它展示了现代主义的意识形态如何依赖于大众与小众的概念——不是因为这些是严密而完美的分类，而因为它们不是严密而完美的。乔伊斯的《尤利西斯》、斯坦因的实验诗歌以及毕加索（Picasso）的立体主义：所有这些在最初也只吸引了少部分人，而且在一个易于广泛接近大众形式的时代，这些似乎在许多方面就是为了吸引小众而设计的。关于现代主义者是否将他们的个人作品定义为反对大众文化已经有许多著述，而对于《特写》的关注让我们将焦点从大众娱乐与现代主义美学之间的硬性划分转向一种划分的意识形态，这种意识形态只能部分反映艺术家与观众之间的实际情况。将《特写》作为一个案例进行研究，就可能在对好莱坞的反应中追踪这种意识形态的发展。在将美国娱乐帝国解释为可怕的威胁和平庸的对手的过程中，《特写》的核心撰稿人们最终揭示了支撑他们在两次世界大

第三章 娱乐帝国：两次世界大战期间英国的好莱坞

战期间的品位分层的重要的民族主义。

传统重临：好莱坞中的英国

《特写》对于好莱坞的破坏性的极度担忧将永远都不会被理解，而它对一个活力充沛的英国电影的现代主义的希望也永远不会被理解。整个20世纪30年代，虽然英国电影在配额的帮助下得到了实质性的增长，并且重新获得了国内市场中越来越多的份额，但好莱坞的影响及其流行却仍在继续。《特写》在1934年的最后一期发行之后的一段时间见证了，英国导演卡罗尔·里德（Carol Reed）的出现，以及迈克尔·鲍威尔（Michael Powell）与艾默里克·皮斯伯格（Emeric Pressburger）具有影响力的合作伙伴关系，也见证了阿尔弗雷德·希区柯克1939年迁至好莱坞，以及从英国和欧洲不断被吸收进美国电影业的人才。甚至连奥尔德斯·赫胥黎也在写完《美丽新世界》（1932年）的几年后移居美国为好莱坞写剧本。1939年，赫胥黎出版了一部讽刺小说《许多个夏天以后》，描写了一个英国书卷气的知识分子眼中的肤浅且崇尚年轻的南加利福尼亚州。不到十年以后，伊夫林·沃在一次前往好莱坞的旅行之后，受到感动而创作了一部关于南加利福尼亚州的更加阴暗的讽刺小说《所爱的人》（*The Loved One*，1947年），小说场景主要设在一个俗艳的宠物墓地里。这两部小说将作为进一步研究的案例，它们展示了抵制好莱坞的文化计划的英国文学遗产的重要性。

好莱坞吸引了那个时期英国最才华横溢的两位讽刺作家的注意并不奇怪。然而，有趣的是两部小说为进行他们犀利的文学批判而对一种惊人相似的跨大西洋对比的方法的依赖程度。每部小说都跟随一位有丰富文化素养的英国人来到南加利福尼亚的异国环境。此外，两部小说都结合英国传统与文学遗产，将英国特性表现为好莱坞的对照。这些小说以异常清楚的方式反映了，始于两次世界大

被美国化的英国

期间的针对好莱坞的范例而重新定义英国身份的过程。在沃进一步扩展的论述中，英国已经变成与好莱坞相关的"一个殖民地民族"的感觉被引至滑稽模仿的极端。尽管麦克弗森可能对英国电影的前卫派抱以很高的期望，但这些具有讽刺性的描述却基本上将英国特性想象为一种"后卫派"（arrière-garde）；也就是，将对历史与文学传统的一种保守主义的怀抱作为抵抗占据统治地位却又品质低下的文化的一道屏障，这种文化似乎能让英国人感觉自己像殖民地居民。[92]

在当时的术语中，好莱坞的外国导演和编剧经常被称为属于诸如"英国殖民地"以及"瑞典殖民地"等的殖民地。这种用语听起来似乎让人觉得欧洲人终于征服了加利福尼亚的一块地方，而事实它们指向的恰恰相反：这些被雇用的外国人才已经成为任由一种统治力量摆布的被殖民者。伊夫林·沃在《所爱的人》中嘲弄了这种逆转，聚焦于好莱坞对英国身份概念的影响，也揭示了对英国文学传统的信奉如何取代对一个步履蹒跚的大英帝国优越性的信奉。《所爱的人》的幽默建立在它对英国特性面对好莱坞时的重塑的深入理解的基础之上。与此同时，《所爱的人》改写了英国殖民的小说，通过将大英帝国的意识形态置于新的英美关系背景下进行重新描绘而开拓其通用的惯例。

《所爱的人》的故事开始于一个极度模仿的殖民地环境：难以忍受的炎热、"棕榈叶铁锈色的边缘"以及"从旁边的当地人的小屋里传来的不停歇的音乐节奏"。[93]在这样的场景中我们遇见了两位英国人，"每个人都拿着他的威士忌、苏打水和过期的杂志"，他们是殖民统治者老套的化身，与他们所谓的文明相隔绝。然而，这些英国人并不在南亚，而是在南加利福尼亚；他们不是维持帝国最后一口气的统治者，而是在好莱坞等待被雇用的绝望的编剧。[94]在这个场景中，伊夫林·沃标志性的幽默通过突然揭露的一种权力的交叉倒转

第三章 娱乐帝国：两次世界大战期间英国的好莱坞

而出现：似乎做好统治者准备的英国人却发现自己正任由电影公司摆布。沃讽刺英国人帝国态度的固执：譬如，他们鄙视一位退出了电影殖民地转行到酒吧工作而变得"完全本地化"的英国同胞。[95]与此同时，沃也揭示了美国形势如何彻底地打断和阻碍了英国帝国主义的惯常叙事。尽管为好莱坞工作的英国人中有几位已经被授予了爵位，但相对于他们的君王他们似乎更加臣服于电影公司的暴政。譬如，其中一位爵士发现自己完全受电影公司主管的操纵，他们记得他存在的时间正好足够解雇他。事实上，当另一位曾经的爵士将他们的处境与在非洲的英国人的处境进行对比时，他有些遗憾地说道："不幸的是，我们在这里没有任何这样的权利。"[96]沃的描述指出，这些英国爵士在娱乐帝国中没有明确的地位。

伊夫林·沃的主角，年轻的英国人丹尼斯·巴罗（Dennis Barlow），所经历的辛劳更深层地展示了这种对英国的帝国故事的讽刺模仿。鉴于英国人在好莱坞没有"权利"或者权力，仿佛生活在一个老化的"电影殖民地"中而任由虚构的巨人摆布，即大都市电影公司的摆布，他们只能求助于他们英国身份的无形遗产。这些移居海外的人不仅行为光明正大，拒绝支持任何偏离于老套的英式行为标准的行为，而且特别是巴罗则代表了英国抵抗好莱坞的传播和力量的最后一道防御：英国文学。巴罗来到好莱坞"为电影撰写雪莱的生平"，但他却发现自己为一个宠物墓地工作，叫作"更快乐的猎场"，难以忍受的伤感祈祷和诗歌是墓地的特点。[97]最终，凭借对英国文学各种不同的鉴别，巴罗让自己重新成为了一个非常英国式的重要人物。

通过巴罗这个人物形象，沃认为如果英国不再代表进步与未来，那么它应该转而从其身份中的另一方面寻求慰藉，也就是它与文学传统长久以来的联系。为此，巴罗通过将自己扮作一位重要的英国诗人而向一位天真性感的美国女孩进行讽刺性的求爱，更令人无法

141

被美国化的英国

容忍的是,他还假装自己创作了那些英语诗歌中的经典。巴罗剽窃《牛津英语格律诗选集》(Oxford Book of English Verse)——他在美国的珍贵财产——为了给他那毫不怀疑的对象写情书。从表面来看,这个场景的幽默不仅来源于这个美国女孩对英国文学惊人的无知,也在于巴罗大胆地选择越来越著名的诗歌;最后,他在"我会将你比作夏日"这句诗的后面签上了自己的名字。但这场求爱也包含了一种寓言的味道。通过把自己的名字放在那些由牛津大学收入英语格律诗歌选集中的伟大作品之后,巴罗在被好莱坞拒绝的瞬间马上对英国的文学传统产生了认同感。沃认为,也许巴罗和他的英国同胞在美国没有任何权力或者权利,但他们至少还有莎士比亚的十四行诗。这种对英国文学想象的依赖让人联想起两次世界大战期间英国出现的普遍倾向,就是在面对好莱坞的威胁的时候唤起了人们意识到英国文化遗产的伟大,特别是文学遗产。

这种对英国特性的重新定义,在赫胥黎讽刺南加利福尼亚的小说《许多个夏天以后》中完成得甚至更为明显。整部小说滑稽地模仿了富有而年老的乔·斯托业特(Jo Stoyte)自负的过分行为,这个角色模仿了威廉·兰道夫·赫斯特(William Randolph Hearst)这位专横的资本家和美国帝国主义者,他为后来的《公民凯恩》(Citizen Kane)提供了原型。[98]斯托业特的女友这一角色以好莱坞新星玛丽恩·戴维斯(Marion Davies)为基础,斯托业特邀请我们的男主角、羞怯的英国学者博德利(Bodley)到他海边的宅邸。博德利拥有稀有的受过牛津剑桥教育的言语方式——他的名字仿效托马斯·博德利爵士,与博德利图书馆同名——抓着他的雪莱全集到达了好莱坞。他体现了对洛杉矶肤浅的自满感到震惊和备受打击的英国知识分子形象。尽管博德利与巴罗不同,不是被雇用来创作一部关于一位英国诗人的剧本的,但他却依然通过与诗歌的联系来定义自己。一个英国人来到好莱坞,随身带着一本仿佛盾徽一样的浪漫诗歌,这个

第三章 娱乐帝国：两次世界大战期间英国的好莱坞

富有寓意的画面是作品的一个精炼的视觉总结，说明文学的确服务于一个国家的形象。在新的大规模复制媒体的背景下，十四行诗已经取代了刀剑。同时，正如伊夫林·沃相关的滑稽模仿作品所阐明的，现代英国爵士希望的不是别的只是为好莱坞工作而已。

1937年横跨大西洋之后，赫胥黎花了几年的时间为好莱坞编剧，也许遵照了他自己的名言："不论好坏……世界必须被美国化。"[99]有趣的是，赫胥黎为好莱坞付出的劳动并没有必然地改善他对这个产业的意见。相反，赫胥黎的移民身份使他讽刺性的反思几乎与沃相同：他不仅观察到英国的权力正向大西洋彼岸它富有的前殖民地滑去，同时也认识到针对好莱坞的范例，英国身份的意义正在进行防御性的重新构建。

当赫胥黎1940年为米高梅制片公司合作撰写剧本《傲慢与偏见》（Pride and Prejudice）时，他成为这种重新构建的参与者，该影片由葛丽亚·嘉逊（Greer Garson）和劳伦斯·奥利弗（Lawrence Oliver）主演。正如电影的开篇场景所示，《傲慢与偏见》的背景设置在那个怀旧的被简称为"旧英国"的年代和地点。赫胥黎的旧英国与凯恩斯的快乐英国听起来很相似，当然除了在这个故事中，旧英国作为美国国内的一个商品被制造了出来。在凯恩斯的演讲中，"快乐英国"是那种受到好莱坞威胁的怀旧的构想；而在赫胥黎的电影中，旧英国事实上只被构建为好莱坞的一个电影背景。《傲慢与偏见》充满了这个古怪的旧英国的杂乱无章的姿态，从生气勃勃的荷叶边裙子到不和谐的罗宾汉式的恶作剧，至少在一个不大可能的腼腆的射箭练习的场景中，当伊丽莎白·班内特（Elizabeth Bennet）的弓与箭让达西（Darcy）先生为之倾倒的时候是这样的。

旧英国因此在新好莱坞继续活着，被束缚在一种永恒的怀旧之中。赫胥黎的《傲慢与偏见》是这样一个幻想，它交织着小说的男女主角；交织着弓与箭；铺着泥泞的鹅卵石路的村庄里满是质朴的

被美国化的英国

书商、身披制服的侍从和穿着大裙子的妇女。无论是赫胥黎的《傲慢与偏见》，还是当时好莱坞众多其他亲英派的历史影片，在银幕上刻画与重现这种旧英国的行为时都有一种令人产生悲悯共鸣的力量。"旧英国"还没有真正消失，因为它从未存在过。相反，它是在美国娱乐帝国之内以及反对娱乐帝国的过程中创造的。令人好奇的是，好莱坞漫不经心地希望称赞有些人所感觉的它已经摧毁了的东西。然而，同样合适的是，在对这种幻影的过去感到已经完全无法挽回之时——就连怀旧也没有能力召回它——它通过技术得以再现并传播到了英语世界的广大观众之中。

因此，赫胥黎的《傲慢与偏见》同时反映并倒转了凯恩斯对于好莱坞的死亡之愿。正如凯恩斯曾说："让快乐英国的每一部分以自己的方式快乐下去吧。"[100]这在很大程度上就是好莱坞所做的：一个重新塑造的对于快乐旧英国的渴望，无论是在好莱坞电影的世界中或是恰恰通过它的不存在。凯恩斯对于快乐英国"每一部分"的地方特性的呼唤源于这样的感觉，即好莱坞不是地方的而是大规模复制的休闲消遣的标志和最远的决定因素。对于现代世界的这样一种理解在赫胥黎最著名的作品中也有同样的体现：他对一个丧失了人性并且正在进一步丧失人性的美丽新世界的想象。凯恩斯的演讲体现了对于即将到来的特别美国式的新世界的一种反抗。这是重新创造英国的一种反抗——它的艺术、遗产和现代主义——反抗一个似乎由美国统治的新世界，一个正在改变全球主义类型和范围的新世界，以及一个出于许多五花八门的原因而喜爱看电影的新世界。

第四章　以英语为例：
F. R. 利维斯与现代英国的美国化

雷蒙德·威廉姆斯（Raymond Williams）曾讲过一个他与利维斯一起在剑桥大学任教期间发生的故事。那是1961年，学校召开了一次会议，讨论新开设一门小说课程的事宜。威廉斯回忆道："会上出现了一个重大的争议……争论的焦点在于考卷是只能出关于英国小说的内容，还是所有小说都行。（利维斯）只赞成英国小说。但大部分人都反对他。"[1] 在利维斯表明拒绝包括欧洲小说之后，部分原因在于翻译的困难，一位委员会成员提出了一个进一步的问题："那么美国小说呢？比如，福克纳的作品。"[2] 威廉斯写道：

> 在这个关头我不得不将自己按在椅子上。我清楚地记得利维斯接下来所说的话以及说这话时的情绪：在争论中有一种强烈的愉悦感，但也具有令人惊讶的说服力。"福克纳！"利维斯说，"一战后当美国人开始涌入欧洲时，他们必须有一位伟大的小说家。福克纳就是他们所选择的人。"当时，没有一个人知道后面该说什么。[3]

这不仅仅是对一位重要的美国作家的武断否认。而且，威廉斯的这个故事是为了强调利维斯在其最早期作品中所反映出来的反美情绪。尽管这种情绪看起来与冷战期间人们对美国文化霸权的普遍担忧一样,但利维斯的担忧情绪却可以追溯到两次世界大战期间。[4] 不仅如此,对美国的这种反应不是基于深层的不安全感之上的一种装饰性的宣扬,而是扎根于利维斯文学和文化理论的核心。利维斯的批评者们在很大程度上忽视了他对美国的充分论述,作为利维斯在文化分析中的一个方法的是依赖于美国的实例以及跨大西洋的对比。他借由"美国化"一词——"标准化"的一个大概的同义词——从各个方面揭示了"大众文明"的民族潜质,这在两次世界大战期间对英国造成了威胁。利维斯自视为英国特性的捍卫者,一个坚持以自己的作品和文化遗产表现批判姿态的形象,这种形象源于他的民族主义计划之下的跨大西洋的关系和反应。尽管利维斯被当作高雅文化、精英以及英语的捍卫者来铭记,但这些论述因是在美国化和跨大西洋比较的双重进程中产生的而具有重要的意义。

在讨论利维斯的作品之前,值得一提的是,关于利维斯拒绝福克纳的故事一种进一步推测是,源于雷蒙德·威廉姆斯对这一奇闻逸事的复述。作为一位在文化研究中通常被认为与利维斯立场相反的学者,威廉姆斯踊跃地对利维斯的高等文化的意识形态表示反对,但是他也承认了利维斯的教学目标和方法的巨大影响。尽管利维斯被各方称为20世纪英国文学批评的"天才"以及"最具影响力的个人",但他也被指责具有"破坏性的傲慢和怀疑"特征,是一个开除不认真学生的"倔强老头"。[5] 简而言之,利维斯在推动英语作为一门学科的发展历程中,占据着充满争议但又无可否认的地位。在将重心置于教育学著作和社会批判的过程中,显然利维斯在促进英语作为一门科学的发展方面发挥了具有影响力的作用,这源于他对设立一个让英国免于被美国化的研究领域的愿望。利维斯的反美主义对于文化研究也产生了引人注目的影响,对理查德·霍加特(Richard Hoggart)1957年所著的划时代的作品《识字的用途》(*The*

第四章　以英语为例：F. R. 利维斯与现代英国的美国化

Uses of Literacy）就产生了这样的影响。在其整个事业生涯中，利维斯不仅迅速将美国文化用作英国现代化的一个代名词，而且最终在他对英国特性的反动构建中，以及在他将此举在全国进行普及的尝试中都依赖于美国的实例。

利维斯与美国化的威胁

从他最早出版的一本名为《大众文明与少数人的文化》（Mass Civilisation and Minority Culture）（1930 年）的小册子开始（后来收入 1932 年出版的《为了连续性》[For Continuity]），利维斯就将文学与社会表现为互为组成部分的，这促使他极其严肃地做出了只有文学批评能够拯救现代英国的论断。[6] 利维斯的小册子一半是阿诺德式的慨叹，一半是施本格勒式的赞美，宣告了社会对于受过教育的精英或者"少数人"的渴求，这些人能够地对文学进行足够猛烈的分析，从而将英国从通俗小说、广告以及蓬勃发展的好莱坞的霸权中拯救出来。在小册子中，利维斯通过"一种非凡的人类学工作"举出了关于标准化和机械文化的主要例证，即写于 1929 年的《中间城市》（Middletown）。[7] 然而，《中间城市》里的当地人并非英国人而是美国人。[8] 利维斯为他的选择做了如下辩护：

> 对此，有人反映说中间城市是在美国而不是英国。诚然，在美国所发生的变化更为迅速，并且变化所导致的影响也因为民族融合而得以增强。然而，英国和整个西方世界也在展开同样的工业化进程，并且以一种加速度在发展。[9]

在此，美国在物质意义上是具有典范性的：它是现代化和进步的化身，这种进步已经开始改变英国。为此，利维斯将对美国的人类学调查结果展现为对英国未来的一种短暂预言。然而，这却是一

被美国化的英国

个引起对美国关注的未来,可以先发制人。对此,利维斯解释说:"我们正在被美国化,而似乎作为一种规则,再次成了一种对此理解甚少的老生常谈。经常在提及美国化的时候,仿佛它是某种美国犯有罪过的事情。"而事实上,这是英国的标准化和进步的支持者所愿意推进的事情。[10]利维斯在早期作品中反复以《中间城市》作为一个检验标准;在与他以前的学生丹尼斯·汤普森(Denys Thompson)合著的《文化与环境》(*Culture and Environment*)(1933年)中,利维斯简洁地指出《中间城市》是"对于瓦解过程的一种叙述"。[11]与此同时,他还将《中间城市》与乔治·司徒特(George Sturt)所著的《车轮作坊》(*The Wheelwright's Shop*)(1923年)并列起来,他对后者进行分析并视其为对遗失的工匠村的英国特性的一首赞歌。

将《中间城市》与《车轮作坊》进行对比是很合适的,因为正如利维斯在《大众文明》(*Mass Civilisation*)中所阐明的那样,美国中产阶级瓦解的标志之一是汽车的出现。利维斯严词辩论道:"我们详细地了解了汽车(以此为例)如何在几年的时间内彻底地影响了宗教、分裂了家庭并且改变了社会风俗。"[12]在《大众文明》的结尾对亨利·福特进行论述的部分,汽车问题再次被援引为典型例证。福特对于由机器控制的未来世界所做的以事实为依据的讨论——"难道在未来的某个时间,机器不会变成全能而人类变得无足轻重吗"——总结道,人们"不需要担忧"未来。[13]在辩驳中,利维斯抒发了自己的心愿,希望"我们对于种族所赋予的最为重要的价值太多而最终没有被放弃,并且机器仍然只是被当作一种工具"。[14]对福特哲学以及他所谓的"官方版的福特传奇"的排斥,并没有使得利维斯像其他许多20世纪30年代的作家那样去拥护共产主义。[15]相反地,以一种引人注目的意识形态的融合,他解释说马克思和福特两条路径都会将人引向机器,并且否认了在两者之间做出选择的任何必要性。[16]对利维斯而言,需要信奉的首要的意识形态是英国特性。

第四章 以英语为例：F. R. 利维斯与现代英国的美国化

在对英国特性的颂扬中，利维斯反复地提到了他所认定的英国特性的对立面：在美国可以看得最清楚的现代化和进步。在《文化与环境》中，利维斯直接将美国的实例引入了他的教学法中。他设想将《文化与环境》作为高中和文法学校的教师用书。然而，这本书并没有详细说明课堂教学方法，而是再次论述了他对文化的主要忧虑，尤其是对标准化和大众文化的忧虑。《文化与环境》明确地将"文学教育"当作所有已经遗失的文化的"替代"，这些文化包括英国"民歌、民间舞蹈、科茨沃尔德农舍和手工艺品"，它们象征着"拥有其所包含的活生生的文化的有机社会"。[17]年轻一代所面临的威胁，不是他们将失去与英国科茨沃尔德农舍的有机过去的连结——那已经失去了——而是他们将忘记如何对它进行适当的怀旧。向他们灌输英国特性的最直接的办法是帮助他们抵御最坏的，也就是最现代的、美国人的特质。利维斯利用《文化与环境》中的练习对他们进行教育的尝试，揭示了他对美国的比喻性的依赖比在《大众文明》中更加清晰。在殖民研究中经常被提及的一个故事是，托马斯·麦考莱（Thomas Macaulay）在1835年所提出的公务员考试，旨在通过文学研究形成关于英国的主题。[18]然而，麦考莱是直接将目标指向英国文学，而利维斯则想通过美国的负面实例对中小学生进行关于英国特性的教育。文学研究是利维斯毕生的工作，但他的文化保护计划却取决于美国作为实例的教育价值。

因此，《文化与环境》没有详细论述文学，而是对利维斯所谓的文明进行了批判。出于这个原因，该书被分成了几个简短的分析章节，其标题分别为"广告"、"水准的降低"以及"闲暇的用处"。在作品的结尾部分，这也许是全书最奇特的部分，利维斯和汤普森提出了一系列用于课堂上的练习方法。这些在校练习的类型完全符合利维斯的意向，因为它们为利维斯提供了一个接触并因此拯救大众的媒介。这些练习不是要求学生阅读或分析文学；相反，它们聚

被美国化的英国

焦于现代文化，并且通常明确关注于美国文化。练习本身在极大程度上是异常武断的；只有一种合适的答案。譬如，利维斯要求学生对广播播放的"布鲁斯"音乐与"受教育家庭"在晚饭后所唱的"复杂的伊丽莎白时期的主调合唱曲"进行对比，鼓励他们选择在客厅播放英国音乐，而不是通过无线电播放低劣的美国爵士乐。[19]另一种练习将美国人本身作为研究对象："'在15年的时间里，美国人基本上已经从一个居家的民族变成了一个汽车和电影的民族。'随着这里所描述的变化而随之发生的其他变化是什么？"[20]由于这些人种学学科多数都适合利维斯的目的，"美国人"作为一个足够熟悉的群体进入到练习中进行讨论，并且其作为外国人足以与英国人进行对比。利维斯的目标是设立在自己的双重信念基础之上的，也就是说，他相信如果英国中小学生站在一个很远的角度，就可以在客观看待美国人的同时形成一个在现代化的美国人的生活中的变化列表，并且由此而巩固他们的英国特性。

另一种练习以一种更具说服力的条件引用了美国人种学学科。利维斯从1928年的旅行作品中援引道："尽管有车有收音机，美国农民还是生活在令人难以置信的边远地区；他们所有的阅读、写作和收听活动并没有让他们比西班牙文盲的思想多一点儿的与时俱进；他们是永远落后于法国的乡下人。"[21]利维斯要求学生思考"这句摘要关于教育本质反映了什么"，他似乎希望学生能够足够机智地遵循文中所暗示的观点，即汽车和收音机未能引导美国农民的思想进步。[22]奇怪的是，将美国工人当作欧洲阶级体系中"农民"的同义词，意味着这篇文章所希望强调的一种倒退的程度：美国人通常被想象为走在时代的前沿，而在此却是一个边缘地区的农民，这是用极其封建主义的词汇而做的定义。事实上，正如利维斯从始至终论述的那样，技术进步和现代化正是使得美国人文化退步而轻易地被"法国乡下人"超越的原因。

第四章　以英语为例：F. R. 利维斯与现代英国的美国化

利维斯在修辞上将美国与他对英国特性的定义等同起来，这在很大程度上暗示了他对社会阶级的看法。在《文化与社会》(Culture and Society)中，雷蒙德·威廉斯竭力将对利维斯精英主义的指控复杂化，强调利维斯的立场处于大学导师和格调高雅的文人的阶级结构之外。利维斯在剑桥城的中产阶级的家庭背景——他的父亲经营一家自行车店——让他与布鲁姆斯伯里文化圈以及剑桥大学的教师存在分歧，对于前者，他曾在自己的作品中予以公开指责，而在剑桥大学他也从未得到制度上的支持。[23] 利维斯抨击"由一小部分互相勾结的群体对英语世界的统治"，要求将"恰好与一个特定的社会阶级相匹配的、具有优越地位的少数人这一普通概念简化为其合适的无能"，威廉斯对此大加赞赏。[24] 然而，对于利维斯援引美国作为反例的关注表明，他利用一种跨大西洋的民族差异，以重要但有时被忽视的方式标明了英国的阶级，而英国的阶级是英国文化研究中最为重要的类别。也就是说，利维斯以这样一种虽然看起来似乎是很奇怪的方式，哀叹英国的工人阶级已经放弃了他们的科茨沃尔德农舍和手工艺品而"变得美国化"。非常有趣的是，对美国人和英国人的称呼是异常机动的：T. S. 艾略特，如果不按公民身份或者20世纪30年代的含糊不清的口音而是按照出身的话，他是美国人，当英国工人阶级喜欢通俗小说和电影而具有破坏英国特性的威胁的时候，他推动维护英国特性。

不仅利维斯而且其合作研究者也都非常重视英国的美国化：在《审查》(Scrutiny)中，丹尼斯·汤普森基于事实而做出了"英国的美国化程度比美国低"的论断。[25] 正如他的句子结构所透露出的那样，英国也许不如美国那么现代化，尽管如此，但它却易于被"美国化"。对于利维斯以及像汤普森这样的追随者而言，美国化是能够在英国发生的事情，因为它与地点无关，而与实践、形态和存在方式有关。事实上，利维斯不时地暗示不仅英国而且美国自身也许可以

被美国化的英国

免于美国化。这样,美国化就不会成为国家霸权的一个步骤,也不会被认为是一种文化对另一种文化的覆盖。相反,在利维斯看来,美国化已经成为现代化的一个特殊名称,它比现代化更加具体,因为它的名称已经指明了它的榜样。

为此,尽管利维斯用美国化来指代现代化,但这个词语仍然留有伴生于它的民族主义的残余。于是,问题便再次突显了出来:如果利维斯说它就是标准化的意思,那么为什么他还需要"美国化"这个词语?如果利维斯最关心的是英国文化的命运,为什么要不断地提及美国的情况?一种答案是,在冷战时期展开的对美国霸权和英国衰落的争论之前很久,利维斯就已经意识到对现代英国文化的定义依赖于对美国文化的理解。在他整个早期作品中,利维斯就显示了自己投入精力追踪完全跨大西洋的英国文化是如何具有威胁性地形成的。正如他在《文化与环境》中通过一个练习所暗示的那样,收音机中的爵士乐已经取代了客厅里唱的主调合唱曲。利维斯所重视的民间文化充满自制的、典型的英国符号——而英国特征正是因为它们是自制的,在英国本土的家里制造的——现在已经变成了一种大众文化,这种大众文化不仅具有机械化和大规模传播的特征,而且具有国家以外的来源和流动的特征。在利维斯看来,美国文化的概念仍然非常关键,因为美国文化是必须予以否认的——必须真正地从英国驱逐出去——以使英国文化幸免于难。

英国的传统

利维斯的大量关于大众文化和美国的作品为他带来的关注,远不及他单独一本最有影响力的作品《伟大的传统》(*The Great Tradition*)(1946年)。在《伟大的传统》中,他将简·奥斯丁(Jane Austen)、乔治·艾略特(George Eliot)、约瑟夫·康拉德(Joseph Conrad)以及亨利·詹姆斯确定为英语语言的最重要的四位小说家,

第四章　以英语为例：F. R. 利维斯与现代英国的美国化

该书帮助将小说提升至现代英语小说如今的地位。利维斯的研究是人文主义的，但却不是普遍的。正如他所说的，"有——而且这是重点——一种英国的传统。"[26]尽管批评家们极少将这种文学批评的定义行为与他早期关于美国的作品联系起来，一个更广阔的背景将利维斯的人文主义研究的独特维度带到了显著的位置。在《伟大的传统》中，利维斯将小说的传统作为他在早期作品中所诊断出来的英国社会疾病的药方。与现代化的解构相对的是，这种伟大的传统将过去和现在连结了起来，将利维斯的美学定位在一个明显的民族主义框架内。

经常说的是，利维斯所挑选的作家中的两位是女性，这反映出他将小说视为一种恢复健康的体裁，这种体裁一直被忽略，部分原因是它与女性的关系。[27]然而同样值得注意的是，利维斯这位英国特性的捍卫者，选择了两位移居英国的作家作为这种伟大传统的另一半的代表人物。康拉德和詹姆斯后来都成了英国公民，属于亲英派，但都几乎算不上英国人。[28]在利维斯对英国和美国的关注的背景中，这种作家的选择具有重大的意义。对于利维斯而言，居住在国外的人在精神上的飘泊"是"现代化的条件。詹姆斯和康拉德作为居住在英国的外国人对现代的危机具备独特的见解，并在英语语言中找到了自己的家园。利维斯称康拉德是"一位英语语言大师，他选择英语是因为英语独特的品质，也因为与英语相关的道德传统"。[29]按照利维斯的说法，英语语言具有其自身的德性。利维斯认为，詹姆斯作为居住在英国的外国人的条件赋予了他一种"进行比较的强烈意向"，并且教会他如何比较各个国家的文化。[30]在利维斯看来，正是因为他们不是出生在英国，詹姆斯和康拉德尤其适合将英国传统延续至20世纪。

利维斯坚持认为，詹姆斯受到了现代美国生活的特别离间：他"在自己的祖国失去了祖国"。[31]作为一个永远的局外人，詹姆斯是一

被美国化的英国

个比狄更斯更好的文化批评家,从他富有价值的"对英国社会的批判",以及尤其是他"对美国文明令人惊讶的发展的描述"的角度来说都是如此。[32]利维斯解释道,詹姆斯的"基本兴趣与其对高度文明的举止以及文明交往的优雅的兴趣是难以分割的。美国的社会文明或许已经给予他(或者似乎将要给予他)他所需要的……随着青春的流逝而消失。英国肯定比美国拥有更多可以提供给他"。[33]詹姆斯带着如此感性所描述的文明和优雅消失的状况发生在20世纪之初——正是美国化的非常时刻。在利维斯的概念里,詹姆斯逃离美国"以追求一个理想的社会,一种理想的文明"。[34]正如利维斯向《伟大的传统》的读者所保证的那样,詹姆斯在英国比在美国更有希望找到这样一个社会。[35]

利维斯还是英国化的美国作家的支持者,其中包括他在《伟大的传统》中简略称赞过的另一位作家:艾略特。他称艾略特是"模仿者"中的一位"原创者",并在最后引用了艾略特的批评和诗歌。[36]在《伟大的传统》中,利维斯不止一次地对艾略特1919年的文章"传统与个人才华"(Tradition and the Individual Talence)表示赞同,他说简·奥斯丁"漂亮地证实了个人才华之于传统的关系"。[37]在回应艾略特的文章时,利维斯继续指出:"她创造了我们所看到的引向她的传统。她的作品,像所有伟大的富有创造力的作家的作品一样,为过去赋予了意义。"[38]在此可以看出艾略特的观点对于利维斯的研究具有重大的利用价值。按照艾略特的定义,一个传统使过去得以呈现。利维斯将英语小说视为一条生命线,连结过去与现在,并为过去注入新的意义、活力和相关性。通过将艾略特的理论用于实际试验,利维斯拓展了艾略特的传统概念,旨在维持英国遗产在现代的活力。

尽管利维斯对艾略特的欣赏从未终止,他还是将至高的赞扬留给了 D. H. 劳伦斯,他对工业化之前的工人阶级的英国特性怀有一

第四章 以英语为例：F. R. 利维斯与现代英国的美国化

种怀旧之情，而那种英国特性是利维斯最为敬仰的。在《伟大的传统》中，利维斯宣称："劳伦斯在英语语言世界是我们这个时代最伟大的天才。"[39]为了说明劳伦斯的洞察力，利维斯援引了《查泰莱夫人的情人》（*Lady Chatterley's Lover*），其中劳伦斯强调"意识连续性中的一种断裂几乎是美国的，但其实是工业化的"。[40]按照利维斯的观点，劳伦斯明确了"我们时代的主要和广泛的问题"：由现代化导致的与过去的撕裂。[41]利维斯坚持认为"'工业主义'仅仅是……"史宾格勒在《西方的没落》（*Decline of the West*）中所总结的更广泛的国家问题的"一个副标题"，他提出的问题其实是英国特性本身的衰落。劳伦斯对英国风景以及工业的恐怖的感知，使他在《伟大的传统》中取得了令人自豪的地位，让他成为利维斯最关注的文学的声音。

最终，利维斯对小说的理解——小说是什么，它的目的何在——源于让他排斥的英国的美国化的冲击。在关于乔治·艾略特的讨论中，利维斯解释了如何利用小说来做范例。通过引用詹姆斯形容艾略特的话，利维斯清楚地指出，她的作品主要不是提供"一种消遣品"，"小说主要不是一幅生活的图画……而是一则道德化的寓言，是努力通过范例来教育人的一种哲学的最后一个字"。[42]在此，利维斯表达了自己对于小说功能的看法：它不会告诉读者如何生活，但是会向人类展示瞬间的真正的道德危机。尽管在《文化与环境》中利维斯将美国的现代生活作为反例给英国中小学生提供一个警示，但在《伟大的传统》中他指出，真正伟大的小说的作用在于在现代世界提供一个有意义的范例，以说明如何成为一个英国人以及由此如何做人。

现代化与阅读公众：趣味高雅和趣味低俗

利维斯在《伟大的传统》中为自己的社会使命注入了美学元素。

被美国化的英国

他的希望是即便广大读者不去阅读亨利·詹姆斯，至少他们的学校老师会去读。然而，他觉察到"趣味高雅"（highbrow）一词中蕴含着一种妨碍文学发挥改变社会的潜在能力的障碍。在1932年发表的一篇文章中，利维斯指出"不是传统标准的惯例方面，而是我们有一个'趣味高雅'的词语"。[43]利维斯对于这个词语的沮丧感源于该词几乎一直都是用于对文化精英，尤其是批评家和作家的一种贬义的速写。尽管现代主义学者长期以来都在争论现代主义文学与大众文化之间是否存在巨大的差异，但利维斯的作品却提醒我们，这个阶段的实验作家在被归类为现代派之前被称为"趣味高雅的人"。利维斯将诽谤性的"趣味高雅"一词的流传视为英国公共文化丧失的一个标志。通过关注阅读公众，利维斯认为大众迎接现代主义不是带着对抗性而是带着良性的忽略。他进一步指出，这种忽略有助于形成独特的我们现在称之为现代主义的写作特征。

《牛津英语词典》将"趣味高雅"这个起源于美国的词语，定于从1880年代开始出现。[44]"趣味高雅"可以是一种敏感性，与自我优越感没有什么不同，也可以是一个人。弗吉尼亚·吴尔夫带着讽刺意味的蔑视而将这个词用在自己身上，以恢复"趣味高雅"一词的原义。[45]此外，吴尔夫还对"趣味低俗"（lowbrow）一词做了限定，该词有时是劳动阶级的一个同义词，她将广大的中产阶级轻蔑地称为"品位一般的人"（middlebrow）。梅尔巴·卡蒂—基恩（Melba Cuddy-Keane）称吴尔夫是一位"民主的趣味高雅者"，她使用了这些词语但却"能够设想超越这些词语的可能性，并以一种大部分陷入文化争论的人所不能的方式进行设想"。[46]尽管吴尔夫与利维斯极少有共识，但他们却同样对"趣味高雅"一词所带来的诋毁而感到忧虑，都觉得有必要对此做出回应。在他为教师而著的手册《文化与环境》中，利维斯称赞了一项美国发明，即会员制的图书俱乐部，它为"趣味高雅"这一概念的诞生以及随之而来的分歧提供了助力。利维斯引用了一则广

第四章　以英语为例：F. R. 利维斯与现代英国的美国化

告，其中与美国的"每月一书俱乐部"（Book-of-the-Month Club）相类似的一家英国图书俱乐部图书协会（the Book Guild）声称，它的书目是为"普通知识读者而非趣味高雅者"而做的。[47]这则广告向其订阅者保证，他们将安全地免受现代精英文学的侵扰。这种保护主义的情绪甚至蔓延到了作家：利维斯也从极受欢迎的畅销书作家那里得到了类似的信息，他们将使自己保持"定位明确"而避免成为一个"优越的趣味高雅者"。[48]

在一篇针对20世纪初英国社会的尖锐评论中，利维斯将"趣味高雅"一词所蕴含的对艺术和文学的现代否认与他视为英国历史的一部分的公共文化进行了对比。利维斯怀念地将莎士比亚戏剧认定为这种公共文化的巅峰。他解释道，在伊丽莎白时代，"《哈姆雷特》激起了数个不同阶层的反应"。[49]利维斯引用了他同时代的学者多佛·威尔逊（Dover Wilson）的话，"莎士比亚……不是一个趣味高雅者。"[50]对于利维斯而言，此话不假，因为"在莎士比亚的时代没有趣味高雅者"，其中的部分原因是图书协会还没有觉得应该去发明他们。[51]利维斯将莎士比亚作为首要的历史例证，他将伊丽莎白时代想象成一个文化被分为各种层次——一个经济和品位的等级——但在各个层次中的文化物质、文化的目标甚至标准都均匀地可以获得。在利维斯的观念中，没有现代的与《哈姆雷特》同等的作品，因为读者已经变了。平装的畅销书与好莱坞电影可能是大众消遣品，而它们不是一种公共文化。利维斯理想化了的莎士比亚的读者已经让位于现代品味的分层。

怀着对莎士比亚时期大众未曾堕落的幻想，利维斯对现代环境做了总结："《荒原》、《休·西尔文·毛伯莱》（Hugh Selwyn Mauberly）、《尤利西斯》或者《到灯塔去》（To the Lighthouse）的情况就不一样了。这些作品只存很小部分的专门读者会阅读，超出了大部分自认为受过教育的人的阅读范畴。"[52]援引艾略特、庞德、乔伊斯和吴尔夫的现代主义殿堂里的作品，利维斯表露出自己对于"大众"及其对现代主义作品

157

的忽视的主要忧虑。他强调了这一点：不仅大多数阅读公众不读庞德，而且他们甚至从未听说过这个名字。最后，利维斯提出了一个类似于"先有鸡还是先有蛋"的问题，并且明显倾向于英语的现代主义文学作品产生在先。首先，利维斯指出"最富有创造力的天才创作出上述水平的作品的时代，是已经广泛流行'趣味高雅'这个词语的时代"。[53]然而，利维斯似乎也将公众的不予理会归咎于作品本身的难度，为此他解释道："真的可以说'趣味高雅'一词中所隐含的态度使得这种人才的利用适得其反。"[54]利维斯还认为，给乔伊斯和庞德贴上趣味高雅的标签的态度，事实上促成了"这类作品"的诞生。换言之，利维斯将这些作品的难度、实验性以及具有冲击性的价值，归因于其所遭遇的更为广泛的阅读公众的一种先验拒绝。为此，利维斯指出，大众通过发出在何种程度自己会拒绝阅读的信号而为自身创造了现代主义。一个奇怪的循环是，利维斯认为艾略特、吴尔夫、乔伊斯和庞德的新奇的实验作品的特征，是由那些将他们称为趣味高雅的公众所培育的。

如今备受争议的关键词是"极端现代主义"而非趣味高雅。弗雷德里克·詹姆森在其著作《单一的现代性》（*A Single Modernity*）中指出，极端现代主义是一种"被延迟了的构想"，他这句话的意思是指现代主义从未像一个拥有成员和宣言的先锋运动，而是后二战时期一种文学批评的产物。[55]利维斯在现代主义生产力达至顶峰的不久之后开始写作，他提出了与现代主义的被延迟的构建不同的观点。与此同时，利维斯还提出了过去20年在关于趣味高雅的争论中未曾有过的一种不同的观点。[56]在针对一个"巨大的鸿沟"分隔了现代主义与大众文化这一观点的一系列回应中，近来的批评家开展了许多有价值的工作，证明像吴尔夫、艾略特和乔伊斯这样的作家经常倾向于大众文化，甚至受到了大众文化的影响。[57]然而，利维斯不仅告诉我们哪些作家喜欢去看电影，甚至还指出哪些作家明确地倾向于为更广泛的读者写作。利维斯运用预示文化研究而不是现代主义批评的方法，将作家的作用转换为阅读公众

第四章　以英语为例：F. R. 利维斯与现代英国的美国化

的作用。利维斯对于阅读和写作实践的观点提醒我们，现代派作家意识到了趣味高雅这一标签所蕴含的指责意味。现代派作家仅仅是因为这种指责的刺痛而赋予其作品以难度这一说法有点儿言过其实，但那些我们现在称之为现代主义派的作家中的大多数人一度对广泛的吸引力不抱希望却是真的。因此，通过展示现代主义者与大众的疏远不是由于部分作家的精英主义和轻蔑态度，而是由于阅读公众的一种巨大的冷漠而导致的结果，利维斯描绘出了一种显然不同的文化"鸿沟"的图画。利维斯的描述不能完全地涵盖两次世界大战期间写作与阅读活动之间的复杂性：甚至最具实验性的作家有时也享有更广泛的吸引力。然而，利维斯在其20世纪30年代的作品中，对我们如今称之为现代主义的发展提供了一种独特而较早的论述。不同于追随他并在他身后封他为现代主义的新批评派（the New Critics），利维斯充满激情地关心普通读者的所思所感。因此，尽管"现代主义"这个词可能是一个事后才产生的启发式的和分类学的术语，但对于利维斯作品的关注提醒我们，高雅与低俗的观念是这类作品出现时的文化哲学的很大一个部分。

奎妮·利维斯与"阅读习惯"

正当利维斯关于趣味高雅、趣味低俗以及美国范例的讨论被批评家在很大程度上忽略之际，奎妮·多罗西·利维斯（Queenie Dorothy Leavis）更具影响力甚至更为激进地将美国文化与高雅和低俗的定义交织在一起，而这种观点受到的关注更少。[58] 尽管有一些批评家快速将奎妮·多罗西·利维斯与其丈夫的行动做出了区分，并且正确地提出她应得到属于她自己的关注，但利维斯夫妇相互之间的影响也是巨大的。奎妮·多罗西·利维斯被卷进了剑桥英语的文学思潮中：I. A. 理查兹（I. A. Richards）指导了她的论文；E. M. 福斯特（E. M. Forster）也是她的论文的读者之一。然而，在1929年他们结婚之前，奎妮·多罗西·利维斯对她丈夫早期的工作已经非常关

被美国化的英国

注了,在1932年由查托和温达斯出版社出版的专题研究《小说与读者》(*Fiction and the Reading Public*)中,奎妮·多罗西·利维斯更加关注阅读实践,并采用一种新方法探究了许多《大众文明》中提及的问题。这"另外一位"利维斯有时被称为文化研究的先驱者,因为她也以代用品的方式试图从对书籍的关注转向对读者的关注,从对小说的关注转向对阅读公众的关注。[59]这种称赞通常是讽刺性的,因为她与她丈夫一样致力于否定最畅销的小说。

奎妮·多罗西·利维斯的阿诺德式的渴望十分热切,在《小说与读者》中,她引人注目地引用了阿诺德写于1889年的文章"何为伟大的诗人":"近来,有某些似乎对我而言确定的迹象,尤其是在美国,那就是暴民对我们文学大师的一种反叛。"[60]在提及美国的典范地位时,奎妮·多罗西·利维斯评论道:"我们因此发生了一种与美国极其相似的情况,标志着我们历史的一个新阶段,由于这个阶段很有可能无限期地继续下去,所以或许值得我们深思。"[61]奎妮·多罗西·利维斯甚至比她丈夫更直白地指出,美国既是典范也是影响力,因为美国文化具有一种趋向于普遍主义的独特倾向:它可以变成英国文化的糟糕版本,或者变成新的文化"局面",因为美国的虚构小说、杂志和电影都已经抵达并改变了英国。对于奎妮·多罗西·利维斯而言,阿诺德的比较是具有预见性的。现代英国已经进入了一个"新阶段",此时由于大众正在远离文学而使得英国与美国的情况愈发接近。

在研究奎妮·多罗西·利维斯将美国作为范例的转变之前,值得思考一下她的激进方式,她以这种方式将英国文化理解成新近被划分的高雅文化和低俗文化。奎妮·多罗西·利维斯将自己的研究方法称为"人类学"方法,将英国读者,尤其是英国工人阶级读者,当作人类学研究对象,或者国内的外来人。[62]奎妮·多罗西·利维斯的作品中奔腾着与阿诺德的作品一样的传教的冲动,只有在这里,

第四章 以英语为例：F. R. 利维斯与现代英国的美国化

文学完全取代了宗教。把脉现代英国社会，奎妮·多罗西·利维斯观察到它分成了高雅和低俗两种文化：

> 在一个拥有4300万人口的社会，品位层次如此分明，每个阶层都由各自不同的小说家和记者为其提供作品，这或许不是什么令人惊讶的事情，品位低俗的公众应该不去理会趣味高雅的作家的作品甚至他们的名字，而对于趣味高雅的公众而言，"埃塞尔·M. 戴尔"（Ethel M. Dell）或者"人猿泰山"应该只是便捷的符号，道听途说得来而绝非第一手的知识。[63]

与利维斯一样，奎妮·多罗西·利维斯坚持认为阅读公众以忽略趣味高雅的作品的方式而存在；她还补充道，此类作家也同样对工人阶级的实际阅读实践知之甚少。按照当时的说法，奎妮·多罗西·利维斯认为趣味高雅和趣味低俗都是带有轻蔑性的。尽管泰山被视为趣味低俗者的化身，但奎妮·多罗西·利维斯却将 T. S. 艾略特主编的期刊《标准》（*The Criterion*）当作趣味高雅的典范："即使在文学界，将它称之为'趣味高雅者'也是常见的。"[64]

在《小说与读者》中，奎妮·多罗西·利维斯审视了工人阶级的阅读实践，比利维斯的文章审视得还要仔细。她指出，工人阶级正由于错误的原因阅读错误的书籍，并且这种阅读而不是文盲将给英国带来危害。奎妮·多罗西·利维斯将工人阶级的阅读习惯比喻成吸毒习惯——她称之为"阅读习惯"——具有使穷人在精神和财务上进一步加剧贫困的威胁。奎妮·多罗西·利维斯坚持认为："在郊区小巷甚至村庄里的书店，常见的是大批破旧而油腻的小说以每册2英镑或3英镑借出去；而令人惊讶的是，来自最贫困阶层的读者能够有钱一周换借几次，甚至每天一次；但同样强大的是他们的阅读习惯。"[65]奎妮·多罗西·利维斯几乎将急切地依赖于流行小说的

被美国化的英国

工人阶级读者当成罪犯,这些流行小说包括"美国佬杂志"("Yank Magazines")以及畅销书,也包括应受谴责的美国人欧内斯特·海明威(Ernest Hemingway)写的那些小说。这些工人阶级读者通过流动图书馆以及"美国伍尔沃思公司"来满足自己的习惯,她轻蔑地将后者称为"工人阶级的书店"。[66]然而,尽管奎妮·多罗西·利维斯因害怕而没有审视她的工人阶级的对立者如何从与摆放丝袜和口红的架子并列的架子上选书,但她却相信她所做的努力坚定地代表了他们。奎妮·多罗西·利维斯也许会悲叹这种上瘾的休闲阅读使得读者远离了伟大的文学,但她却相信自己有能力诊断出这种在英国蔓延的疾病,就像她相信她丈夫有能力治愈这种疾病一样。

在她关于阅读习惯的讨论中,奎妮·多罗西·利维斯鉴定了一种新的集中了上述病症的小说体裁。这些就是以流行电影或者奎妮·多罗西·利维斯所谓的"有声电影读本"为基础的小说。[67]电影小说化与文学改编不同,文学改编是将像《安娜·卡列尼娜》(Anna Karenina)这样的经典作品改成一种删减了的好莱坞电影,而电影小说化是将成功的影片变成平装本小说。对于奎妮·多罗西·利维斯而言,对类似于有声电影的小说的需求揭示了英国公众变得多么庸俗。[68]"有声电影读本"甚至比它所对应的低俗电影更令人忧虑,这是因为它摧毁了文学、文学的主人以及文学的意义。利维斯夫妇所推崇的文学的人性化功能在新型小说中消失了,这样的小说只是为了让读者想起他们喜爱的好莱坞电影。尽管这种体裁在20世纪早期大众文化的批判讨论中几乎很少被提及,但奎妮·多罗西·利维斯却在电影的小说化中看到了好莱坞赤裸裸的威胁,看到了英国小说将彻底被美国化的开始。

在两次世界大战期间出现的电影小说化,促使利维斯的工作重点由美国文化的典范地位转移到它的局限性方面。在小说化的实例中,不仅仅是好莱坞电影将读者从他们的书本那儿引开而坐到电影

第四章 以英语为例：F. R. 利维斯与现代英国的美国化

院里。而且，以在一种循环的方式，电影本身也促进了一种新的能够改变英语写作的流行小说的产生。正如奎妮·多罗西·利维斯所悲叹的那样，这些小说的风格，尤其是它们的对话文本，遵从的是电影的形式，而非更加成熟的文学惯例。由此，小说化这件事可以被认为是奎妮·多罗西·利维斯所提及的与美国相关的文化变迁的一个缩影。尽管奎妮·多罗西·利维斯在人类学上所做的努力仍然是针对英国的，尤其是针对英国工人阶级的阅读习惯，但她之所以能将他们视为犹如外来人一样而进行研究，在某种程度上是因为英国文化日益严重的美国化。换言之，英国工人阶级成了奎妮·多罗西·利维斯调查和慨叹的人类学研究对象，因为按照她的评估，他们的文化正在变成美国式的。

利维斯与英语研究的设立

在《小说与读者》中，奎妮·多罗西·利维斯对现代英国文化的问题进行了详尽的分析，但却是利维斯提出了解决方案。利维斯针对这种社会疾病而提出的主要解决方案不是直接源自对作家或者作品本身的批判性讨论，而是从他的教育规划中生发出来的。具体而言，利维斯通过在大学将英语发展成为一门学科而支持对英国文学传统的研究。在他事业的早期阶段，利维斯开始将教育改革的需求与文学研究的发展联系起来。在1932年发表的一篇题为"文学思想"（"The Literary Mind"）的文章中，利维斯写道："要挽救或者取代一个已经衰退的传统是一项绝望的事业……一定程度上的运气还是需要的；要我说，这种运气在某些大学提供了一种刺激的中心和一种能量的焦点。所有这些都是在'英语'的带领之下。"[69] 颇为引人注目的是，利维斯将信心总体上倾注在大学，同时具体地倾注在英语研究上，以阻止传统的衰退。因为利维斯认为将英语作为大学学科可以为全国的学校培养老师——利维斯也确实激励了许多大学的年轻人成了教师——在他的想象中，英语具备大规模地影响整个文化变迁的潜力。[70]佩里·安德森（Perry Anderson）对利维斯在英语研究方面独特的宏伟抱负所产生的影响做了如下评价："利维斯在他这代人中主宰了他的主题。因为有他，英国文学批评才拥有了要成为'人文研究和大学'的支撑中心的抱负。英语是'人文学科之首席学科'。这种权利是英国独有的：其他任何国家都没有出现过一门拥有这些抱负的批判性的学科。"[71]安德森对于英语研究的宏伟的人文主义抱负的笼统称赞，反映了利维斯对于英语改变整个国家的潜力的完全信心。尽管安德森或许夸大了英国文学研究发展的独特性，忽视了在英国殖民地及其他地方的文学教育的重要性，但无论如何，在两次世界大战期间的初期背景之下，英国准备以这样的方式干预国家教育，这使利维斯的理想成为可能。

为了还原利维斯所提出的激进的教育目标——以及通过文学研究反复灌输英国特性的愿望——有必要考虑一下一战后英国不平常的教育氛围。1918年，英国首相劳合·乔治（Lloyd George）在曼彻斯特发表了一场激奋人心的演讲，在演讲中他说道："一个受过教育的人会成为一名更好的工人、一名更为强大的战士和一名更加优秀的公民。在战争爆发前，人们对这句话只是一知半解。"[72]劳合·乔治的演讲有力地反映了一种普遍的忧虑，即英国的不足之处可能在德国与英国的教育对比中被突显出来。然而，劳合·乔治演讲中最为有趣的是，他对"一名更为强大的战士"的呼吁在一定程度上导致了学校对英国研究的改革以及文学教育的改造。当时，人文主义的忧虑是如此强烈，以至于人们相信对儿童进行英国文学教育的任务，不仅能够培养更加优秀的公民，还能培养更为强大的战士。如果劳合·乔治的号召似乎像是虚张声势的政治修辞的话，那么，值得注意的是，此番演讲所蕴涵的活力在随后的几年显现了出来。在曼彻斯特的同一个讲台上，教育委员会主席费舍尔（H. A. L. Fisher）

第四章 以英语为例：F. R. 利维斯与现代英国的美国化

则强调了教育改革在何种程度上应以课堂为中心。感叹于"富人学习而穷人挣钱"这句政治口号，费舍尔呼吁进行一系列的改革，以对抗日益机械化的社会中的阶级分化。[73]针对所有科目的调查随之展开，关于英语教学的两份报告，即乔治·桑普森（George Sampson）1921年写成的《英国人的英语》（English for the English）以及1922年的《在英国的英语教学》（The Teaching of English in England）（即通常所知的《纽波特报告》），产生了最为强烈而持久的影响。这些报告为新的人性化的英语教学方法提供了一个案例，这种教学法能够重振英国的民族主义精神并且重建国家。

在上述两篇报告中，桑普森的报告虽然不太实用但却更具可读性。首先，这是一份告诫，呼吁改革学校的英语教育。丹尼斯·汤普森在后来为桑普森的著作所写的序言中指出，学校的英语教育在两篇报告发布之前是"多少有些无趣和机械的事情"，不时地用背诵来应付大多数的语法和作文教学。[74]桑普森通过展示文化的机械性状况来阐明此种教育方法的不足："现代化的大规模生产不需要受过教育的工人……电梯工如果是个文盲，他的工作表现也不会更差，而如果是个科学博士，他的工作表现也不见得更好。"[75]按桑普森的话来说，教育被误认为是为工作而做的准备。桑普森说过一句后来被奉为经典的话："教育的目的，不是为了孩子们的工作做准备的，而是为了不做某些工作而做准备的。"[76]因此，回到工人的问题上来，"不是作为一名电梯工而值得接受教育，而是为一个人值得接受教育。如果国家大呼：'什么！给他这么多教育，他只是个电梯工！'这就说出了邪恶和愚蠢；如果这名电梯工大呼：'什么！受这么多教育，我只是个电梯工！'他就说出了邪恶和可疑的语法表达"。[77]桑普森的话语通过表明国家对于教育的态度而使国家具备了保护工人的能力。桑普森还进一步声称，"到目前为止，英语是小学里最为重要的课程"，它的重要性在于它具有遍及数量最多的人民的能力。[78]按照桑普森的观点，英语教学的目的不是为了向年轻人灌输语法规则，而是通过让大众为了他们将来不做电梯工或者其他技术的看管者而做准备，从而改变社会。与此相似，《纽波特报告》提出了如下问题："对于那些不看学者介绍的过路人来说，英语，尤其是英国文学意义何在？"[79] 尽管没有即时给出答案，该报告向读者保证，这一答案将包括"严重的民族问题"。[80]

由于《纽波特报告》以及乔治·桑普森的《英国人的英语》，学校的英语教育的确经历了艰巨的重新评估和改革。尽管不是所有学生都将莎士比亚和多恩作为消失的英国特性的一根救命线，但英国文学研究的现代和目前的形式却都是在这些报告产生的氛围中极其重要地发展起来的。在小学和中学层面对教育学进行的重新评估工作基本上与在大学层面进行的改革工作在同一时期。直到19世纪中叶，在牛津大学和剑桥大学开展的英语研究，虽然不在苏格兰，但在很大程度上属于语言学的范畴；古典文学作为传统的文学和美学研究占据统治地位。[81] 尽管古典文学在一段时间内争取到了它的突出地位，但它不能像英语一样满足全新的民族主义需求。不仅如此，古典文学不能面对同样广泛的阶级地位，也不能为正在改革的中小学培养教师。1880年代，英语教学已经在上升，但是它又与女性教育和技工学院有关系。尽管牛津大学的第一位英语教授任命于1904年，但该校的许多人对于这门新学科的感觉却是由一位神学教授表达的，他认为英语研究是为了"妇女"以及"想要成为教师的二等和三等男人"而设立的。[82]

在利维斯进入剑桥大学之时，哲学博士学位才刚刚设立，人们对这个学位的评价不怎么高，而英语研究仍然根基不稳。尽管剑桥大学从1883年开始授予文学博士学位，该学位以发表的作品的评估结果为基础，但直到1919年才开始授予哲学博士学位。1924年，利维斯获得了哲学博士学位，但他对此感觉有些羞愧。他甚至要求不

第四章　以英语为例：F. R. 利维斯与现代英国的美国化

要将这个博士头衔列在《英语诗歌的新方向》(*New Bearings in English Poetry*)（1932年）的标题页上，他坚持认为这个头衔"会招致最坏的猜疑，而且，总而言之，看起来很滑稽"。[83] 尽管利维斯或许由于加入"现代"哲学博士体系，以及一所古老大学英语学科的新颖性而遭遇了妨碍，但他也负责大学层面的英语教学中的一些最重要的改革。正如《文化与环境》的讨论所揭示的那样，利维斯将教育视为抑制和抵消文明的影响的手段，这些文明形式包括工业劳动、通俗小说、电影和汽车。通过这种方式，利维斯坚守了与1921年和1922年的报告极其一致的那些信念。事实上，利维斯在中小学进行的改革与大学将英语作为一门学科予以设立之间，描绘出了一个重要的意识形态上的连结。[84] 由于利维斯相信大学英语教育的目的在于培养教师，他们将给儿童灌输英国特性，保护他们免受大规模制造的消遣品和工人阶级劳动的侵害，他认为大学英语将至关重要地参与到他的通过文学分析而挽救社会的计划中。根据弗朗西斯·马尔赫恩（Francis Mulhern）所说，鉴于工业化的发展已经不可逆转，利维斯将教育视为改变社会环境的唯一途径。[85] 似乎有些奇怪，利维斯因此选择将文学研究和新近发展中的文学批评的方法作为改变社会的手段。然而，对于利维斯而言，文学批评是这种巨大的社会变革努力的代名词。

利维斯在1943年的作品《教育与大学》(*Eductaion and the University*)中解释道，剑桥大学的英语学院"将文学研究从语言学的桎梏中解放了出来"。[86] 随着哲学的边缘化以及古典文学不再被强调，英语有可能成为一个新的研究门类而出现，这种研究门类既不要死记硬背也不机械刻板，却还与社交相关。利维斯在这部作品的前半部分，对美国教育学家亚历山大·米克尔约翰（Alexander Meiklejohn）的理论著作《实验学院》(*The Experimental College*)进行了讨论。利维斯引用米克尔约翰的话说："我们的第一目标不是让自由主义思想

被美国化的英国

得到很好的发挥，而是让自由主义思想得到完全的发挥。用一句话来说，我们必须承认，美国生活的主旨与自由主义思想的形式是相违背的，而自由主义思想似乎对于它的福利而言是最根本的。"[87]利维斯的评论与他早期关于现代性和美国的立场是相一致的。他断言："对于'美国生活的主旨'，当然，我们可以解读为'现代生活的主旨'：美国的境况就是现代文明的境况，即便这种'主旨'在大西洋的另一边发展得比这一边更深远。"[88]在此，利维斯特别地将其关于社会的分析与大学文科的发展联系在一起。利维斯转向英语研究，此类评论很清楚地表明，是源于他对美国化的分析及其保护英国免遭美国化的尝试。利维斯强调，美国大学承受着现代化带来的累累伤痕，其程度更甚于英国的大学："甚至哈佛……在最近半个世纪50年的文明过程中遭受了比牛津和剑桥更加巨大的痛苦。"[89]这种痛苦可以通过"自由主义思想"得以抵消，就像在《文化与环境》中提到的练习里所看到的那样。对于利维斯而言，自由主义思想的定义必然是跨大西洋的：它是抵抗现代美国生活主旨的思想。

英国的美国化：文化研究的后果

利维斯为教育以及教学本身的写作付出了如此多的时间和努力，因为他深信，只有教育改革才能进行广泛的文化变革，并且英语是唯一可以提供改革手段的学科。无论多么出奇的简练，利维斯的目标对于英语这门学科的创立，以及作为一种学术努力的文学批评的创立都产生了影响。事实上，利维斯关于教学的著作是雷蒙德·威廉斯认为唯一"完全有价值的"方面。[90]尽管威廉斯对于利维斯相信作为英国特性的守卫者的"少数人"而感到不满，但他承认了利维斯在英国大学的英语和文化研究的创建中的重要性，他声称"《大众文明与少数人的文化》……描绘了一种独特的文化视角，这种文化视角已经产生了广泛的影响"。[91]尽管利维斯对英语和文化研究在各个

第四章　以英语为例：F. R. 利维斯与现代英国的美国化

方面的影响力的确持续至今，但利维斯关于英国对美国文化的反应的预测也的确具有预见性，美国文化将由于冷战而得以全面盛行。尽管在两次世界大战期间，英国对于跨大西洋的权力转移感到不确定，但在"二战"以后情势开始明朗，在某种程度上大英帝国的衰落将伴随着美国的经济、军国主义以及大众文化的兴起。为了探究利维斯对美国分析的影响力与远见性的各个方面，值得看一个不同类型的实例，这个实例源于文化研究的早期发展阶段，源于文化研究的奠基者之一理查德·霍加特（Richard Hoggart）的作品。

雷蒙德·威廉斯、汤普森以及理查德·霍加特通常被认为是文化研究的先驱，而文化研究将在英国变得制度化和熟练。[92]1961年，霍加特在伯明翰大学成立了现代文化研究中心，从而提供了一种新的学术研究的可能性，在其首部著作《识字的用途》（The Use of Literacy）（1957年）中，他提出了一种新的文化研究的方法，让许多英国人感到震惊。霍加特原本想给《识字的用途》取名为《识字的滥用》的，他在书中详细论述了英国工人阶级的阅读习惯。尽管《识字的用途》在"关键判断"中考虑到了培养工人阶级的问题，但由于它分析的是资料而非文学，所以在20世纪中叶遭到了英语系许多人的鄙夷。[93]霍加特将《识字的用途》一书的写作灵感部分归功于利维斯的作品以及《审查》团队，他写道，在他领悟了"利维斯的方法"的时候充满喜悦，这些方法诸如"周密分析、倾听一部作品、感受一部作品及其神韵……都可以用于流行文化的研究中"。[94]霍加特能够严肃地对待一些工人阶级文化，并且他也很像利维斯，认为在某些方面应该保护工人阶级免受大众文化的侵害。《识字的用途》生动地说明了，威胁一部分工人阶级年轻人的大众文化与美国文化产业——音乐和电影产业——这个生产大众文化的产业是密不可分的。对于以上表述，安德鲁·古德温（Andrew Goodwin）认为"霍加特将工人阶级视为美国文化的受害者的观点"，揭示了利维斯

129

被美国化的英国

对促使战后英国文化研究发展的民族主义的文化定义方式。[95]

在关于通俗阅读资料的讨论中,霍加特认定"那些喜欢自动唱片点唱机的男孩们"是工人阶级年轻人的一部分,他们倾向于阅读"漫画、黑道小说、科学和罪案杂志"。[96]在点唱机男孩这个名称中加入的密码是给他们带来娱乐的音乐:霍加特所说的唱片"几乎都是美国的"。[97]霍加特对这些年轻人描述道,他们"每个夜晚都在昏暗的牛奶吧听着'尼克'点唱机里的音乐","15到20岁的男孩们穿着褶皱的衣服,戴着漂亮的领带,一副美国式的低头垂肩的样子"。[98]这是对一部分英国工人阶级的有趣描述:它不仅使他们的阅读和听音乐的习惯被美国化,还有他们的肢体风格。正如安德鲁·古德温提问的那样:"英国式的低头垂肩难道更高级吗?"[99]似乎对于霍加特这位英国人或者不列颠人来说,低头垂肩是难以让人接受的,因为点唱机男孩对美国文化的渴望表现在了这一肢体动作上。霍加特观察道:"这些年轻人摇摆着一侧的肩膀,或者就像亨弗莱·鲍嘉(Humphrey Bogart)一样,绝望的凝视的目光穿过管状的椅子。"[100]此时,有人一定会问美国文化的这些标志让点唱机男孩"凝视"或者"低头垂肩"意味着什么。尽管利维斯对工人阶级的通俗消遣方式进行了指责,但霍加特却更加激烈地指出,对美国文化的幻觉训练改变了男孩们的肢体行为以及他们存在于这个世界的物质体验。霍加特推测道:"许多消费者——他们的服装、发型和面部表情都表明——在很大程度上正生活在一个神话世界里,这个神话世界是由他们所认为的美国生活的几个基本元素构成的。"[101]

霍加特使用的术语与利维斯惊人地相似,并且对美国和美国化的"神话世界"进行了区分。像利维斯一样,霍加特清楚地指出,不是美国人的生活经验而是大众文化美国化的进程构成了威胁。最后,霍加特对点唱机男孩现象的控诉——他称他们是"一个机器托管阶级的没有目标并且被驯服的奴隶"——将其关于美国休闲和习

第四章 以英语为例：F. R. 利维斯与现代英国的美国化

惯风格的描述嵌入了更为人熟知的英国文化的现代化的图画中。[102]可以肯定的是，霍加特被人铭记是因为他关于英国大众文化的作品，而不是他偶尔几次对美国音乐和电影的描述。然而，霍加特对点唱机男孩的简短论述，揭示了大众文化与美国文化之间界线的渗透性，以及从一种到另一种的意识形态转变。对美国的这些描述可以认为是霍加特作品中不重要的一个方面，这是因为到 20 世纪 50 年代，美国文化与大众文化在英国几乎已经成了同义词。霍加特对英国文化研究的主要贡献当然在于他对英国文化的研究；然而，霍加特以利维斯 20 世纪 30 年代的作品为模式，在其最早期和最知名的作品中对于工人阶级的这种跨大西洋的描述却是令人深思的。尽管霍加特承认利维斯在理念和方法上都对他产生了影响，但是如果对利维斯与霍加特的相似性进行细心关注就会发现，被预测成为一种英国特性的文化研究以及英国研究将会抵制其自身的跨大西洋性。

特瑞·伊格尔顿（Terry Eagleton）指出，利维斯不仅对文化研究产生了影响，而且他对英国文学研究的重要性也是理所当然地具有根本性的。用伊格尔顿的话说，利维斯的阅读实践、文化意识形态以及知识分了的使命已经被吸收进了"英国的英语研究的血脉"中，并且"成为一种自然而然的批判智慧的形式，如此的根深蒂固就像我们相信地球绕着太阳转一样"。[103]尽管许多批评家都将证实利维斯对于发展英国英语研究的重要性，但他作品中关于跨大西洋方面的内容却很少被探究。然而，通过关注利维斯对美国实例的利用可以看到，他对教学方法和英语研究的发展的影响如何在一定程度上通过他对美国化的拒绝而产生。尽管利维斯致力于在英国工人阶级中发展一种文学敏感性，使其坚韧到足以保护他们免受爵士乐和好莱坞的影响，但利维斯的理论却最终跨越了不列颠群岛而对美国新批评运动的兴起做出了贡献。事实上，他将英语发展成为人文学科中的核心学科，以及他在密集阅读方面的身心投入所带来的影响，在

被美国化的英国

如今的美国依然能够感觉到。因此,利维斯贡献的最大讽刺之处或许在于,美国的英语研究部分地源于旨在抵制美国模式的一个知识计划和拯救英国的文学文化。

第五章　使它旧：
在《四首四重奏》中虚构英国特性

　　T. S. 艾略特在其影响力最大最持久的一部社会批评著作《关于文化定义的注释》（*Notes towards the Definition of Culture*）（1948年）中，花了一点时间对他所谓的美国帝国主义进行了评述。艾略特认为，与大英帝国主义相比，美国实践了"一种不同形式的帝国主义"。[1] 这种帝国主义不是通过全球的军事征服而是通过"文化影响"而产生的。[2] 在一个简短的段落中，艾略特解释他的推断：

> 美国打算将其主要的生活方式强加在交易过程中，同时创造它的商品的一种品位。即使是最微小的人工制品，由于是某一特殊文明的产物和象征，也成为其所属文化的一个特使：我提到的那个有影响的易燃的物品是赛璐珞胶卷。美国的经济扩张以其方式也造成了其所染指的文化的瓦解。[3]

　　在这寥寥数行中，艾略特概括并贬损了以商品的特使作用为标志的新的美国文化霸权。美国商品立刻成为"产物"和"象征"，甚至当它毁灭了它所遭遇的当地文化的时候也发挥着代表美国的转喻作用。艾略特关于美国的人工制品担当着特使的角色这一人类学修辞具有讽刺意味，该讽刺源于将英国从一个帝国权力的位置改变

被美国化的英国

成一个地方文化的威胁方式,这一威胁是由其从前殖民地的新的帝国实践所形成的。的确,在《关于文化定义的注释》的较前部分,艾略特实事求是地采纳了 20 世纪 40 年代的公众观点,宣告英国的"权力现在被普遍认为将要流逝"。[4] 然而,艾略特并没有哀叹帝国的衰落,而是加入从托马斯·哈代(Thomas Hardy)到 F. R. 利维斯等作家的行列,重新想象英国成为一个充满活力的实践的集中地,并且由诸如"赛狗会"和"戴尔干酪"(Wensleydale cheese)[5] 等地区风情作为象征。同样在这部作品中,艾略特谴责了美国商品,他对英国的"文化"标志做了著名的明白无误的鉴定——从德比马赛日到哥特式教堂再到水煮白菜——呈现一种高雅与低俗的和谐交融。艾略特所列举的事物的特征表明,较之于精英艺术,艾略特在晚年更关心英国文化,尤其抱着怀旧之情以保护英国特性免受要瓦解它的现代美国力量的威胁。

通过诸如《关于文化定义的注释》这样的作品,艾略特在现代英国文学的殿堂中确立了自己的特殊地位;因为他作为一个美国人,不仅教会英国人认识到自身文化的地位,而且他们实际上都在听他的。任何关于美国化的文学影响的讨论,艾略特都是必不可少的,因为他对于复兴英国特性的成功依赖于他与美国文化的谈判。1927 年,艾略特获得了英国公民身份,转而皈依圣公会教堂,这是他从美国转到英国的个人标志。这段惊人的跨越大西洋的个人历史激发了诸多研究计划,像林德尔·戈登(Lyndall Gordon)的"美国人艾略特"("The American Eliot"),以及史蒂夫·埃利斯(Steve Ellis)的《英国人艾略特》(*The English Eliot*)等,纷纷对艾略特作品中美国人和英国人的方面进行探究甚至量化。有时候,正如大卫·采尼兹(David Chinitz)在《T. S. 艾略特与文化分界》(*T. S. Eliot and the Cultural Divide*)中以及艾瑞克·西格(Eric Sigg)在《美国人 T. S. 艾略特》(*The American T. S. Eliot*)中所说,这种冲动导致作者们都

174

第五章 使它旧：在《四首四重奏》中虚构英国特性

强调在这个看似否定美国的作者身上美国的重要性。笔者将以这些文章为基础却又有别于它们，以阐明艾略特对待美国文化的态度与其英国特性的文学作品之间的一种不同的关系。尽管埃兹拉·庞德（Ezra Pound）给出了著名的警告要"使它新"，但成熟的艾略特却一直致力于在他的许多诗歌中"使它旧"——如此之旧，实际上，旧到了美国诞生之前。艾略特以惊人的固执，倾心于美国殖民时期和新大陆发现时期，不仅在早期诗歌中有一定程度的体现，在其后期的重要作品《四首四重奏》中体现得更为充分。为此，他表现了一种跨大西洋的连续性，这种连续性能够对抗由新"帝国"美国对英国文化的攻击。

在艾略特的主要作品中，只有《四首四重奏》不断提到英国与美国之间跨大西洋的交流。[6] 即便是《荒原》，众所周知，其开篇提到的美国流行音乐被庞德删除了，其中对伦敦的桥和酒吧的间接提及也要远远多于"莎士比亚希安的抹布"（"Shakesperehian rag"）。[7] 然而，还有另一组艾略特的诗也提到了这种持续的跨大西洋的往来，这组诗在其有生之年没有发表。这些诗被艾略特的评论家们称为"哥伦布—博洛诗"，松散地围绕着克里斯多弗·哥伦布（Christopher Columbus）去往新大陆的航程，以及哥伦布在古巴与当地皇族的相遇而展开。在艾略特早期的笔记本和寄给美国诗人康拉德·艾肯（Conrad Aiken）的书信中发现，他的诗歌蕴涵着令人不安的种族主义和厌恶女人的倾向，从而可以窥探出艾略特早期对种族、殖民主义以及跨大西洋关系的理解。如果将博洛诗看作《四首四重奏》的前身，该诗歌展示了艾略特关于文化、传统和英国特性的想法源于他对跨大西洋关系的焦虑的各个方面。

翻阅艾略特的系列作品，从早期未出版的诗歌到他的书信、文章再到最后的《四首四重奏》，可以看出他重建英国特性的计划是基于他对美国化的反对之上的。对于艾略特而言，美国化在很大程度

被美国化的英国

上是文化的橡皮擦，现代化使得艾略特在《关于文化定义的注释》中提到的所有普通的东西——干酪、大教堂和白菜——变得弥足珍贵和值得保护。与此同时，艾略特对美国化的看法反映了他对美国种族遗产的焦虑。在博洛诗和《四首四重奏》中，艾略特展现了对美国发现和定居时期的一种回归，以此作为美国化的一个对应。尤其在《四首四重奏》中，艾略特通过怀旧地引出英国和美国殖民地关系作为否定美国现代文化的一种手段，从而实现了这种时间的反转。

艾略特与美国化

尽管艾略特决定通过《关于文化定义的注释》批判美国帝国主义是其晚年阶段的特征，但他在很早之前就已经注意到了围绕美国化而展开的辩论。1914 年，他抵达牛津作为一名访问学生开始为期一年的学习，在此期间，他参加了在公共休息室里开展的关于"受到美国化威胁的牛津"的辩论。[8] 在给他的美国朋友埃莉诺·欣克利（Eleanor Hinkley）的信中，艾略特为自己的祖国辩护，尽管带着一丝自我嘲讽的夸张的南方人的拖长腔调："我坦诚地向他们指出，他们的戏剧（包括电影）、音乐、鸡尾酒和舞蹈中有多少美国文化。"[9] 这种早期遭遇的英国对美国化的抵抗提醒人们，艾略特对美国的流行和大众文化的看法从来都不是那么简单。比如，艾略特是爵士乐长期的疯狂爱好者。在《T. S. 艾略特与文化分界》中，大卫·采尼兹令人信服地证明，艾略特倾心于流行文化的因素——如果不总是大众文化的话——比许多他的早期批评家所认为的更甚。不仅如此，正如采尼兹所指出的那样，甚至在大众文化的范畴之内，艾略特的立场也是复杂的。[10] 尽管如此，当国籍的因素纳入考虑范围的时候，艾略特对娱乐的态度则变得更加清晰了，而且采尼兹所列举的实例就是一个很好的例子。为了证明艾略特的偏好范围，采尼兹将艾略

第五章 使它旧：在《四首四重奏》中虚构英国特性

特对"环球电影院"展演的秀兰·邓波尔（Shirley Temple）的电影的鄙视与他对英国广播公司的支持进行了对比。[11]尽管没有任何范例能够概括艾略特的复杂，但要忽略艾略特对美国化的偶像（譬如跳踢踏舞的邓波儿）的抵制，以及对那些促进或者象征英国特性的符号（伦敦音乐厅、英国广播公司）的支持仍然很难。再比如，尽管艾略特对音乐厅歌唱家玛丽亚·劳埃德（Marie Lloyd）的深厚的热情似乎可能重新将他定位成一名流行音乐支持者，但必须记住玛丽亚·劳埃德是典型的英国人，是遭受美国化威胁的当地英国文化的标志性人物。[12]因此，当艾略特支持玛丽亚·劳埃德以反对好莱坞的时候，他不是自相矛盾而是参与了美国帝国主义的讨论，正如他后来在《关于文化定义的注释》中所描述的那样。

艾略特对美国化的态度在一篇不太出名的文章中表现得更为清晰：1928年，他为美国作家埃德加·莫勒（Edgar Mowrer）的《这个美国世界》（*This American World*）的英国版本说明而写的前言。在这篇引人注目的前言中，艾略特揭示了他追踪莫勒所反复称谓的"美国化"的讨论的程度。艾略特敏锐地谈论了更加伟大的"美国主义文学"，莫勒的作品应该置于这种文学范畴之内。[13]在臭勒的研究中，他尤其被吸引的是提出在美国与欧洲之间的一种深远而历史的联系的部分。正如艾略特所解释的，莫勒"探究了美国主义的起源以及本质；回溯到欧洲；发现所谓特别美国的品质和恶习，恰恰就是欧洲的品质和恶习在不同的土壤里重新生长发芽"。[14]在艾略特的隐喻体系中，欧洲主人受到的所谓外国入侵，实际上是欧洲在跨大西洋移民时期被驱逐的有机物的循环。艾略特解释道，"大部分外国人或者认为美国化是某种应受欢迎并加以利用的东西，或者视其为应被隔离的瘟疫。"[15]艾略特随后展开对所提及瘟疫的论述："因此，欧洲在接受美国的贡献时……已经感染了疾病，病菌在其自身系统内繁殖。"[16]"病菌"这种修辞似乎可能让人回想起过去常用来表达美

177

国的反移民情绪的话语。然而，这里的隐喻并不是指人们回到欧洲，而是指具有传染性的工作和休闲习惯的传播，以及福特主义生产方式和新的大众娱乐形式的传播。以这种生动的生物学修辞，艾略特表达了美国主义的可传染性，语言上既指疾病也指血统，暗示了他对大西洋两岸血统的关注，这种血统关系在他准备写作《四首四重奏》的阶段深深地困扰着他。

不仅如此，莫勒的作品似乎惊人地预见了艾略特将在其晚年作品中阐明的对于大西洋两岸的关注。文章一开始，莫勒即表达了他非常重要的断言："人类正学着称呼的美国主义似乎注定会席卷大部分地球。"[17]这个不祥的预言与艾略特前言中提到"疾病"、"病菌"和"瘟疫"时的语气是相同的。的确，在衡量世界对于美国的吸引时，莫勒是严苛的，"犹如一群留胡子的政治家向一个襁褓中的国王鞠躬"。[18]通过重温大西洋两岸的宗谱，这样一种反常的状态能够得以治愈："在我们种族的灵魂深处，再加上我们大多数的正式教育，我们美国人是欧洲的一种延续。"[19]美国人的这种形象暗示了一种连续感，与艾略特将通过在《四首四重奏》中提及殖民历史所要唤起的东西极其相似。尽管这个时期一些美国化的论述都聚焦在工业、进步以及亨利·福特举世瞩目的成功上，但莫勒却是极其艾略特式地将关注投向这种——"在我们种族的灵魂深处"——在欧洲和美国之间的有机连接。莫勒提到"早期殖民者"，挑明了美国与欧洲的联系并非始于最近的移民浪潮，而是追溯到美国建国之前的时期。接近文章尾声，在题为"欧洲被美国化了"的章节之后，莫勒在想象欧洲作为"一个美国的殖民地"的思考试验中，将颠覆这种连接的重大利害关系。[20]这一试验的意义并不在于以幻想为依据而加以接受；相反，莫勒相信殖民关系的倒转可能会成为未来事情的状态。即使现在，他也表明："欧洲绝对无法独立于美国。权力的浪潮正在向另一个方向奔涌。"[21]

第五章　使它旧：在《四首四重奏》中虚构英国特性

艾略特的前言以及后来的跨大西洋的作品《四首四重奏》的一致性是引人注目的。前言不仅显示出艾略特对美国化话语的极其熟练，也显示在一定程度上莫勒的著作给艾略特提供了处理英美殖民关系的一个浪漫处理手法。尽管艾略特可能并不赞同莫勒的幻想，想象欧洲可能成为美国的一个殖民地，在这个幻想中英国先辈是从世纪之交开始有的，但他却发展了对美国帝国主义的理解，将其理解为机器文化和经济扩张的一种潜在的有害串联。[22] 同时，莫勒对英国和美国之间"种族"连接的态度似乎可以预见，艾略特在《四首四重奏》中自己对于这样一种连接的态度。因此，艾略特在1928年的前言与他后来作品的一致性表明了，他所参与的美国化理论的程度和深度，这种美国化是自第一次世界大战以来他在英国所遭遇的。

艾略特的英国累赘：从国家到种族

1927年，在他有关美国主义的评论在《这个美国世界》上发表的前一年，艾略特宣布他从美国到大不列颠的个人转折：他正式获得英国公民身份并且皈依圣公教堂。赫伯特·里德（Herbert Read）评论道，艾略特几乎将自己训练成了一种完全的英国风格："我一点没意识到他比我哪里少像了英国人。一开始，他自然而然地适应了英国的服装和俱乐部，总体上适应了英国的习惯。事实上，如果说有什么出卖他的东西的话，那就是一种太正确而显得不自然的英国风格。"[23] 另一方面，弗吉尼亚·吴尔夫认为她的朋友汤姆以一种"高度美国化的方式"在行动。[24] 的确，尽管艾略特很想摆脱他的美国背景而拥抱英国文化，但他却被那些周围的人不断地提醒他的美国出身。甚至艾略特在费伯出版社作为一名编辑工作数年之后，他的信笺的抬头仍然难以置信地在其名字之后包括了"生于美国"的身份。[25] 因此，艾略特将自己重新塑造成英国人的能力，基于他掩盖甚至否认自己与美国的联系的基础之上。尽管艾略特在晚年大力宣

被美国化的英国

传自己与美国的关系,尤其是在美国巡回演讲的时候,他在中年时企图成为英国人,而这个英国人被打上的标记是由他不仅属于英国这个国家而且属于英国种族的欲望所导致的。鉴于他对于种族和美国的感情与恐惧症,艾略特渴望成为英国人似乎反过来可能源于他对美国的种族认同的烦恼。

1919年7月,艾略特给布鲁姆斯伯里文化圈的一位友人玛丽·哈奇逊(Mary Hutchinson)写了一封信,在这封经常被引用的信中,他反思了自己作为一个美国人在英国的状况:"但请记住我是一位客籍民——一个外国人,我'想要'理解你,以及你所有的背景和传统……但是我可能就是一个野蛮人。"[26]这里,艾略特承认自己的极大恐惧,害怕自己可能太像美国种族、太野蛮而无法彻底了解英国的文明传统。不仅如此,几乎是在十年以后,艾略特描述了自己的国家和种族身份,带着一种种族主义和焦虑的混合特征:

> 总有一天……我要写一篇关于一个美国人的观点的文章,这个美国人过去不是美国人,因为他出生在南方,是一个去新英格兰上学的小男孩,有着黑人的那种拉长声音说话的习惯,但是过去在南方他却不是南方人,因为他的族人是一个边境州的北方人,他们看不起所有的南方人和弗吉尼亚人,所以他从来不是什么地方的什么人,也因此感觉与其说自己是一个美国人,不如说是一个法国人,与其说是一个法国人,不如说是一个英国人,而且觉得,往上追溯100年,美国就是一个家庭的延伸。[27]

成为英国公民仅仅一年以后,艾略特能够诊断出自己患有某种程度上的美国人的自我厌恶症,以及一种在本质上与担心自己听起来像一个美国黑人紧密相关的自我感觉。在他给哈奇逊的信件中,

第五章 使它旧：在《四首四重奏》中虚构英国特性

艾略特用十分明显的种族主义话语描述了自己的国家认同。而且，艾略特努力通过一系列区域和国家的移位来对应关于他受污染童年的描述。他将自己定位成"一个不是美国人的美国人"，这是由于自己不能适应从南方或者新英格兰的区域移位。这些区域变化形成了艾略特所说的一种不是美国人的感情结构。最后，艾略特在国家认同上觉得，相比美国更倾向于法国，而相比法国则更倾向于英国，正是这样让他否认了自己的美国特性。他能够想到美国的过去——"追溯到100百年以前"——而不是目前的现代美国，以与这种英国认同相一致。

有些讽刺的是，可以被称为艾略特的英国累赘也可以被称作一个种族消亡的缜密计划。艾略特在一个不会让他忘记自己的国家起源的社会中，大伤脑筋地试图将自己塑造成一个英国人，这源于其对作为美国人的种族联系的焦虑。尽管温德姆·刘易斯认为艾略特是"盎格鲁—撒克逊的首席诗人"，但艾略特致哈奇逊和里德的信却透露，他对于自己国家的情感与其对于自己种族的言谈举止和方言的情感深深地交织在一起。[28] 迈克尔·诺斯（Michael North）指出艾略特在英国文化的精英圈中曾经遭遇这种联系。[29] 正如我们所知道的，克莱夫·贝尔（Clive Bell）1921年的文章"加上爵士"（"Plus de Jazz"）指责艾略特是那种从"一个微笑的黑人缪斯"那里汲取艺术灵感的作家——一种艾略特会立即抵制的与美国黑人的联系。[30] 如果说对于艾略特而言，做美国人意味着与蒙昧和黑人方言的一种联系的话，那么，成为英国人也是成为盎格鲁—撒克逊种族或者白人的方式。的确，艾略特在诗中对英国文化的创造，参与了围绕他从美国人转变成英国人的自我改造的种族话语。正如艾略特的魅力和影响力所证明的那样，他对英国文化的创造可能利用了一个美国人的焦虑，来帮助形成白人的有机统一的英国特性，作为两次世界大战期间后期和战后早期一种权宜之计的民族主义。

被美国化的英国

哥伦布—博洛诗

跨大西洋的架构对于艾略特的种族焦虑的重要性，几乎可从一组早期的诗歌中极其清楚地看出，这些诗受到的评论家的关注在某种程度上是有限的。[31] 1988 年，克里斯托弗·里克斯（Christopher Ricks）发表了少数艾略特的诗，作为一本诗集《三月兔的发明》（*Inventions of the March Hare*）的附录，这些诗是艾略特年轻时候写的。诗集中的大部分诗是艾略特经典作品中现在耳熟能详的代表作的早期草稿，与此不同，附录中的诗艾略特在其有生之年中没有发表过，尽管他一直试图发表它们。温德姆·刘易斯拒绝将这些诗歌收录进《爆炸》（*Blast*），他写信给庞德说希望能够坚守避免"以 Uck、Unt 和 Ugger 做结尾词"的原则。[32] 的确，艾略特的哥伦布—博洛诗不仅用词低俗，而且是令人震惊的种族主义的、厌恶女人的、既恐惧同性恋又是同性恋的诗。[33] 具体而言，这些诗讲述的是哥伦布到以古巴为代表的新大陆的航行，以及与古巴博洛国王的王后和后宫具有性特征的相遇的故事。评论家对诗的反应包括，林德尔·戈登坚持认为诗歌反映出了对女人的厌恶，而乔纳森·吉尔（Jonathan Gill）则指出了其中的种族主义。[34] 艾略特的确不该得到为这些诗歌的任何辩护；尽管如此，但如果忽略了它们将会忽略一个主要的作品部分，这部分的作品揭示了许多艾略特关于跨大西洋关系和种族意识形态的相关概念。

与《四首四重奏》一样，哥伦布—博洛诗仅仅扩展了艾略特围绕跨大西洋航行和欧洲殖民主义主题的诗歌范围。非常有趣的是，对 15 世纪西班牙殖民主义的展示，蕴含了后来英国殖民主义努力的元素。譬如，尽管哥伦布是在淫荡的伊萨贝拉女王（Queen Isabella），"那个有名的西班牙妓女"所赠送的遗产的资助下起航的，但他的那帮水手却被称作"快乐男人"，暗示着他们像罗宾汉（Robin

第五章 使它旧：在《四首四重奏》中虚构英国特性

Hood）和罗伯特·路易斯·史蒂文森（Robert Louis Stevenson），按照英国船员的习惯喝下午茶并且高喊"且慢"。[35]在艾略特的诗中，西班牙和英国帝国主义的相互渗透，使得诗歌变成一个更加具有天壤之别的哥伦布故事的组合。尽管哥伦布—博洛诗想要讲述的是欧洲发现新大陆的故事，但却将古巴当地人鉴定为"黑人"。[36]这样一个奇怪的种族的时代错误开始暗示，诗人将大西洋的奴隶制历史带入了一个第一次接触美洲的欧洲人的叙述方式。与此同时，一段代表性的诗歌将奴隶贸易的一种重要商品朗姆酒编进了对哥伦布旅行的下作赞美中：

> 周日早上祈祷过后
> 他们开始他们的娱乐
> 船员聚在甲板上
> 并进行手淫
> 哥伦布喝足了朗姆酒
> 栽倒陷入昏迷中
> 他们把他的屁股转向西南偏南
> 而他大喊"我将死于翻过船尾的大浪！"[37]

虽然朗姆酒在本节中似乎只是一个淫乱的媒介，但朗姆酒却是英国奴隶贸易中的首要产品，仅次于糖，是奴隶贸易得以延续的驱动力。一幅在海上喝醉了的形象，是对17世纪英国而不是15世纪西班牙的一种讽刺。在这些淫荡的诗句中，艾略特因此暴露的不仅是年轻时对黄色双关词的兴趣；也是他对英国在美洲的殖民化的长期关注的开始。

与艾略特诗中的西班牙殖民者泄露其英国身份十分相像，古巴本地人似乎也让人怀疑是美国人。具体而言，艾略特对自己是一个

被美国化的英国

与英国有关的"野蛮人"的种族焦虑，似乎在此浮出水面。一位批评家曾说艾略特对博洛诗的描述似乎基于一个游方艺人的意象。[38]的确，在1914年艾略特写给康拉德·艾肯的信中所勾勒的博洛人的粗略草图，很像一幅滑稽的游方艺人的漫画，甚至像是预示艾略特自己的过分装饰的英国服饰。尽管这里艾略特的种族主义再次难以回避，但是在博洛人对欧洲人的礼仪和风尚的虚夸中，也许存在一种国家和种族的自我厌恶的因素。甚至当诗歌将博洛宫廷进行了极其贬低性的描写时，它们仍然能够让人回想起英美跨大西洋历史的各个方面。正如艾略特用淫荡的种族主义词汇所写的押韵诗一样：

国王博洛的黑黝黝的护卫
他们有33人
一群天真顽皮的人
但却是极其令人作呕的肮脏。
国王博洛躺在阴凉处
他的高贵的胸脯裸露着
他们爬到一棵榕树上
屎拉在他们君王的身上。[39]

当地的成年人行为像"天真顽皮"的孩子，即使他们未开化的行为颠覆并玷污了西方君主制的理想。惊人相似的是，美国也曾在历史上推翻了大不列颠的君主等级制度，将"人民"在修辞意义上置于他们的领袖之上。新世界对"君主"如此的漠视，隐约地让人想起美国在本质上对国王的拒绝，将一个举国骄傲的原则变成了一种对文明理想的可耻背离。美国人与种族野蛮的关系使艾略特的书信对英国特性的赞颂富有特色，也为哥伦布—博洛诗对欧洲与新世界关系的描述提供了指导。为了呼应有利于促动自己拉开与美国距

第五章 使它旧：在《四首四重奏》中虚构英国特性

离的渴望的种族话语，在博洛诗中，艾略特调用了欧洲和美国之间的殖民关系。

使它旧，使它英国化：艾略特的《四首四重奏》

在哥伦布—博洛诗中，艾略特对跨大西洋交流的描述预示了他晚期的一部最著名的影响力最深远的作品《四首四重奏》（1943年）。乍一看，《四个四重奏》似乎不可能与博洛诗更加不同。《四首四重奏》是艾略特成熟时期的作品，语气严肃犹如挽歌一般，讲述了时光的流逝和救赎的可能性。然而，博洛诗是低俗而带有令人不安的种族主义的，《四首四重奏》则带有明显的哲理性和深刻的超自然玄学意味。评论家们没有经常倾向于将这些诗歌放在一起考虑，部分原因是因为它们在形式和内容上是如此不同。显然，艾略特在这些诗歌以及后来的"玛瑞娜"（"Marina"）（1930年）中，都极其清晰地对大西洋地区和跨大西洋的交流给予了持续的关注。[40]对《四首四重奏》以及哥伦布诗的思考，可以进一步洞察艾略特感知和表现跨大西洋关系的方式。具体而言，两部作品都试图回溯到美国成立之前的殖民地时期，使跨大西洋的连续性的幻想能够继续。在《四首四重奏》中，这些幻想让艾略特想象出一个怀旧的前工业的土地的景象——艾略特所谓的"重要的泥土"——那就是英国和美国的景象。

可能因为《四首四重奏》几乎都是关于令人不安的跨大西洋问题，批评家们也围绕其国家隶属性给出了一系列论点。杰德·埃斯蒂认为，包括第三首"所谓的'美国'四重奏"在内，《四首四重奏》都体现了英国的意识形态，而林德尔·戈登却认为不仅是第三首，其实整个作品都可以理解为美国是重要的。[41]通过对诗歌的仔细分析显示，《四首四重奏》通过其涉及更广泛的跨大西洋框架而产生了特殊的英格兰本土主义。在《四首四重奏》中，艾略特通过同时拒绝现代英国和美国,并且回到美国作为大不列颠一部分的殖民历史时刻,从而解决了这两者之间的困境。正因为如此,《四首四重奏》产生了一种特殊的横跨大西洋的怀旧之情,通过英国与美国之间的殖民关系令人回想起大英帝国的黄金时代。

《四首四重奏》的部分重要性及其国家主义,在其发布会的简要评论中变得清晰了。在1936年至1942年期间,《四首四重奏》中的每一部分都是分开出版的,直到1943年作为一部单独的作品被收集出版。即使在四重奏作为单独一部作品出版之前,它具有连续性的各个部分的重要性也逐渐明显起来。相比20世纪20年代的《荒原》,艾略特的诗在战争期间则更加广泛地面向公众。《荒原》可以被理解为一个趣味高雅的现代主义大都会时期的典范——诗的难度部分地限制了它的读者群——《四首四重奏》本身则成为一个国家在战争阵痛中的一种救助的哲学形式。当"东库克"(East Coker)在1940年3月作为《新英语周报》(*New English Weekly*)的附录而首先出版之后,它不得不在5月和6月进行再版,一年之内售出大约12000册。[42]后来,艾略特还在不同时间通过英国广播公司朗读了四个四重奏中的三首,诗歌因此被传播到更广泛的读者中。[43]批评家们因而总结认为,"东库克"的声望以及《四首四重奏》更加的普遍性,源于它满足一个绝望民众的需求的方式,民众对于爱国主义的统一形式以及面对战争的一种形而上学的表现方式感到绝望。正因为如此,《四首四重奏》与《荒原》的作用相反:《四首四重奏》没有纠结于现代性的细节,而是认为回到一个至关重要的国家主义的过去,可以带来对于未来的希望。这样的情感使《四首四重奏》赢得像F. R. 利维斯这样的国家主义文学批评家的高度赞扬。1967年,利维斯在剑桥大学做了具有启发式的题为"为什么《四首四重奏》在技术功利主义时代尤为重要?"的演讲,F. R. 利维斯解释了《四首四重奏》如何能够抗击日益发展的社会现代化,他在别处给这

第五章 使它旧：在《四首四重奏》中虚构英国特性

种现代化贴上了美国化的标签。艾略特是利维斯最珍重的活着的诗人之一，部分原因是尤其在其晚期作品以及整个《四首四重奏》中，艾略特实践了利维斯为了一种旧的英国特性的怀旧景象而拒绝现代化的计划。然而，《四首四重奏》与利维斯作品的重要区别在于，艾略特认为必须清晰地展现美国成立之前的过去的图画，从而形成他对英国特性的富有想象的赞美。

《四首四重奏》中每一首四重奏的名称都源自艾略特曾经呆过的地方：英国的三个地方和美国的一个地方。这种情况再加上频繁使用的第一人称，激发了很多围绕该书的传记批评。尽管这种方法有其局限性，但它也与在结构上反映了艾略特自己及其祖先的历史的作品有着深刻的联系。艾略特根据自己和妻子在英国短暂呆过的一个地方而将第一首四重奏命名为"焚毁的诺顿"。这首诗通过沉思"过去和现在"，引入了艾略特在整个《四首四重奏》连续采用的时间逻辑；第二首四重奏"东库克"，这个标题让人想起一个小镇，艾略特的祖先和同名者就是从那里离开英国前往马萨诸塞州。"东库克"关注了艾略特的目的地和发源地，展现了一幅大西洋的家谱，将艾略特的家族史编织进了从英国到美国的一个更宏大的殖民迁移的图画中。然而，"东库克"并非庆祝这种交流，而是通过唤起并抹去跨大西洋关系中的美国方面，塑造一个质朴的、小的，并且与种族的肉体的英国特性有关联的英国。第三首四重奏"干燥的塞尔维吉斯"指的是新西兰海岸之外的某个地方，与此同时，这个名字使人联想到遭遇新世界"野人"或者"抢救财物"的欧洲历史。相比其他的四重奏，这首诗更明显地体现了毁灭性的现代化发展与自然的四季循环之间的对立，这种自然是马上就会与种族和土地联系在一起的。最后一首四重奏"小吉丁"，回到了英格兰并且让人想起前克伦威尔社区的圣公会教徒，他们似乎是艾略特想象中的英国特性的精神祖先和捍卫者。然而，甚至这种对英国特性的最后的颂词也

被美国化的英国

反映了英国对美洲的殖民化历史,这一历史形成了《四首四重奏》跨大西洋的内容。

"焚毁的诺顿":对过去富有想象力的表达

艾略特完成四首四重奏的第一首"焚毁的诺顿"时,尚未形成对整部作品的构思。这一首站在了将被包含在后面三首中的跨大西洋的巡回线路之外,而是与一个十分独特的英国地点结下了良缘,那是艾略特在1934年访问过的格洛斯特郡乡村庄园。焚毁的诺顿之所以能够抓住艾略特的想象,部分原因是这个庄园是以曾烧毁它的男爵的名字命名的,而且内部仍然保留着18世纪某时的样子。然而,与此同时,诗歌建立了对于过去富有想象力的表达,最终让艾略特提出了英国和美国之间一种不变的历史连续性。"焚毁的诺顿"以一段沉思冥想开始:"现在和过去／也许都在将来出现,／而将来又包含了过去。"[44] 对时间的这种共时的理解,让艾略特得以展现他对意义和历史更为宏大的叙述,如同诗中提出的:

> 可能已经存在的和已经存在的
> 都指向一个终点,这个终点是始终存在的。
> 脚步声在记忆中回响
> 沿着那条我们没有走过的通道
> 走向那扇我们从未打开的门
> 进入玫瑰花园。我的话回响着
> 因而,在你的心中。[45]

这些诗句的重要性在于它们传达"可能已经存在的"和"已经存在的"方式,即潜在的过去和真实的过去。宛若双生子的过去"始终存在",因为它们通过存在于心中而存在于当下。通过将"可

第五章 使它旧：在《四首四重奏》中虚构英国特性

能已经存在的"等同于"已经存在的"，艾略特坚信想象与记忆相等。的确，在记忆中回响的脚步声，正是那些沿着"那条我们没有走过的通道/走向那扇我们从未打开的门"的脚步声。那条通道和那扇门像是记忆中的真实可能一样存在着，而在诗中，它们如同任何历史的过去一样真实。诗歌将记忆和想象交织在一起，它们不仅存在于心中，也存在于诗歌写下的语言中——"我的话因而回响在你的心中"——它也是"始终存在的"。因此，在"焚毁的诺顿"开篇，艾略特通过一组非常独特的关系，模糊了想象和记忆的区别，从而精心构建了他自己对诗歌永恒性的经典比喻的版本。

想象和记忆之间这种新的相等关系的影响是，为诗人和诗歌不仅回想同时也创造过去建立了一种许可。因此，在解释了通往玫瑰花园的通道从未走过之后，紧接着，诗歌带领读者进入玫瑰花园。这座英式玫瑰花园并不是过去经历的"真实"的花园，而是某种貌似真实的其他东西：是由富有想象力的诗歌制造出来的花园。诗歌邀请读者踏上通往这座英式玫瑰花园的旅程，"穿过第一扇门/进入我们的第一个世界"，仿佛回到了一个伊甸园般的源头。通过这种富有想象力的方式回到玫瑰花园，艾略特创作了能够通过作者的想象而制造出来的另一种英国历史。这种富有想象力的成果也能在对玫瑰的表现中得到一见："玫瑰/有了被看到的花的模样。"在这个描述中，诗歌将玫瑰表现为主观创作物而不是客观实体，是被感知的事物而不是"事物本身"（Ding an sich）。

在一种主观比喻中，内在继续产生外在世界："而池子里装满了从阳光里出来的水。"[46]诗歌似乎暗示，仅仅看着作者想象的池子，在里面装上比喻的水，将花园回复到一种更早前的状态。尽管这种状态难以持久——"接着一朵云彩飘过，池子空了"——在花园中的时刻是《四首四重奏》的第一个对过去的富有想象力的成果的例证。诗歌对花园稍纵即逝的所谓"现实"的赞美暗示着，由作者想象出

被美国化的英国

来的过去——"可能已经存在的"——与心中可能回想起的任何过去一样真实和重要。玫瑰花园,一个象征性的英国和基督教的空间,其重要性在于艾略特由此开始暗示他将通过诗歌为读者创造一个英国的过去。在一个历史和文化的时刻,此时现代技术刚刚开始暗示焚毁的房屋和国家风景的废墟这些战争遗产的回归,艾略特就向读者呈现了一座想象中的英式玫瑰花园,作为从未存在过的一种过去的标志,尽管如此,但通过诗歌的创造力却可以使它变为真实。

"东库克":大西洋的族谱

随着"焚毁的诺顿"对"过去"和"可能已经存在的"思考,艾略特在其声名鼎盛的 1940 年创作了"东库克",一篇甚至更果断的民族主义诗歌。"焚毁的诺顿"以一种抽象的时间概念开始,而"东库克"以一种更加个人的时间顺序开始:"在我的开始中是我的结束"。艾略特的评论家们倾向于将这句诗解读为自传式的,因为艾略特将这首诗以小镇的名字命名,艾略特的祖先在 1669 年从这个小镇离开英国去殖民美国,而他自己现在已经作为一个英国公民回到这个小镇。1939 年,艾略特以学术研究项目的全部精力对他的英国祖先这个主题进行研究,在大英博物馆中花时间研究一部名为《艾略特家族简史》(*A Sketch of the Eliot Family*)的著作。[47] 尽管艾略特发现家族的一个分支是"德文郡德高望重的乡绅",但他仍然选择将重点置于曾经经历了跨大西洋航程的同名人身上。[48] "东库克"回应了艾略特这种回归英国的感觉,作为一种精神的归国,在诗歌的后面重复了开篇的诗句"在我的开始中是我的结束"。"东库克"清晰地表明,艾略特想为自己设计一种过去和族谱的愿望,这与他在一个跨大西洋的框架中理解英国的地点有着密不可分的联系。

"东库克"开始便凸显了发展与衰落之间的张力,这种张力在下一首四重奏里将进一步扩大。在此,"东库克"随着开篇对开始和结

第五章　使它旧：在《四首四重奏》中虚构英国特性

束的赞美，有了一个因时间流转而变化的画面：

> 在连续中
> 房屋建起又倒坍、破碎，被延续着，
> 被迁移、毁坏、修复，或在它们的原址
> 是一片空旷的田野，或一座工厂，或一条经道。
> 旧石筑新楼，旧木生新火，
> 旧火成灰烬，灰烬变黄土，
> 黄土如今已化为肉、毛和粪便，
> 人与兽的骨头，谷物的秆子和叶子。[49]

在能激起英国读者如此积极反馈的诗中，艾略特咒语般地念出了一种起落的循环感，场景迅速地从人造的大楼变为大地本身。这个场景的魔力在于其将读者从现代化的工厂带到一个理想化的旧英国的方式：

> 在那空旷的田野上
> 假如你不走得太近，假如你不走得太近，
> 在一个夏天的午夜，你就能听到音乐
> 轻柔的笛子和小鼓
> 看见他们围着篝火跳舞，
> 结对的男人和女人，
> 在跳舞唱歌，象征婚礼——
> 一个庄严而宽敞的圣礼。[50]

这里，诗歌跳跃到"焚毁的诺顿"曾做过的表达：它将读者带回到英国的过去。正如他在 1941 年给 H. W. 豪泽曼

被美国化的英国

（H. W. Hausermann）的一封信中承认的那样，这几行诗和接下来的几句摘抄自托马斯·埃洛伊特爵士（Sir Thomas Eloyt）的《统治者之书》（*The Boke Named the Gouernour*）（1953年）。[51] 盎格鲁—撒克逊民族，延续了好多个家族，将艾略特自己的祖先放入诗中，即使它也激起了对古老英国特性的一种更加普遍的感觉。艾略特从埃洛伊特的著作中选取的这几句关于婚姻的诗，似乎尤其适合对其个人家谱的这种赞美，进一步透露出艾略特对产生自己的过程的痴迷。

在这一节中，乡村农民跳舞者的形象让艾略特进一步在诗中制造出一个英国的过去。艾略特写道：

> 抬起穿着粗陋鞋子的笨重的脚
> 粘了泥和土的脚，在乡村的欢乐中抬起来
> 那些长久以来在泥土中的欢乐
> 滋养了谷物。保留时间
> 保持他们跳舞中的节奏
> 犹如他们四季生活中的节奏[52]

反复强调农民沾满泥土的双脚，从而将它们表现为英国特性的有机提喻；不仅是古老的语言和乡村舞蹈的一种遗产，也是土地本身的一种遗产。当然，农民的躯体与土地混合在一起，因为它们是古老的，因此已经被埋葬了好几个世纪。然而，将农民的躯体视为土地的有机延伸，也提示读者应该在哪里寻找英国特性：在祖先中和在土壤中，而农民则体现了这两者。他们的脚也暗指诗歌本身的韵脚，保留"时间"，因此表明他们既与季节的韵律相符，而且，从该短语的另一种解读来看，也是它们的英国读者的时间守卫者。

在《四首四重奏》的序列中，"东库克"是艾略特如此彻底地借用自己的族谱来赞美英国特性的第一首诗。在某些地方，艾略特

第五章 使它旧：在《四首四重奏》中虚构英国特性

甚至悄悄地以第一人称复数来协调"我们一直存在的一切"。这样一种修辞姿态将作者和读者汇聚在了一个共有的历史中。杰德·埃斯蒂曾令人信服地提出，《四首四重奏》参与了后现代主义时期的英国文学中一个更广泛的共产主义社会者的冲动举动。[53] "东库克"有趣的是其将艾略特的个人历史与国家历史协调一致的方式。通过这些历史共存而形成几乎寓言式的级别设置暗示，艾略特祖先跨大西洋的故事如何成为被压抑或者未说出来的其他的诗歌所庆祝的英国特性。从叙事的角度来看，有一点十分有趣值得注意，尽管艾略特将开始和结束表现为循环的时间和旅程——离开和回到他祖先的土地——但从这个循环中消失的部分是，简单而言，中间的部分。尽管由于这样一种观点的平庸可能已经将其排除在了对艾略特的批评之外，但笔者仍然愿意强调这种方式，"东库克"被认定为结束和开始、阿尔法和欧米伽，从而省略了从移民新英格兰到艾略特回到他祖先之地中间调解人的历史。如果说"东库克"是一个能给战时的国家带来希望的四重奏，那么至少部分地通过创造一个特殊的英国过去，从而表明诗歌试图通过略去英国和美国之间的暴力割裂而给战时的国家带来希望。艾略特将个人的历史叠加到英国历史中，同时不说出跨大西洋旅行的故事，以这种方式开始暗示，《四首四重奏》整体上会更加有力地揭示，这些诗歌通过对美国的否定从而形成它们的英国的意识形态。

"干燥的萨尔维吉斯"：机器的崇拜者

"东库克"提出的对现代化美国的否定，在随后的一首四重奏"干燥的萨尔维吉斯"中得到了最大程度的展现。"干燥的萨尔维吉斯"的背景主要设定在美国，返回到了跨大西洋连续性的早期时代，诗歌的标题令人回想起美国早期被殖民的历史。"干燥的萨尔维吉斯"是以一个地方的名字命名的，具体是指马萨诸塞州海边的一小

被美国化的英国

群礁石。尽管艾略特提出这个标题是法语"les trois sauvages"的一种变体,但"萨尔维吉斯"(salvages)实际上是新世界殖民时期称呼"野蛮人"的一个英语单词。在这个单词的举例中,《牛津英语词典》注明,约翰·史密斯船长(Captain John Smith)在1612年的《弗吉尼亚的地图》(*Map of Virginia*)中声明:"吾等在多米尼加与野蛮人(Salvages)交易",丹尼尔·笛福(Daniel Defoe)1719年在《鲁宾逊漂流记》(*Robinson Crusoe*)中提到"在陌生人和野蛮人中"。[54]除此之外,"干燥"一词是描述没有被潮水全部淹没的礁石的一种通用的英语叙词。[55]如果不是艾略特以某种杂乱的方式去关注"干燥的萨尔维吉斯"的殖民意义的话,那么,这些词源可能似乎仅仅是修饰性的。1635年,一艘载有英国殖民者的船触礁失事,所有乘客溺亡,包括"来自新塞勒姆的威廉·艾略特(William Eliot)先生"。[56]据海伦·加德纳(Helen Gardner)所说,艾略特将威廉·艾略特混淆为自己的一位祖先安德鲁·威廉牧师(Reverend Andrew Eliot),此人并没有抵达新英格兰,直到更晚些的17世纪。[57]因此,艾略特再现了"东库克"的主题,将对英国殖民行为的赞美编进了对新英格兰海岸线的描述中,与此同时,他通过将野蛮人与新世界的自然地貌合并在一起以强调博洛诗的种族逻辑。

尽管如此,"干燥的萨尔维吉斯"并没有立即对这个新英格兰地标所暗示的殖民故事进行叙述。而是以对密西西比河的赞美开头,从而确立诗歌对美国现代化趋势的抵制。开篇诗节的第一部分讲述了一个关于河流的故事:

> 我不太了解神明;但我认为河流
> 是一位强壮的棕色神明——郁郁寡欢、难以驯服且难以对付,
> 忍耐到一定程度,起初被认作是一条边界;

第五章 使它旧：在《四首四重奏》中虚构英国特性

> 有用，不值得信赖，像是一条商业的运输带；
> 然后只是成为桥梁建造者面临着的一个问题
> 问题一旦解决，这位棕色神明就几乎被遗忘了
> 被城市的居民遗忘了——尽管曾经不共戴天，
> 保持着他的四季和愤怒，作为破坏者，提示
> 人们所选择遗忘的东西。未受尊重，未被原谅
> 机器的崇拜者本应给予的，而只是等待着、守望着又等
> 待着。[58]

从开头几行起，"干燥的萨尔维吉斯"将河流比作一位"棕色的"异教神明。通过河流这个形象，这个段落引入了两个相反的时间性——人类的现代化的发展的时间，以及大自然的自然的循环的时间——即"干燥的萨尔维吉斯"和整个《四个四重奏》的核心关注。发展的时间可以从时间修饰语的顺序看出——"起初"、"然后"、"一旦"——这表明了河流的威力在与该地区现代化发展的对比中的减弱。这种担忧与马歇尔·伯尔曼（Marshall Berman）对发展的观点是一致的，认为发展是"创造一种同质化环境、一个完全现代化空间的驱动力，在这个空间里旧世界的面貌和感觉消失得无影无踪"。[59]这个段落充满了发展的符号，从独特的美国词汇"边界"，到平行结构"商业的运输带"、"桥梁的建造者"和"城市的居民"。当诗歌宣称河流"未受尊重，未被原谅/机器的崇拜者本应给予的"时候，这个段落最明显的部分到达了发展的傲慢的最高点。"机器崇拜者"这个短语，恰恰站在了河流作为当地神明即"一位强壮的棕色神明"这一观念的对立面。这样一种自然与机器文化的对立在整个《四首四重奏》中都可以感觉到，然而，"机器的崇拜者"位于美国这一点或许不是偶然的。尽管"东库克"在将一片令人陶醉的旷野幻想成英国之前简要地提到了工厂和旁道，但"干燥的萨尔维

被美国化的英国

吉斯"则更加直接地展示了机械文化与大地的恢复潜力之间的对立。

通过河流的形象,"干燥的萨尔维吉斯"将两种时间性同时编码到它的语言和诗歌中。标志性的美国地标密西西比河在诗歌的第一部分成为自然时间的守护者。使用未完成时——"面临着"、"保持着"、"等待着、守望着、等待着"——仅仅是增强了与线性的发展阶段相对立的持久性的长久感。在"尽管曾经不共戴天,保持着他的四季和愤怒"这两句,一种精细的艾略特式的巧妙将"曾经"的永恒性嵌入同时也是回应"尽管"这个词,从而使诗歌离开现代化的发展。显然,"干燥的萨尔维吉斯"的独特的美国背景,以密西西比河与新英格兰海岸的形象,以边界与机器崇拜者的形象,将展现线性发展时间与循环自然的时间之间的冲突,比艾略特描写英国乡村的诗歌所展现的更加充分。在"干燥的萨尔维吉斯"的开篇,看起来美国背景的价值在于其展示现代化危机的典型方式。

在开篇的第二部分,以一系列令人回想起早期美国历史的形象,从密西西比河转向了大西洋。借用船员的想象,诗歌展示了一个水下废墟的景象,以大海作为主语:"它抛起我们丢弃的东西,破烂的渔网,捕捉龙虾的破篓,折断的船桨,还有外国死者的设备。"[60]通过内部和结尾的韵律,这几行富有节奏的诗句紧紧地连在一起,将海洋表现为过去时光的储藏室,海上废弃物的储藏室,以及更加令人好奇的"外国死者的设备"的储藏室。正如批评家们已经注意到的,这个景象令人想起艾略特发表"干燥的萨尔维吉斯"时的1941年初的战时状态。[61]"设备"这个词可以暗指尽可能多的军事航海设备。同样有趣的是,这个设备被抛弃在新英格兰海岸的附近而不是欧洲战场。这种地理错位愈加突出了"外国"一词在一系列诗歌的语境中的含义,这个语境中的诗歌不断地及时返回以考虑英国与美国之间殖民关系。本质上,外国的设备暗指那些不是美国人的人,以及可能已经乘船来到美国的人,他们将自己的人工制品与新英格兰渔

第五章 使它旧：在《四首四重奏》中虚构英国特性

民的船桨和虾篓混在了一起。然而，通过将海洋展现为"我们丢弃的东西"的一个仓库，诗歌借用物主代词赋予外国人一种归属感，模拟了早期美国人的经历，在这段经历中外国人通过殖民化和移民变成了本国人。

海洋的形象对于诗歌愈加重要，因为它开始不仅指代有限的空间，而且也是自然时间的主要标志：

在无声的雾的压力之下
正在报鸣的钟
测量着时间，不是我们的时间，不紧不慢地敲打着
海浪，一种时间
比精密计时器的时间更久远，
比焦虑担忧的妇人们计算的时间更久远，
醒了躺着，计算着未来，
试图拆散、放松、解开
过去和未来，再将之拼在一起，
没有未来的未来，在早晨到来之前
当时间停止或者时间永不停止的时候；
而海浪，那是过去也是开始，
叮当敲响了
钟。[62]

在一个精彩的段落中"时间"一词重复了六次，"干燥的萨尔维吉斯"引入了大海中"海浪"敲响的"钟"的形象。钟和大海都代表了自然的循环时间，与现代世界中"我们的时间"形成鲜明的对比。具体而言，在这些诗句中，钟被一台航海精密机器"精密计时器"带到了反面，这台计时器从18世纪开始就被用于在船上测量时

被美国化的英国

间和纬度。通过钟和计时器的这种并置，诗歌展现了钟能够取代计时器及其世俗的时间。为达到此种效果，钟作为基督教教堂的钟声序曲的一个形象，在"那是过去也是开始"这样的回音中叮当敲响。艾略特的诗歌运用了熟悉的悖论修辞——"没有未来的未来"和"当时间停止或者时间永不停止的时候"——源于钟与精密计时器以及神圣的自然与机器之间的冲突。将大海表现为永恒的空间，以及基督教的永恒性与自然循环的自相矛盾的空间，这似乎是作品中的一个特别显著的选择，以便关注于跨大西洋旅程和移民的重要。大海的地理身份，有助于将艾略特对"机器崇拜者"形而上学的挑战，重叠式地置于他在《四首四重奏》中确立的跨大西洋框架之中。这里，在"干燥的萨尔维吉斯"中，诗歌呼吁循环的精神的时间的令人信服的理由变得清晰：现代化发展的代价和对机器的崇拜即将在美国出现。不是一篇世界性的文学集锦而是回归艾略特的起源国的一首抒情诗，最有力地论证了对这片过度发展的荒原予以拯救的必要。

从大海与钟的象征性意象开始，"干燥的萨尔维吉斯"转入时间哲学如何反映美国主义话语的更加清晰的阐述中。叙述者再次回到第一人称，自传式地沉思：

> 似乎，就像一个人变得更老一样
> 过去存在另一种模式，而不再只是一个顺序——
> 或者甚至发展：后者是部分的谬论，
> 受到肤浅的进化思想的鼓动，
> 而在大众心目中变成了否认过去的一种手段。[63]

在此，叙述者对"发展"的观念提出质疑，并强调时间的线性顺序和发展。对发展的这种控诉令人想起诗歌的第一部分，那里将

第五章　使它旧：在《四首四重奏》中虚构英国特性

对机器的崇拜确定为一种概念错误。诗歌将这种错误归因于居住在"大众心目中"的错误的目的论思维，即"肤浅的进化思想"。在"美国的四重奏"中调用"大众心目"是尤其令人瞩目的，因为在20世纪早期的英国流传着如此多的关于美国化的讨论，涉及到流行文化、大众行为和暴民统治。这里，艾略特再次表露出他在"干燥的萨尔维吉斯"以及整个《四首四重奏》中所努力的全部目的。诗歌解释道，"大众心目中"发展的终极目标的问题在于，他变为"否认过去的一种手段"。与此相比，《四首四重奏》本身就是一种"拥有"过去的手段，这种手段是通过对旧英国跳舞者的抒情描述，以及对运送从英国驶往美国的轮船的永恒海浪的赞美的方式实现的。

"小吉丁"：英国的结局

《四首四重奏》的最后一首"小吉丁"回归到一个英国背景之中。正是这首诗宣称了英国的历史——"历史是现在和英国"——作为其著名的结束部分。事实上，"小吉丁"的标题中蕴含着对英国历史中一个特定阶段的回溯。正如许多《四首四重奏》的评论家所提到的，小吉丁是一个小镇的名字，尼古拉斯·费拉（Nicholas Ferrar）在此建立了一个宗教团体，作为捍卫英国国教和英国文化的一个堡垒，诗歌提到的"断头国王"查理一世也不止一次地访问此地。[64]小吉丁似乎成为一种封闭团体的小英国性的一个理想形象，因而最终将《四首四重奏》的跨大西洋姿态带回到英国。然而，尽管这个结尾的四重奏定然是英国式的，尼古拉斯·费拉的全部经历，将最后一首四重奏所意味的图画复杂而果断地变为英国式的。尼古拉斯·费拉在小吉丁建立宗教团体之前，曾是竭力维护弗吉尼亚公司（Virginia Company）的重要人物，他的家族也为此投资颇多。从17世纪初开始，费拉的父亲一直是弗吉尼亚公司和新百慕大公司

被美国化的英国

（New Bermuda Company）的一名股东。[65] 费拉及其胞兄都是弗吉尼亚议会重要的青年议员，试图帮助阻止国会取消弗吉尼亚公司的特许状。尽管议会的努力最终令费拉成为南安普敦伯爵（the Earl of Southampton）的财务主管和首席顾问，但弗吉尼亚公司仍然被国会解散。[66] 只是在英国政界谋求保护家族的跨大西洋利益失败之后，费拉成立了"小吉丁"独立派团体，其功能基本上是作为英国国内的一个殖民地。"小吉丁"就成了这个英国地点的名字，这个地点是在一种跨大西洋联系失败的时候创立的。这个地点为诗歌提供了英国特性的典范，而这种典型的英国特性则取决于共产主义社会者的情绪被失去的跨大西洋联系所驱动的方式，这种跨大西洋联系具有英国移民新世界时期的特征。

"小吉丁"花了一些篇幅探讨了查理一世国王（King Charles）对小镇的访问，以及克伦威尔公爵主导的对小镇团体的驱散。这首诗断言，"小吉丁"悲剧的结局，使之具有典型性：

> 还有其他的地方，
> 它们也是世界的终结，有些是在大海的下颚，
> 或者在黑暗的湖面上，在一片沙漠里或者一个城市中——
> 但这是最近的，在地点和时间上，
> 现在并且在英国。[67]

艾略特的诗歌再次将时间和地点放在一起。"小吉丁"是世界的双重终结：它既是地理上的终点也是时间顺序上的结束。尽管这首诗歌坚称它的典型性质是众多终结中的一个，但小吉丁却仍然是这首跨大西洋世界的诗歌所确定的"终结"。这首最后的四重奏清楚地表明，它不是一个关于黑暗的湖面或者沙漠的故事，而是一个关于英国和英国时代的故事。

第五章 使它旧：在《四首四重奏》中虚构英国特性

《四首四重奏》的宏伟志向勾画出了非凡的世界与形而上学的永恒之间的关系。正如诗歌所讲："这里，永恒时刻的交汇点/在英国而不是他处。从来没有而且永远不会。"然而，在这个对非物质的颂词中，艾略特将英国描绘成一个被深深地确定了地方感的地方，这个"地方"与"无处"形成对比。艾略特认为，位于永恒的另一边的重要土地是英国。艾略特此刻为英国的祈祷包含了诗歌所表达的在形而上学的非物质性与国家之间的谨慎平衡。如此，"小吉丁"从第一部分开始便将英国置于一种形而上学的代数学中，使它不仅产生了一个国家的地点，而且能够代表地点这个理念。在最后一部分，诗歌继续写道：

> 玫瑰的时刻和杉树的时刻
> 同样的持久。一个没有历史的民族
> 从时间上得不到救赎，因为历史是一种模式
> 是关于永恒时刻的。所以，当光线暗淡
> 在一个冬日的下午，在一座幽静的教堂里，
> 历史是现在和英国。[68]

在对前面几首四重奏的意象进行回顾的数行诗句中，尤其从"干燥的萨尔维吉斯"的结尾开始，"小吉丁"主要阐述了历史和国家主义。"小吉丁"既涵盖了查理一世和克伦威尔的历史，也涵盖了弗吉尼亚公司和新世界的殖民历史。在艾略特的作品以及整个《四首四重奏》密集的关系结构中，近乎形而上学的历史观似乎不是完全脱离了特定历史，而诗歌通过这些历史想象了过去。恰恰相反，这些特定的历史不断地揭示出作品的国际的和跨越大西洋的结构，作品坚信"历史是现在和英国"。

像"东库克"一样，"小吉丁"也提出了开始和结束的循环：

被美国化的英国

"我们所谓的开始经常是结束/而做一次结束就是做一次开始/结束是我们出发之处。"在"小吉丁"接近末尾的地方出现了这种熟悉的回归与重新开始的循环的最终阐述:"我们将不会终止探索/我们所有探索的终点/将到达我们出发的地点/而且第一次知道了地点。"杰德·埃斯蒂曾经说过,这些诗句可能参考了殖民探险计划的方式,这个殖民计划在帝国衰落的后期回到了英国。对于这个观点,值得加上一点,在"小吉丁"的语境中,这种探险可能特指英国对美洲的殖民探险。与开始和结束时的感觉极其类似的是,在"东库克"中提到的艾略特的祖先与他自己的跨大西洋的双重移民,这里似乎还要加上美洲与新世界,新英格兰和密西西比,艾略特家族离开英国去美国之前所在的英国小镇,以及在弗吉尼亚公司特许状失效的基础上成立的英国小镇,都不同程度地揭示出,这种探险可能不是一种普遍的帝国模式,而是独特的跨大西洋模式。

尽管诗歌极其明显地成了纷争四起时代基督教神秘主义悖论的载体,这是一个充满国家主义争论的时代,这种争论已经让艾略特试图收回历史的所有权。诗歌整体所要揭示的是,这种收回特定的英国历史所有权的尝试依赖于对美洲的参照。特别是,诗歌前后一致地指向英国与美洲之间的殖民关系,是美国出现以前的美洲。这种时间顺序让诗歌放弃了"机器的崇拜者",而去追寻更加有机的联系,艾略特似乎希望将这种联系作为他的遗产、他的开始和他的结束。这种时间与空间的重新安排会令人想象,美洲能够回到与英国的一种有机的源出一宗的联系,一个辉煌的英国历史能够伴随美洲殖民地的新生而得以恢复。

艾略特、英国和传统

1936年,在艾略特完成《四首四重奏》或者获得诺贝尔奖之前的数年,弗吉尼亚·吴尔夫就在给朱莉安·贝尔(Julian Bell)的信

第五章 使它旧：在《四首四重奏》中虚构英国特性

中说，艾略特已经成为"英美文学界的名誉领袖"了。[69]然而，F. R. 利维斯在《伟大的传统》(The Great Tradition) 的第一页上就谴责了他的读者，误认为他自从约翰·多恩（John Donne）之后，"除了霍普金斯（Hopkins）和艾略特"就不再喜欢别的诗人，当然，他对艾略特的长久支持也为这种误解提供了足够的理由。[70]尽管像吴尔夫和利维斯这样的文化精英成员之间互不相容，但都肯定了艾略特对于英国文学的重要性，当然也都不会误以为他是英国人。然而，艾略特作为诗人和评论家，坚持不懈地成功完成了英国文学以及后来的英国民族文化的教学工作。通过博洛诗和《四首四重奏》的国家主义话语，一组令人联想的极其相似的事物出现在了艾略特的事业中，包括其在开创英国特性的过程中以及对美国现代文化的文学抵制中。

在他的第一部博洛诗与《四首四重奏》期间，艾略特发表了一篇文章，这是确立他作为一位致力于有关英国文学传统的英语教学评论家的文章。这篇名为"传统与个人才华"（"Tradition and the Individual Talent"）(1919年) 的文章，令人惊讶的不仅是他所关注的问题，而且是艾略特两部主要的跨大西洋诗歌作品的更加令人信服的时间逻辑。尽管如此，"传统与个人才华"既没有提到欧洲也没有说到美国，而是表现为对同时代英国和欧洲传统的一种阐述。艾略特在"传统与个人才华"开篇写道，"在英文写作中我们很少说到传统。"[71]"英文写作"这个短语模糊得恰到好处——可能是指用英文写的文学作品，却带有明确无误的英国国家主义色彩。而且，在艾略特提出成为英国公民的数年前，他已经使用第一人称暗示了自己的身份认同，即便不是彻底的英国人的认同，至少是对"英文写作"的认同。如果这种开篇短语证明过于模糊的话，艾略特继续以国家辞典为依据而坚持认为，对于传统而言，"你很难使这个词让英国人的耳朵接受"。[72]随着话题转至一个有形的国籍之上，"英国人的耳朵"参与了一种普遍的对于"传统"一词的抵制中，艾略特明确

155

被美国化的英国

了他要与之交谈的群体以及他希望参加他的辩论的群体。

艾略特很快做了一个更加笼统的表述,进一步展现了多个涉及英国特性的模糊说法的国家主义内容。他强调,"每个国家、每个种族不仅有自己的创意,而且有自己重要的心态转变。"[73]令人惊讶的是,艾略特通过语法的同位语结构将种族与国家并列在一起,使种族成为了国家的"同义词"。这一结构极其生动。尽管艾略特为了英国人的耳朵而通过第一人称将自己置于英文写作中,然而,直至1919年他仍然无法做出任何真正想要成为英国人的主张。尽管如此,正如他将在《四首四重奏》中更加充分表达的,他却能够宣布自己想要成为种族上的英国人。[74]尽管艾略特本可以严格地通过英语语言来选择确定自己的身份,但他在此却暗示了一种更加广泛的英国文化和社会的意义,在这个社会中他可以将自己置于其中而无须提及自己的美国人身份。无时无刻地,这个种族的英国特性甚至听起来更像国家的英国特性,就像艾略特在解释"我们"趋于将自己定义为与"法国人"不同时的方式一样,这里援引了一种对比,与岛屿国家的对比要比与艾略特自己的对比更为常见。[75]

在艾略特解释了传统的重要性之后,他继续将其定义为"历史意识","包括了一种感知,不仅要感知过去的过去性,而且还要感知过去的存在性"。的确,艾略特认为:"历史意识迫使人们写作时不仅要与他自己的时代联系一起,还要与自荷马以来的整个欧洲文学的感情联系在一起,而在欧洲文学范围内,他自己国家的文学拥有一个同时的存在并且构成了一个同时的秩序。"[76]对于艾略特的传统概念而言,国家主义结构必须将某人"自己国家"的文学置于"欧洲文学"之内,展现一种欧洲的文学传统,其可以但并非必须包括美国。事实上,通过将时间上溯到荷马时代,艾略特完全避免了考虑美国的必要性。[77]为了代替一种现代的国家身份认同,艾略特提出了一种不同的意象:"欧洲的思维——他自己国家的思维——(诗

第五章　使它旧：在《四首四重奏》中虚构英国特性

人）立即明白比他自己的思维更重要的一种思维。"[78]这种"思维"就是传统；它是欧洲或者国家的想象，是诗人必须作为他的精神遗产而接受的想象。通过加入超国家的欧洲传统思维，艾略特能够在"一种个性灭绝"的过程中忘却自我，这不仅消除了艾略特所摒弃的诗人个人的情感与痛苦，而且这也归入到他的现代国家隶属关系的特殊性之中。[79]

艾略特在对英国和欧洲文学遗产进行赞美时，他解释说，"新的艺术作品"能够改变整个传统。如他所言，"现存的不朽之作在其内部形成了一种理想的秩序，这种秩序将会因为新的（真正新的）艺术作品的引入而得以修改。"[80]艾略特继续说，"凡是认可这个秩序，认可欧洲形式，认可英国文学的人都不会觉得这个想法荒谬，即'过去应该由现在改变，就像现在由过去指导一样'。"[81]艾略特对于传统的定义具有影响力并且有些令人惊讶，他形成了明确的对时间和国家的处理手法，并因此为博洛诗和《四首四重奏》提供了方向。过去肯定是国家的，也是"欧洲的"和"英国的"，可以通过引入新的作品而在当下被制造出来。尽管在博洛诗中，艾略特通过抹去美国而使新旧融合，即便他的诗歌暗示了美国意识形态的持续存在，但是在《四首四重奏》中，艾略特通过文学作品极其令人信服地实施了对国家主义过去的修改。《四首四重奏》通过文学努力实现了他在"传统与个人才华"中确定的批判主题。

在"传统与个人才华"之后的几年间，艾略特设法令人信服地与"英国人的耳朵"进行交谈。F.R.利维斯在1929年赞扬艾略特："他比如今用英语写作的其他任何人要更加意识到过去。这个现代派中最现代化的人真的比'传统主义者'更加传统。"[87]艾略特在四十多岁的时候，通过《关于文化定义的注释》和《四首四重奏》，充分证明了自己是一位令人尊敬的文化和传统的教育家，这是他现在被人熟知的角色。然而，尽管艾略特变成了英国文化理念的代名词，

被美国化的英国

但他的这个理念在一定程度上是通过与美国的复杂的谈判、认同和否定而形成的。如果没有艾略特对美国和英国之间的殖民关系以及宗谱关系的持续关注,没有他对令人烦恼的美国现代性的排斥的话,精神的和种族的英国特性就不可能形成,而这种英国特性则是艾略特赠送给他所选择的国家的礼物。

后　记

2009年3月，戈登·布朗（Gordon Brown）首相访问美国，这是奥巴马（Obama）总统上任以来英美双方的第一次正式会面。在临行前的数日，布朗在伦敦的《泰晤士报》上发表了一篇称赞美英"特殊关系"的文章，他煞有介事地宣称："在近代历史上，没有任何国际伙伴关系比英美关系曾更好地服务于世界。"[1] 然而，报道布朗在美国所受的待遇时，英国报纸铺天盖地使用了诸如"特殊关系是个笑话"以及"羞辱、绝望、麻痹"等标题。[2] 被感觉到的冷落包括一场被取消的新闻发布会、一顿工作午餐而不是国宴，以及最特别的，奥巴马一家送给布朗家人的礼物。尽管戈登·布朗送给奥巴马的礼物包括用"HMS *Gannet*"*木料做的笔筒以及第一版的丘吉尔自传，[3] 而白宫回赠给首相的礼物却是一套好莱坞老电影的DVD。此外，布朗夫人萨拉·布朗（Sarah Brown）为奥巴马的女儿们精心挑选了时髦的外套和英国的儿童书，而奥巴马夫人米歇尔·奥巴马（Michelle Obama）送给布朗的儿子们的是总统直升机"海军陆战一号"的塑料模型。英国《观察家》（*Observer*）杂志认为这是"有损英国骄傲的"事件，《每日电讯报》（*Telegraph*）则感叹DVD套装"看起来像是白宫可能会送给到访的非洲小国家领导人的东西"，而《泰晤

---

* 这种木料曾经专门用于制造英国皇家舰队船只，英国首相的办公桌也是用这个木料做的。——译者注

士报》指出:"无论是否故意,整件事情感觉像是一种冷落。"[4]

在对这一事件的报道中所体现出来的主要情绪——英国人因美国人的一种象征性的怠慢而感到羞辱——在19世纪多半是不可想象的。尽管鲁德亚德·吉卜林在1898年能给新帝国美国人提出家长式的建议,但21世纪的媒体——以一种显著的对帝国主义世界观的坚持——以白宫对待英国人的态度而在修辞上将英国变成了"一个非洲小国"。在整个19世纪,美国作家都在挣扎,试图走出同时代英国作家的阴影;1869年,马修·阿诺德表达了当时的一种普遍感觉,他强调"在文化以及整体上,美国没有超越我们,反而尚未达到我们的水平"。[5]阿诺德关于美国人"知识平庸"以及"普遍缺乏智慧"的表述,可能与后来将美国描述成英国的粗鲁表妹似乎是一致的,但是缺少了对具有20世纪早期特征的问题的关注。[6]首先,尽管阿诺德可能像吉卜林一样蔑视美国,但他没有预料到美国20世纪的小说在世界舞台上的优势地位。并且,尽管阿诺德与19世纪占据主导地位的观点一样,认为美国文化"平庸",但他却没有料到,在20世纪初期,这种令人担忧的平庸文化跨越了大西洋而变成了英国文化。

20世纪初期发展起来的话语——作为本书论述中心的文学现代主义时期——使英国从19世纪对美国的自信自满转变成了21世纪已经成为可能的装腔作势。布朗—奥巴马事件之所以受到媒体如此广泛的关注,在某种程度上是因为这一事件的主要影响具有明显的象征意义,而这些象征意义多数根源于20世纪初期的争辩中。譬如,礼物的文化分量——好莱坞电影与英国作者的书籍相比是贫乏的——令人想起美国大众媒体作为对英国生活以及英国文化努力的补偿价值的一种廉价冲击的历史。部分悲怆之感也源于戈登·布朗在《泰晤士报》上发表的社评;他对于跨大西洋的伙伴关系做了真诚宣誓,称自己是一个"大西洋主义者",并且援引温斯顿·丘吉尔

后　记

(Winston Churchill)作为例证。[7]正如英国媒体迅速指出的那样，奥巴马将丘吉尔的半身像搬出了总统办公室——此举被解读为对英国的进一步拒绝。然而，在20世纪初，是英国人争抢着要保护自己的传媒产业不受美国的侵袭，当时的一些评论员认为，由于保护主义的"区域锁定"技术，备受争议的DVD套盒甚至可能不会在英国播放。

当约翰·奥斯本(John Osborne)将"美国时代"描述成20世纪50年代英国的环境时，他暗示了一种不同的区域关系，在这个关系中美国大众文化没有被封锁在它的海岸线之内，而是得到了富有感染力的传播，占领了大西洋彼岸的领土。奥斯本关于"美国时代"的故事本身展现的是两次世界大战之后英国被击败的时期，在此期间，正如我们已经了解到的，关于跨大西洋"财富转移"的令人震惊的可能性立即遭遇质疑、恐惧，以及偶尔的拥护。这里曾是一块文学写作的沃土，其文学写作涉及了一定范围的现代派模式，包括那些反映和改写了英语语言权力变化的动态。事实上，布朗—奥巴马事件极其清晰地指向了政治和外交问题，而其他当代事件则显露了两次世界大战期间的艺术、文学和文化的美国化概念的持续存在——也许，没有什么比将美国人纳入布克奖的评选范围引起的争论更清晰地显示这种存在了。

2002年，布克奖委员会主席莉萨·贾丁(Lisa Jardine)发现自己处在了媒体争议的中心，争议是围绕美国人是否可以被允许参加布克奖的评选展开的。[8]贾丁反对美国作家参选，但不是——像19世纪可能已经援引的理由——因为他们文学的品质低劣。相反地，她认为美国作家远远领先于他们的英国同行，他们以更新颖、更深刻、更先进的英语语言作品势必夺得布克奖，这将导致评比的不公平，贾丁因为这些观点而登上了头条新闻。[9]这样一种主张——随着争议的持续，既受到了公众人物的响应也受到了谴责——在考虑授奖范围的问题上，将美国与其他包括非洲、南亚和加勒比国家在内的英

209

语国家区别开来对待。布克奖前得主阿兰达蒂·洛伊（Arhundhati Roy）拒绝接受贾丁的建议，尽管她的语调并不是拥护大西洋彼岸的那一种："我肯定没有被美国作家吓到……你在用你的智力对抗他们，不是你的经济……我不想被迫去说美国人是大男孩，我们需要受到保护以免遭遇大男孩的伤害。"[10] 布克奖得主伊恩·麦克尤恩（Ian McEwan）在呼应洛伊的情绪时，称这种对美国作家的惧怕是"可怜地缺乏主见的"。但贾丁的说法也引起了另外一些布克奖得主的共鸣。戴维·斯托里（David Storey）坦言："说实话，我觉得现在的英国文学无法与美国文学抗衡。"伯尼斯·鲁本斯（Bernice Rubens）也慨叹："没错，我认为我们无法与美国作家竞争。我们是这一比较中的侏儒。"双方辩论中援引的那些话语，"大男孩"所包含的男性身材和体格，以及在帝国主义修辞中将英国视为"侏儒"的称呼，都在将美国人加入竞赛的讨论中嵌入了英美之间的较量。这个问题能够激起如此强烈的情感，部分原因在于它触及了英国抵制美国化的最后一个堡垒：文学。

正如阿兰达蒂·洛伊的评论指出的那样，尽管文学可能需要经济基础，但是各国文学优点的对比并非依赖于国民生产总值的规模。围绕布克奖的争论揭示了文学在何种程度上成为体现英国之伟大的最后舞台。在整个20世纪初期，美国似乎越来越有可能抢走英国文学进步的风头，这个拥有莎士比亚、济慈和科尔里奇的国家在其文学作品的价值中寻找愈来愈多的庇护。按照 F. R. 利维斯的观点，文学是对抗美国化的必备良药；而文学又是这场英国迫切想赢的对抗赛中的本土竞争者。正如萨拉·苏勒里（Sara Suleri）所言，这场比赛不仅发生在国内，因为英国的文学文化也是主要的帝国输出品。[11] 布克奖的领土版图将英国及其从前的殖民地与美国分隔开来；它给出了一份族谱，暗示所有的英语国家，除了美国之外，可以通过语言和文学与英国紧密地联系在一起。

后 记

当然，英国、英联邦与英国从前的殖民地之间存在着紧密的亲属关系这种想法本身就是一种虚构。在《广泛的现代性：全球化的文化维度》(*Modernity at Large：The Cultural Dimensions of Globalization*)中，阿君·阿帕度莱（Arjun Appadurai）通过描述自己的转变开始了对他现代世界的探索，他在印度长大，其转变体现为从想象中与英国的隶属关系变成了与美国的隶属关系。他回忆道："我逐渐失去了那个我早年从我的维多利亚时代的教科书上了解到的英国。"而相反地，"在阅读《生命》(*Life*)以及美国大学目录时……在性爱剧院观看好莱坞 B 级电影时……看到和闻到了现代性。"[12]正如他所简明指出的，"这些都是小败仗，解释了英国如何在后殖民时代的孟买失去了帝国。"[13]美国文化甚至美式英语已经在讲英语的世界留下了它们的痕迹，这个过程主要可以追溯到 20 世纪早期以及大众娱乐兴起的时期，尤其是好莱坞电影兴起的时期。像阿帕度莱这样的一种观点——而他并不孤单[14]——反映了 20 世纪初期想象着自己文化影响力正在减弱的那些英国人的恐惧。2002 年，将美国人排除在外的决定，使得布克奖成为地球上将英国、英联邦和爱尔兰共和国聚集在一起，而作为独特的且可以识别的讲英语的实体的最后几个机构之一。[15]由此，它成为反对世界被改造成新的和现代化的美国形象的最后一个阵地——对美国化的最后一种拒绝。

文学文化以及对"英国"文学的保护能够引起如此强烈的情感，在某种程度上是因为，尤其是自 20 世纪早期以来，文学和英国特性已经被富有想象力地与一种国际规模联系在了一起。从前的英国殖民地没有继续使用英镑；他们没有普遍地公开"天佑女王"的公众仪式。然而，他们确实教授和阅读了莎士比亚、华兹华斯和简·奥斯丁。是入选布克的"书"（book）成为了文化的守卫者，这种文化的全球形象已经从时代浪潮的帝国统治者变为一个安静了许多的形象，通常包括一杯茶和一本厚厚的旧小说。因此，怪不得戈登和萨

被美国化的英国

拉·布朗在为奥巴马一家挑选具有象征意义的礼物时选了书籍：丘吉尔自传和给女儿们的英国童书。此外，当奥巴马回访伦敦的时候，所带的具有象征意义的美国礼物是诸如一根老式棒球棒等，被邀请与米歇尔·奥巴马会面的英国名人不是别人正是英国儿童书作家J. K. 罗琳（J. K. Rowling）。

罗琳是一位特别合适的呈现给奥巴马夫妇的客人，不仅因为她恰好是萨拉·布朗的朋友，而且因为她的书已经代表并且体现了英国文化的新的全球化。在这个 21 世纪初的这个时刻，儿童书"正是"英国文化；写作、小说和文学成为英国特性的象征——并且将国家与其过去的辉煌联系了起来——以经济、军事或者政治机构都几乎难以做到的方式。罗琳的作品在全世界受欢迎的程度令人惊讶，这些作品既依赖于又再现了一个可以追溯到 20 世纪初期的现代遗产的故事：一个关于逃离了现代性的英国特性的国家故事。甚至比布克奖之争更为清晰的是，哈利·波特现象依赖于有关遗产、历史和小英伦的叙述，这些叙述很像 20 世纪早期的那些叙述。霍格华兹[*]呼应的是牛津、剑桥和伊顿公学，其本身就是一个英国的缩影。它古朴而雄伟，拥有惹人喜爱的场地看管人和标志性的城堡，这不是一个在美国能够找到的地方。[16]

作为 20 世纪与 21 世纪之交得到最广泛阅读的英国小说，《哈利·波特》系列也是对自 20 世纪初以来关于美国化话语的一种完美回应。这个系列作品描述了两个世界，一个是现代技术世界，另一个是英国传说和传奇故事的偶像的世界，这个世界里有城堡、凶猛的龙以及迷人的鹅卵石村庄。值得注意的是，在第二个"有魔法"的世界里，魔法代替了科技，而古怪的魔术师的行为像时间旅行者一样，不会工作，甚至不了解电话。如此许多的让魔术师感到着迷

---

[*] 《哈利·波特》里的一所魔法学校。——译者注

后 记

而又困惑的发明似乎都与美国有关——汽车（福特）、电话（贝尔）以及飞机（名义上与莱特兄弟有关）——将背景设为美国世纪的晚期是本书的一大特点。[17]尽管美国世纪具有似乎被新技术赋予了神奇质量的特征——会说话的盒子！移动的图片！在月球上的人！——但在波特的世界里，魔法代替了机器。

为了显示这种二分法，罗琳将古老的魔法师与她称为"麻瓜"的机器世界的居民做了对比。从系列作品的第一本书开始，麻瓜就与哈利最熟悉的人扯上了关系，比如哈利的肥胖的爱欺负人的表哥，听起来有点像漫画中的美国人。哈利的麻瓜亲戚们缺乏想象力并且粗野，沉迷于科技，说话大声，喜爱自己的巨型汽车，而且往往吃得过饱。然而，无论这个麻瓜家庭会如何让人想起英国人所谓的大西洋彼岸的表弟，他们实际上是美国化的英国人，此时美国化已经"成为"英国的美国化。现代英国要想抵制美国化为时已晚。而在哈利·波特的世界里，正是古老的英国文学——融合了一种新的多种文化的英国文学——使精神和想象躲避了不再抱有幻想的机器世界。

此外，这个庇护所是以一种与英国对美国化的辩证态度有关的形式出现的。为了成为魔法世界的一员，哈利必须学习如何使用咒语。这些咒语受到的影响范围了从拉丁诗文到路易斯·卡罗尔（Lewis Carroll）的作品，这些各不相同的咒语统治了魔法世界，以某种类似于诗歌的东西有效地取代了科技。在现代化的麻瓜世界里，如果你想看得更清楚些，你只有打开爱迪生发明的电灯；而在哈利的新世界里，你可以一边挥动魔法棒一边念咒语。奥尔德斯·赫胥黎在他的1932年的反乌托邦作品《美丽新世界》里，为约翰配备了莎士比亚的"魔法词"以抵制现代化、美国化的噩梦，与此极其相似的是，这里的另一个古老的英语魔法世界本身也是由语言的力量驱动的。在波特系列作品中，这些咒语随处可用，这些简短的玄幻诗歌蕴含着文学和语言的力量——都是即时写下来并且与口述传统相关——即便作品本身也体现了英国文字至高的市场力量。

J. K. 罗琳可能不会将 F. R. 利维斯视为自己的一个灵感来源，但她的虚构世界却与利维斯关于英国特性的怀旧小说惊人地一致。毕竟，这是一个拥有质朴小屋以及许多尖塔学习城堡的世界，一个语言本身就具有魔法的世界。尽管这一系列的作品描绘了各种各样的事物，但如果过去的一个世纪在文学和公共话语中，没有关于曾经繁荣的英国的各种怀旧想象的话，哈利·波特的魔法世界将不可能被创造出来。当然，自 2001 年以来，与图书具有同样影响力的波特现象是电影。尽管传言可能不是真的，罗琳坚称她的作品的电影改编不是好莱坞的成果，而且主要演员没有美国人，哈利·波特系列电影仍然保持了它们的民族风格。[18] 笔者毫不怀疑，罗琳本人与其他任何英国人一样，喜欢美国和美国人；当然，她从美国市场获得了巨大的收益。然而，在她吸收和改写关于两次世界大战期间有关美国化的故事时，她也成了一位反现代性的诗人，娱乐产业又将她的反现代性的作品卖给了美国人的主题公园和 DVD。[19] 以这种方式，哈利·波特系列电影体现了现代更为狡猾的（而且更有利可图的）一种平衡做法："通过"现代化推广古老的英国。[20]

19 世纪末，德国首相奥托·冯·俾斯麦（Otto von Bismarck）指出，提到即将来临的 20 世纪最重要的一项是"北美说英语"。[21] 几乎 100 年以后，法国理论家让·鲍德里亚（Jean Baudrillard）在回顾过去时说，"美国是现代的初始版本。"即便现代恰当地说并不是有一个起源之类的事情，但在过去的一个世纪，它肯定与美国有相当的关系。另一个重要的说英语的帝国大不列颠，20 世纪初与美国相关的现代性有着最为重大的利益关系。后记中提及的逸事——布朗—奥巴马事件、布克奖之争以及哈利·波特现象——展示了 20 世纪早期，尤其是在两次世界大战期间讲得最清楚的故事的持续存在和改编。与此同时，这些近代的事例能够提醒我们以英国框架作为一种学术指南的重要性。在美国化的标题下,英国文学领域有时候似乎显得分散——对国家和帝国、大众娱乐以及语言的研究——结合在一起作为一个连贯整体的各个部分。当20世纪的英国文学研究固化为一个领域的时候,它可以运用美国世纪的概念作为其研究的一个令人信服的框架。既然许多人认为美国时代即将结束,就像法里德·扎卡瑞亚(Fareed Zakaria)的《后美国时代》(*The Post-American World*)所表明的,那么,回顾和了解英国看起来正在衰落而世界似乎趋于美国化的那个时期就变得更为迫切了。

注 释

前 言

1. Rudyard Kipling, "The White Man's Burden," *Rudyard Kipling's Verse: Definitive Edition* (Garden City: Doubleday, 1950), 323. 尽管批评家没有一直将注意力放在这首诗所涉及的跨大西洋问题上，吉卜林在美国吞并菲律宾后在美国发表了该诗。

2. John Osborne, *Look Back in Anger*, *Three Plays* (New York: Criterion Books, 1957), 19.

3. 同上。在这个研究中，笔者将遵循同时期英国作家的惯例，将美利坚合众国称为美国。当时大不列颠与北美（以及其他美洲地区）的关系十分复杂，美国化的叙述都聚焦在美国身上。

4. 至于代表性作品，见 Laura Doyle, *Freedom's Empire: Race and the Rise of the Novel in Atlantic Modernity*, 1640—1940 (Durham, NC: Duke University Press, 2008); Paul Giles, *Atlantic Republic: The American Tradition in English Literature* (Oxford: Oxford University Press, 2006); Sieglinde Lemke, *Primitivist Modernism: Black Culture and the Origins of Transatlantic Modernism* (New York: Oxford University Press, 1998); Michael North, *The Dialect of Modernism: Race, Language, and Twentieth-Century Literature* (New York: Oxford University Press, 1994); Michael North, *1922: A Return to the Scene of the Modern* (New York: Oxford Uni-

versity Press, 1999); Charles Pollard, *New World Modernisms*: *T. S. Eliot, Derek Walcott, and Kamau Braithwaite* (Charlottesville: University of Virginia Press, 2004); Laura Winkiel, *Modernism, Race, and Manifestos* (Cambridge: Cambridge University Press, 2008); and Alex Zwerdling, *Improvised Europeans*: *American Literary Expatriates and the Siege of London* (New York: Basic Books, 1998)。

5. F. R. Leavis 和 Denys Thompson, *Culture and Environment*: *The Training of Critical Awareness* (London: Chatto & Windus, 1933), 35.

6. 引自 Peter Nicholls, *Modernisms*: *A Literary Guide* (Berkeley: University of California Press, 1995), 46。

7. Philippe Roger, *The American Enemy*: *A Story of French Anti-Americanism*, trans. Sharon Bowman (Chicago: University of Chicago Press, 2005), 62.

8. 引自 Roger, *American Enemy*, 63。

9. 在其著名的文章"On Jazz"中，阿多诺为爵士乐"标准的商品特性"哀叹（473），他坚持认为"爵士乐越是民主就越糟糕"（475）。See "On Jazz," in *Essays on Music*, ed. Richard Leppert (Berkeley: University of California Press, 2002). 关于电影，阿多诺发表过著名的论述，"每当我克制住所有的警觉去了一次电影院之后，我就变得更加愚蠢和恶劣"（25）。See *Minima Moralia*, trans. E. F. N. Jephcott (New York: Verso, 1974).

10. Andre Siegfried, *America Comes of Age*, trans. H. H. Hemming and Doris Hemming (New York: Harcourt, Brace, 1927), 347.

11. Bertolt Brecht, "Late Lamented Fame of the Giant City of New York," *Poems* 1913—1956, ed. John Willett 和 Ralph Manheim (London: Eyre Meuthen, Ltd., 1976), 168; 168; 169; 169。

12. Antonio Gramsci, "Americanism and Fordism," *A Gramsci Reader*:

Selected Writings, 1916—1935, ed. David Forgacs（London：Lawrence & Wishart, 1999）, 297—298.

13. See Richard Stites, *Revolutionary Dreams*（Oxford：Oxford University Press, 1989）, 149. 斯蒂茨写道, 据记者莫里斯·欣德斯提供的信息, "在穷乡僻壤, 福特的名字比那些最有名的共产主义者更广为人知, 列宁和托洛茨基除外。有些农民也给自己的孩子取名为福特; 还有一些人也为他们新的'铁骑'赋予了人的特征。1930年, 一位美国商业记者认为列宁是俄国的上帝而福特则是自己的圣彼得。"更多关于欧洲的美国化的讨论, 见 Victoria De Grazia, *Irresistible Empire：America's Advance through Twentieth - Century Europe*（Cambridge, MA：Harvard University Press, 2005）。

14. 关于英国本土主义的讨论, 见 Jed Esty, *A Shrinking Island：Modernism and National Culture in England*（Princeton, NJ：Princeton University Press, 2004）, 25—26; and Alison Light, *Forever England：Femininity, Literature, and Conservativism between the Wars*（New York：Routledge, 1991）, 8; 153—154。

15. See H. G. Wells, *The Future in America：A Search after Realities*（New York, London：Harper & Brothers, 1906）, 17.

16. 在提及横跨大西洋的来回运动的时候, 福特明确指向的是英美之间的交流, 而非欧洲的大西洋运动。See Ford Madox Ford, *A History of Our Times*, eds. Solon Beinfeld 和 Sondra J. Stang（Bloomington：Indiana University Press, 1988）, 229.

17. W. H. 奥登在1946年成为美国公民, 他是同时代的在美国的英国移居者的偶像。

18. See Giovanni Arrighi, *The Long Twentieth Century：Money, Power, and the Origins of Our Times*（New York：Verso, 1994）; A. E. Campbell, *Great Britain and the United States*, 1895—1903（London：Long-

mans, 1960); Aaron L. Friedberg, *The Weary Titan: Britain and the Experience of Relative Decline*, 1895—1905 (Princeton, NJ: Princeton University Press, 1988); Stuart Hall, "Interview with Richard English and Michael Kenny," *Rethinking British Decline*, eds. Richard English and Michael Kenny (New York: St. Martin's Press, 2000), 106—116; and Paul M. Kennedy, *The Rise and Fall of the Great Powers: Economic Change and Military Conflict from* 1500 *to* 2000 (New York: Random House, 1987).

19. 正如一位历史学家对一战时期英国和美国之间的财务外交关系所强调的那样："在财政部问题的处理上可以看出从英国到美国的霸权转移。" See Kathleen Burk, *Britain, America and the Sinews of War*, 1914—1918 (London: G. Allen and Unwin, 1985), 5. See Martin Horn, *Britain, France, and the Financing of the First World War* (Montreal: McGill-Queen's University Press, 2002), 183, 关于欧洲更广泛含义的叙述。

20. See Kennedy, *The Rise and Fall of the Great Powers*; and Arrighi, *The Long Twentieth Century*.

21. 至于库恩的范例转移，见 Thomas S. Kuhn, *The Structure of Scientific Revolutions* (Chicago: University of Chicago Press, 1996)。

22. T. S. Eliot, *Notes towards the Definition of Culture* (New York: Harcourt, Brace, 1949), 94.

23. See W. T. Colyer, *Americanism: A World Menace* (London: Labour Pub. Co., 1922); A. McKenzie, *The American Invaders* (London: Grant Richards, 1902); and Edgar Ansel Mowrer, *This American World* (London: Faber and Gwyer, 1928).

24. Peter Wollen, "The Last New Wave: Modernism in the British Films of the Thatcher Era", *The British Avant-Garde Film*, 1926 *to* 1995, ed. Michael O'Pray (Luton, Bedfordshire, England: University of Luton

Press, 1996), 242.

25. Esty, *Shrinking Island*, 35.

26. Fredric Jameson, *A Singular Modernity: Essay on the Ontology of the Present* (New York: Verso, 2002), 164.

27. See Frank Kermode, *Romantic Image* (New York: Macmillan, 1957).

28. 更多关于在现代的传统观念，见 Elizabeth Outka, *Consuming Traditions: Modernity, Modernism, and the Commodified Authentic* (Oxford: Oxford University Press, 2009)。

29. 在完成这部手稿之后，笔者与艾里克·海曼（Eric Hayot）进行了一次交谈（后来他为我朗读了部分未发表的手稿），他在谈话中提出了一个重新思考文学和艺术的详细计划，即通过他所谓的"现代文学的模式"。尽管笔者提出的"现代派的模式"的概念与他所提出的关于文学的精细分类存在区别，但我们都希望能够远离作者驱动的现代主义模式，在这种模式中，个人在现代派中的成员关系的展开，或许可以通过数学的方式从一个相似的规范数字中衍生出来。感谢艾里克·海曼与笔者分享他未出版的部分手稿。

30. Henry Luce, "The American Century," reprinted in *The Ambiguous Legacy: U. S. Foreign Relations in the "American Century,"* ed. Michael J. Hogan (Cambridge: Cambridge University Press, 1999), 11—29. 在文章中，卢斯写道："想想 20 世纪。它是我们的世纪，这不仅是因为我们恰巧生活在这个世纪，也因为这是美国作为世界的一个占据主导地位的强国的第一个世纪"（22）。

31. "美国世纪"被确定为 20 世纪的代名词之一，从相当数量的作品用这个短语作为标题就可以得到印证。See, for instance, David Slater and Peter J. Taylor eds., *The American Century: Consensus and Coercion in the Projection of American Power* (Malden, MA: Blackwell, 1999); Don-

ald Wallace White, *The American Century: The Rise and Decline of the United States as a World Power* (New Haven, CT: Yale University Press, 1996); and Harold Evans, *The American Century* (New York: Knopf, 1998).

32. Robert Weisbuch, *Atlantic Double Cross: American Literature and British Influence in the Age of Emerson* (Chicago: University of Chicago Press, 1986), xii.

33. Ralph Waldo Emerson, "English Traits," *Essays and English Traits* (New York: R. E. Collier, 1909), 473.

34. See Ezra Pound, "How to Read," *Literary Essays*, ed. T. S. Eliot (New York: New Directions Books, 1968), 34. 这个引起笔者关注的引言源自兹沃德林的《即兴的欧洲人》，第 240 页。

35. SeeZwerdling, *Improvised Europeans*, 246—250。

36. Gerald Kennedy, *Imagining Paris: Exile, Writing, and American Identity* (New Haven, CT: Yale University Press, 1993), 41.

37. Virginia Woolf, "On Not Knowing French," *The New Republic*, February 13, 1929, 348.

38. Harriot T. Cooke, "The American Language," in "Correspondance," *The New Republic*, April 24, 1929, 281. 当然，詹姆斯实际上来自纽约。

39. Henry James, "The Question of Our Speech," *The Question of Our Speech, The Lesson of Balzac, Two Lectures* (New York: Haskell House Publishers, 1972 [1905]), 35. 詹姆斯从国别的层面上对"好"的发音和"差"的发音 (19) 做了区分，他还指出"声音单元"具备"一种价值，这种价值让我们这些英国传统的追随者要么选择保存传统，要么选择摧毁传统"(20)。

40. Cooke, "The American Language," 281.

41. Ford Madox Ford, *A History of Our Times*, eds. Solon Beinfeld and

Sondra J. Stang (Bloomington: Indiana University Press, 1988), 229.

42. 关于他对美国英语的最著名的态度，见 H. L. Mencken's, *The American Language*: *A Preliminary Inquiry into the Development of English in the United States* (New York: A. A. Knopf, 1919)。

43. See Rachel Blau Du Plessis, "Breaking the Sentence; Breaking the Sequence," in *Essentials of the Theory of Fiction*, eds., Michael J. Hoffman and Patrick D. Murphy (Durham, NC: Duke University Press, 1996), 372—391; and Ellen G. Friedman and Miriam Fuchs, eds., *Breaking the Sequence*: *Women's Experimental Fiction* (Princeton, NJ: Princeton University Press, 1989). 在《一间自己的房间》中，吴尔夫写道："首先她打破了句子；现在她还打乱了语序。"见 Virginia Woolf, *A Room of One's Own* (New York: Houghton Mifflin Harcourt, 1991), 88。

44. Edmund Wilson, "The American Language," in "Correspondance," *The New Republic*, April 24, 1929, 281—282; George E. G. Catlin, "The American Language," in "Correspondance," *The New Republic* May 8, 1929, 335.

45. 当然，对美国英语的批评始于两次世界大战期间。正如迈克尔·诺斯所言："美国主义早在1740年代就受到了责难。"见 Michael North, *The Dialect of Modernism*: *Race, Language, and Twentieth-Century Literature* (New York: Oxford University Press, 1994), 16。笔者认为，1927年代表了这句话的现代更新；由于对美国英语入侵和改变英国的更大的恐惧，这句话的意义不同了。

46. 见第三章对围绕美国英语的公共辩论进行的讨论。

47. Dorothy Richardson, "Continuous Performance," *Close Up* 2 (1928/1): 174.

48. 许多批评家对这些问题都进行了深入的讨论。艾利森·莱特 (Alison Light) 提出一战是英国衰落的一个原因；瓦伦丁·坎宁安

(Valentine Cunningham)认为经济危机和二战幽灵是另外的因素；杰德·埃斯蒂（Jed Esty）则将注意力放在了帝国的衰落上。See Alison Light, *Forever England: Femininity, Literature, and Conservativism between the Wars* (New York: Routledge, 1991); Valentine Cunningham, *British Writers of the Thirties* (Oxford: Oxford University Press, 1988); and Esty, *Shrinking Island*.

49. 泰勒斯·米勒（Tyrus Miller），在其研究著作《晚期现代主义》(*Late Modernism*)中将现代主义晚期确定为二三十年代后期。See Tyrus Miller, *Late Modernism: Politics, Fiction, and the Arts between the World Wars* (Berkeley: University of California Press, 1999).

50. 关于美国英语如何在英国和美国的环境之外运用于文学现代主义中，见本人的文章，Genevieve Abravanel, "American Encounters in *Dubliners* and *Ulysses*." *JML: Journal of Modern Literature* 33.4 (Jul, 2010): 153—166。

51. See North, *The Dialect of Modernism*.

52. 关于跨越重大分歧或者存在细微差别的批判的重要尝试，见 David Chinitz, *T. S. Eliot and the Cultural Divide* (Chicago: University of Chicago Press, 2003); Michael Coyle, *Ezra Pound, Popular Genres, and the Discourse of Culture* (University Park: Penn State University Press, 1995); Kevin J. H. Dettmar and Stephen Watt, eds., *Marketing Modernisms: Self-Promotion, Canonization, Rereading* (Ann Arbor: University of Michigan Press, 1996); Maria DiBattista and Lucy McDiarmid, eds., *High and Low Moderns: Literature and Culture* 1889—1939 (New York: Oxford University Press, 1996); Cheryl Herr, *Joyce's Anatomy of Culture* (Urbana: University of Illinois Press, 1986); Michael North, *Reading 1922: A Return to the Scene of the Modern* (New York: Oxford University Press, 1999); Thomas F. Strychacz, *Modernism, Mass Culture, and Pro-*

fessionalism（New York：Cambridge University Press，1993）；Jennifer Wicke，*Advertising Fictions*：*Literature，Advertisement and Social Reading*（New York：Columbia University Press，1988）。

53. Miriam Hansen，*Babel and Babylon*：*Spectatorship in American Silent Film*（Cambridge：Harvard University Press，1991），60.

54. Kevin J. H. Dettmar and Stephen Watt，"Introduction：Marketing Modernisms" in *Marketing Modernisms*：*Self - Promotion，Canonization，Rereading*，ed. Kevin Dettmar and Stephen Watt（Ann Arbor：University of Michigan Press，1996），4.

55. 同上，3。

56. Melba Cuddy - Keane，*Virginia Woolf，the Intellectual，and the Public Sphere*（New York：Cambridge University Press，2003），14.

57. 见《牛津英语在线词典》（*The Oxford English Dictionary Online*），"Highbrow"与"Lowbrow"，http：//www.oed.com/（2010年10月9日访问）。

58. Lawrence Napper，*British Cinema and Middlebrow Culture in the Interwar Years*（Exeter：University of Exeter Press，2009），8.

59. See Michael Kammen，*American Culture，American Tastes*：*Social Change and the Twentieth Century*（New York：Alfred A. Knopf，1999），6，17.

60. 例如，英国广播公司经常实时播出未经编辑的音乐会。

61. 收音机或者无线电在20世纪早期普及的新技术中是美国优势的一个例外。

62. Paddy Scannell and David Cardiff，*A Social History of British Broadcasting*（London：Basil Blackwell，1991），278.

63. 同上，292。

64. 援引同上，292。

65. 援引同上，292。

66. D. L. 马休（D. L. Mahieu）认为，英国广播公司之所以能够立足，在某种程度上是因为其降低了标准，反映美国大众文化及其"糟糕"的平等主义，见 D. L. Mabieu, *A Culture for Democrocy：Mass Communication and the Cultivated Mind in Britain between the Wars* (Oxford：Oxford University Press, 1988), 3。

67. 历史学家吉姆·戈德博尔特（Jim Godbolt）写道："在20世纪30年代，艾灵顿公爵受到了乔治王子、肯特公爵和威尔士王子的隆重接待。"见 Jim Godbolt, *A History of Jazz in Britain*, 1919—1950 (New York：Quartet Books, 1984), 112。艾灵顿公爵还在其自传中写到了关于这次隆重接待的事宜，*Music Is My Mistress* (Garden City, NY：Doubleday, 1973)。悉尼·贝谢（Sidney Bechet）是美国第一支黑人爵士乐队的成员，曾到白金汉宫以及南方切分音管弦乐团演奏；他在自传中叙述中了这些经历。See Sidney Bechet and Rudi Blesh, *Treat It Gentle：An Autobiography* (Cambridge：Da Capo Press, 2002).

68. Wyndham Lewis, *Men without Art* (London：Cassell and Co., 1934), 32.

69. 引自 Margaret Mathieson, *The Preachers of Culture：A Study of English and Its Teachers* (Totowa, N.：Rowman and Littlefield, 1975), 125。

70. 更多关于利维斯对英语研究发展的重要性，见第四章。

71. F. R. Leavis, "Mass Civilisation and Minority Culture," *For Continuity* (Cambridge：G. Fraser and The Minority Press, 1933), 18.

72. Joseph Roach, *Cities of the Dead：Circum-Atlantic Performance* (New York：Columbia University Press, 1996), 183.

73. 这次批判趋势最重要的例外来自近期美洲、加勒比和大西洋研究。例如，肖恩·古迪（Sean Goudie）的《克里奥尔人的美国：西印度群岛和新共和国文学和文化的形成》（Creole America: The West Indies and the Formation of Literature and Culture in the New Republic）（Philadelphia: University of Pennsylvania Press, 2006），尽管它将焦点放在了美国和加勒比之间的互动关系上，但仍然讨论了英国在这个三角关系中的作用。在现代主义的学术作品中，埃斯蒂的《正在沉没的岛屿》（A Shrinking Island），尽管集中于英国及其20世纪的殖民地，但作品仍然简要地承认了美国的重要性。其他对现代主义和英国帝国主义有价值的研究包括: Ian Baucom, Out of Place: Englishness, Empire, and the Locations of Identity (Princeton: Princeton University Press, 1999); Jane Garrity, Step－Daughters of England: British Women Modernists and the National Imaginary (Manchester: Manchester University Press, 2003); Howard J. Booth and Nigel Rigby, eds., Modernism and Empire (New York: Manchester University Press, 2000); Peter Childs, Modernism and the Post-colonial: Literature and Empire, 1885—1930 (London: Continuum, 2007); Richard Begam and Michael Valdez Moses, eds., Modernism and Colonialism: British and Irish Literature, 1899—1939 (Durham, NC: Duke University Press, 2007)。这些作品就只关注英国和大英帝国，基本上或者完全避免了对美国的讨论。

74. See Terry Eagleton, Exiles and Emigres: Studies in Modern Literature (New York: Schocken Books, 1970).

75. 帮助将跨大西洋研究带入主流研究领域的两位历史学家是大卫·阿米蒂奇（David Armitage）和伯纳德·贝利（Bernard Bailyn）。见戴维·阿米蒂奇的《1516—1776年的大不列颠：大西洋历史的文章》(Greater Britain, 1516—1776: Essays in Atlantic History) (Aldershot: Ashgate, 2004); 以及伯纳德·贝利的《大西洋历史：概念和轮廓》(Atlantic History: Concept and Contours) (Cambridge: Harvard University Press, 2005)。他们关于该主题更早之前的作品包括大卫·阿米蒂奇的

"大不列颠：一种有用的历史分析类别"（"Greater Britain：A Useful Category of Historical Analysis?"），*American Historical Review* 104，no. 2（1999）；以及伯纳德·贝利的"大西洋历史的概念"（"The Idea of Atlantic History"），*Itinerario*（1996）：19—44。

76. 关于他现场改变的干预，见保罗·吉尔罗伊（Paul Gilroy）的《黑大西洋：现代性和双重意识》（*The Black Atlantic：Modernity and Double Consciousness*）（Cambridge：Harvard University Press，1996）。

77. See Giles, *Atlantic Republic*; and Doyle, *Freedom's Empire.*

第一章 美托邦

1. Fredric Jameson, *Archaeologies of the Future：The Desire Called Utopia and Other Science Fictions*（London & New York：Verso，2005），xiii.

2. Aldous Huxley, "The Outook for American Culture：Some Reflections in a Machine Age," *Complete Essays*：1930—1935, vol. 3, ed. Robert S. Baker and James Sexton（Chicago：I. R. Dee, 2000），185.

3. H. G. Wells, *The Autocracy of Mr. Parham, His Remarkable Adventures in This Changing World*（Garden City, NY：Doubleday Doran, 1930），185.

4. See Trygaeus [pseud.], *The United States of the World：An Utopian Essay*（London：Routledge, 1916）；J. F. C. Fuller, *Atlantis：America and the Future*（London：K. Paul, Trench, Trubner, 1926）；Richard Michael Fox, *The Triumphant Machine*（London：Leonard & Virginia Woolf at the Hogarth Press, 1928）.

5. Marshall Berman, *All That Is Solid Melts into Air：The Experience of Modernity*（New York：Viking Penguin, 1988）.

6. Tems Dyvirta [pseud.], "London's Transformation：A Suggestive Sketch of Days to Come," *Knowledge and Scientific News*（February

1906）：367.

7. "London's Transformation," *Knowledge and Scientific News* (December 1905)：314.

8. "London's Transformation," *Knowledge and Scientific News* (February 1906)：365.

9. 正如戴维·特洛特（David Trotter）指出的那样，一些19世纪末和20世纪初的英国名人将美国的疆界作为英国更宽广的跨洋帝国主义的一种模式。这个概念将在这一章笔者所讨论的内容之后出现：一战前的趋势是将美国和英国的帝国主义视为结构类似的扩张过程，只是具体的细节和范围有所不同。关于英国使用疆界范例的详细讨论，见戴维·特洛特的《1898—1920年的英国历史小说》（*The English Novel in History, 1895—1920*）（New York：Routledge, 1993），144—151。

10. Rudyard Kipling, "The White Man's Burden" in his *Rudyard Kipling's Verse：Definitive Edition* (Garden City, NY：Doubleday, 1950), 323.

11. 同上，321。

12. 同上，322。

13. Patrick Brantlinger, "Kipling's 'The White Man's Burden' and Its Afterlives," *English Literature in Transition* 50 (2007)：172—191.

14. Charles Carrington, *The Life of Rudyard Kipling* (Garden City, NY：Doubleday, 1955), 217.

15. Rudyard Kipling, *American Notes* (New York：Standard Book, 1930), 119—120.

16. Roger Lancelyn Green, *Kipling：The Critical Heritage* (London：Routledge and Kegan Paul, 1971).

17. Rudyard Kipling, "As Easy as A. B. C.," *Kipling's Science Fiction*, ed. John Brunner (New York：Doherty Associates, 1992), 100. 这篇文

章最先发表于吉卜林的《生物多样性》(*A Diversity of Creatures*) (Garden City, NY: Doubleday Page, 1917), 45—64。

18. 吉卜林对于民主的犹豫态度也许源于英国议会的变革。仅在"就像 A、B、C 一样容易"("As Easy as A. B. C.")出版前一年,《1911 年国会法案》剥夺了上议院的绝对否决权并明显地提高了众议院的权力。

19. Rudyard Kipling, "Newspapers and Democracy," *The Writings in Prose and Verse of Rudyard Kipling: Letters of Travel* (New York: Charles Scribner's Sons, 1920), 181.

20. Kipling, *American Notes*, 227.

21. Kipling, "As Easy as A. B. C.," 114.

22. 见欧文·沃斯腾(Irving Werstein)的《哽咽的声音:草料市场事件的故事》(*Strangled Voices: The Story of the Haymarket Affair*) (New York: Macmillan, 1970),其中对于该事件具有象征意义方面的叙述。

23. 埃玛·桑登(Emma Sandon)指出:"是在1889年巴黎展览会之后,英国展览会才开始了对土著村庄的重建,在这些村庄里,原住民表演者会表演日常活动以及关于殖民战争的节目。经常有50到200人会住在村庄里,他们被分给原材料来建造房子,并发给食材做饭,他们会被要求表演在特定时刻的一些仪式和特殊活动。大约有200名祖鲁人及其家人被带到了1899年的大英展上,游客们可以付费参观他们的栅栏村庄。"见埃玛·桑登的"投影非洲:20世纪20年代两部英国旅行电影"("Projecting Africa: Two British Travel Films of the 1920s"),刊登于 *Cultural Encounters: Representing "Otherness"*, ed. Elizabeth Hallam and Brian V. Street (New York: Roudedge, 2000), 132。佩内洛普·哈维(Penelope Harvey)在其著作中同样提到"在1908年伦敦举办的法英展上(展出了)达荷美、索马里以及塞内加尔的村庄",见她的 *Hybrids of Modernity: Anthropology, the Nation State and the Universal Exhibition*

（New York： Routledge，1996），71.

24. Kipling，"As Easy as A. B. C.，" 110.

25. Jameson，*Archaeologies of the Future*，xiv.

26. Thomas Knock，*To End All Wars： Woodrow Wilson and the Quest for a New World Order*（New York： Oxford University Press，1992），195.

27. 见同上，第194—198页，对威尔逊的反应做了进一步的讨论。

28. 此外，威尔逊的希望由于美国参议院的反对而破灭了，参议院拒绝修正已经定下的条约，美国因此被排除在了国际联盟之外。

29. 玛格丽特·麦克米伦（Margaret MacMillan）描述了一个英国人对于匆忙递交条约时的反应："'那么'，亨利·威尔逊在他的日记中写道，'我们将不先阅读就把条款交给博凯斯。我觉得整个历史上都没有可以与此相提并论的事情了。'"她继续引用伍德罗·威尔逊的话说："我希望在我的余生中，我会有足够的时间读完整个条约。"见玛格丽特·麦克米伦的《巴黎1919：改变世界的六个月》（*Paris 1919： Six Months that Changed the World*）（New York： Random House，2003），459—460。

30. H. G. Wells，*The Shape of Things to Come*（New York： Macmillan，1936），82.

31. 同上，82。

32. 同上，233。

33. 关于他早期对美国的观点，见H. G. 威尔斯的《美国的未来》（*The Future in America*）（New York： Harper and Brothers，1906）。例如，他强调了他对"他们的愿景、他们的美国乌托邦"的兴趣（16）。

34. Wells，*Autocracy of Mr. Parham*，185.

35. 同上，307。

36. 同上，40。

37. Eric Hobsbawm，*Uncommon People： Resistance，Rebellion，and*

Jazz (London: Weidenfeld & Nicolson, 1998), 265—273. 见第二章中关于爵士乐登陆欧洲的进一步论述。

38. Wells, *Autocracy of Mr. Parham*, 67.

39. 同上，68。

40. 同上，134。

41. 同上，171。

42.《凯洛格—白里安公约》(The Kellogg-Briand Pact) 是一部关于反战争的条约，它的签订部分缘于参议员约瑟夫·凯洛格 (Joseph Kellogg) 的推动以及 60 多个国家的同意，尽管它有千疮百孔的注意事项，不能强制执行而最终没有用处。见 Robert H. Ferrell, *Peace in Their Time: The Origins of the Kellogg-Briand Pact* (New Haven, CT: Yale University Press, 1952) 对于该条约的概述。见 David Hunter Miller, *The Peace Pact of Paris: A Study of the Briand-Kellogg Treaty* (New York: J. P. Putnam Sons, 1928) 对于该条约的当代解析。

43. Wells, *Autocracy of Mr. Parham*, 185.

44. 同上，185。

45. 同上，217。

46. 同上，313。

47. F. R. Leavis, "Mass Civilisation and Minority Culture," *For Continuity* (Cambridge: G. Fraser and The Minority Press, 1933), 40.

48. 同上，39。

49. Aldous Huxley, "The New Salvation," *Complete Essays: 1926—1929*, vol. 2, ed. Robert S. Baker and James Sexton (Chicago: I. R. Dee, 2000), 209.

50. 同上，212。

51. 同上，212—213。

52. Aldous Huxley, "The Outlook for American Culture: Some Reflec-

tions in a Machine Age," *Complete Essays*：1930—1935，vol. 3，ed. Robert Baker and James Sexton (Chicago：I. R. Dee, 2001)，185.

53. 同上，188。

54. 同上，188—189。

55. 同上，190。

56. 同上，191。

57. 同上，191—192。

58. See Peter Edgerly Firchow, *The End of Utopia*：*A Study of Aldous Huxley's Brave New World* (Lewisburg, PA：Bucknell University Press, 1984).

59. Theodor W. Adorno, *Prisms*：*Studies in Contemporary German Social Thought* (Cambridge：MIT Press, 1981)，99.

60. 特别参见 D. H. Lawrence, *The Plumed Serpent* (New York：Alfred A Knopf, 1926) 他对美洲的原始主义幻想。

61. Aldous Huxley, *Brave New World* (New York：Harper Perennial, 1998)，133—134.

62. 同上，226。

63. 同上，226。

64. See Leavis, "Mass Civilzation and Minority Culture," *For Continuity*, 38.

65. Huxley, *Brave New World*, 246.

66. Virginia Woolf, "America Which I Have Never Seen Interests Me Most in This Cosmopolitan World of to-Day," *Hearst's International Combined with Cosmopolitan*, April 1938, 21.

67. 《牛津英语词典》(*Oxford English Dictionary*)，2nd ed.，s. v. "Epitomize," def. 3。

68. See Hugh Kenner, *A Sinking Island*：*The Modern English Writers*

(New York：Knopf，1988). 尽管他没有关注吴尔夫在《大都会》杂志上发表的文章，杰德·埃斯蒂在其极具影响力的著作《正在沉没的岛屿：英国的现代主义和民族文化》(*A Shrinking Island：Modernism and National Culture in England*)（Princeton, NJ：Princeton University Press, 2004) 中对肯纳的概念进行了重要修正。

69. Woolf, "America Which I Have Never Seen," *Cosmopolitan*, 21.

70. 同上，21。

71. 同上，21, 144。

72. Virginia Woolf, "America Which I Have Never Seen Interests Me Most in This Cosmopolitan World of Today," *Virginia Woolf, Major Authors on CD-ROM*, ed. Mark Hussey (Woodbridge, CT：Primary Source Media, 1997). 原稿可见于打印稿 M44 第 3 页，《英国与美国文学伯格文集》(*The Berg Collection of English and American Literature*)，藏于纽约公共图书馆。

73. Woolf, "America Which I Have Never Seen," *Cosmopolitan*, 144.

74. 同上，144。

75. 至于该废墟的寓言性质，见 Walter Benjamin, *The Origin of German Tragic Drama* (New York：Verso, 1998), 178, 235。

76. Woolf, "America Which I Have Never Seen," *Cosmopolitan*, 144.

77. Melba Cuddy-Keane, *Virginia Woolf, the Intellectual, and the Public Sphere* (New York：Cambridge University Press, 2003), 13.

78. See Walter Benjamin, "The Work of Art in the Age of Mechanical Reproduction" *Illuminations* (New York：Schocken Books, 1969), 221.

79. Woolf, "America Which I Have Never Seen," *Cosmopolitan*, 144.

80. 同上，144。

81. 同上，144。

82. 同上，145。

被美国化的英国

83. 同上，145。

84. 同上，f44。

85. 见沃尔特·本杰明在他的《启示》（*Illuminations*）中"关于历史哲学的论文"（"Theses on the Philosophy of History"），第253—264页，论述了他对作为弥赛亚、天使以及共时景象的历史理论。

第二章 爵士英国

1. 批评家们对于爵士乐在英国和欧洲的"第一"标志问题出现了分歧，部分缘于他们对爵士乐的不同定义。R. 里德·巴杰（R. Reid Badger）认为，"1919年，爵士乐比起现在或者甚至当时的下一个十年它所得到的大众理解来说，是一个非常不精确的词"（48—49）。希拉里·穆尔（Hilary Moore）解释道，"英国公众在爵士乐抵达之前，就已经非常乐意与不同类型的黑人音乐和音乐家进行定期的接触"（18），他还进一步指出，英国的音乐家早在1912年就开始根据活页歌词重谱雷格泰姆乐曲。埃里克·霍布斯鲍姆（Eric Hobsbawm）说，"狐步舞，一种与爵士乐相配的基本舞步，出现在英国的最早时间是1914年夏天，就在美国首次出现之后几个月。"（265）1918年，詹姆斯·里斯·欧罗佩（James Reese Europe）率领美军第369步兵团乐队到法国，为法国、英国和美国的士兵进行演奏（巴杰，56—57）；1919年，第一支美国爵士乐队抵达英国。见R. 里德·巴杰，"James Reese Europe and the Pre-history of Jazz," *American Music* 7.1（1989年春天）第48—67页；埃里克·霍布斯鲍姆（Eric Hobsbawm）的《罕见之人：抵制、反抗和爵士》（*Uncommon People: Resistance, Rebellion, and Jazz*），（New York: The New Press, 1998）；以及希拉里·穆尔（Hilary Moore）的《在英国爵士乐内部：跨越边界的种族、国家和阶级》（*Inside British Jazz: Crossing Borders of Race, Nation, and Class*），（Hampshire: Ashgate, 2007）。

2. Robert William Sigismund Mendl, *The Appeal of Jazz* (London: P.

Allan, 1927), 76.

3. 尽管如此,在 2005 年发表的对战后(20 世纪 40 年代至 20 世纪 90 年代)爵士乐的研究论著中,乔治·麦凯(George McKay)指出:"我仍然感到很惊讶的是,作为一种文化形式的爵士乐被当作了一种主要的出口文化,这是有欠考虑的。"见乔治·麦凯《循环的呼吸:英国的爵士文化政治》(*Circular Breathing: The Cultural Politics of Jazz in Britain*)(Durham, NC: Duke University Press, 2005)。

4. "A Tithe Barn, Jazz in the Cotswolds, Past And Present," *Times* (London), September 5, 1923; A8, The Times Digital Arichives, http://www.library.upenn.edu.

5. 凯瑟琳·帕森尼奇(Catherine Parsonage)指出,"几年来,有一个灵活的政策一直被维护着,那就是美国乐队只能在保留着本土英国乐队的各个音乐厅和舞厅演奏"(220),这种情况"在 1935 年对美国音乐家在英国的演出进行严格限制"时达到了高潮(252)。见凯瑟琳·帕森尼奇的《1880—1935 年英国爵士乐的演变》(*The Evolution of Jazz in Britain*, 1880—1935)(Burlington, VT: Ashgate, 2005)。

6. Jim Godbolt, *A History of Jazz in Britain, 1919—1950* (London; New York: Quartet Books, 1984), 9.

7. Hobsbawm, *Uncommon People*, 268.

8. 不同类型之间的差别对于大众来说并非十分清楚,他们倾向于将欢快的舞曲音乐都当成"爵士乐"。埃里克·霍布斯鲍姆解释道:"毋庸置疑,现在大众跳舞时所配的音乐不会被全部当成爵士乐了……然而,爵士乐已然成为一个名号、一种理念和一个新颖的大众化的声音。"(269—270)尽管如此,对于最狂热的乐迷来说,诸如"热辣"、"污秽"等词依然十分重要。凯瑟琳·帕森尼奇指出,"'污秽'这个词通常会与'劲爆'一起出现,它们被用来描述那些特定的布鲁斯曲折音,这些音调随着热辣的切分音节奏而被包含在了旋律线或者和声中。"

(193)埃里克·霍布斯鲍姆认为"热辣"的爵士乐是"一种艺术音乐"(268)。希拉里·穆尔进一步为分类确定了一个激进的维度,"'热辣的'爵士乐……被当作黑人美学的代表……更酷、更白人化的类型通常被当作'交响乐切分音',它们在整个20世纪20年代受到了更多的认可,被普遍认为是原始黑人音乐的改进版"(25)。见霍布斯鲍姆的《罕见之人》(*Uncommon People*);帕森尼奇的《英国爵士乐的演变》(*The Evolution of Jazz in Britain*);以及 穆尔的《在英国爵士乐内部》(*Inside British Jazz*)。

9. James J. Nott, *Music for the People*: *Popular Music and Dance in Interwar Britain* (Oxford: Oxford University Press, 2002), 151.

10. See Parsonage, *The Evolution of Jazz in Britain*, 45, 47.

11. Nott, *Music for the People*, 148.

12. "Noise"出自H. 哈蒂爵士(Sir H. Harty),"Sir H. Harry on Jazz Music: A Noise for Dancing," *Times* (London), Sept. 1, 1926, 9B。一位不知名的投稿人暗示了"爵士乐和超现代主义的泛滥",引自"Art of Brass Bands: Absence of 'Plague of Jazz,'" *Times* (London), Jul 12, 1933, 12D。"Madness"引自Nott, *Music for the People*, 151。

13. Clive Bell, "Plus De Jazz," *New Republic* (1921): 92—96.

14. W. H. Auden, "Letter to Lord Byron," *Collected Longer Poems* (New York: Random House, 1969), 51—52.

15. 同上,52。

16. 同上,53。

17. 《行为之间》(*Between the Acts*)在伦纳德·吴尔夫(Leonard Woolf)身后的1941年得以出版。

18. Alfred Appel, *Jazz Modernism*: *From Ellington and Armstrong to Matisse and Joyce* (London: Alfred A. Knopf, distributed by Random House, 2002), 14.

19. Virginia Woolf, *Between the Acts* (London: Hogarth, 1990), 81.

20. 同上, 178。

21. 在"黑脸吴尔夫"("Woolf in Blackface")一文中, 笔者指出《海浪》(*The Waves*)所描写的跳舞和吹号角的场景中或许也涉及到爵士乐。See Genevieve Abravanel, "Woolf in Blackface", *Virginia Woolf Out of Bounds: Selected Papers from the Tenth Annual Virginia Woolf Conference*, ed. Jessica Berman and Jane Goldman (London: Pace University Press, 2002), 113—119.

22. Woolf, *Between the Acts*, 82.

23. 同上, 82。

24. 同上, 178。

25. 自从在展览中出现了带着假发和头巾的村民的身影之后, 文章断断续续地指出, "他们想必代表着一个联盟……"同上, 182。

26. 同上, 183。

27. 同上, 184。

28. 同上, 188。

29. 同上, 189。

30. 同上, 188。

31. Virginia Woolf, "Mr. Bennett and Mrs. Brown," *The Captain's Death Bed* (London: Harcourt Brace Jovanovitch, 1978), 119.

32. Bonnie Kime Scott, "The Subversive Mechanics of Woolf's Gramophone in *Between the Acts*," *Virginia Woolf in the Age of Mechanical Reproduction*, ed. Pamela L. Caughie (New York: Garland Pub., 2000), 103.

33. Dramatic critic, "A Tithe Barn: Jazz in the Cotswolds," *Times* (London), Sept. 5, 1923, 8A.

34. 同上。

35. 同上。

36. Elizabeth Bowen, *The Last September* (New York: Penguin Modern Classics, 1987), x.

37. 同上，17。

38. 同上，x。

39. 同上，17。

40. 同上，133。

41. 同上，24。

42. 同上，24。

43. 同上，36。

44. 同上，68。

45. 同上，112。

46. 同上，122。

47. 同上，123。

48. 同上，250；247。

49. 爵士乐的定义与爱尔兰传统有分歧，这有时甚至会在公共谈话中被提及：1934年，盖尔语联盟的一位成员在公开抨击爱尔兰的财务部长时说："他所指责的对爵士乐过分热衷的人声称自己的灵魂都沉浸在其中。"见"'Undue Devotion to Jazz': Free State Minister Criticized," *Times* (London), Jan. 5, 1934, 12C。

50. W. H. Auden, "Refugee Blues," *Collected Shorter Poems*, 1927—1957 (New York: Random House, 1967), 64.

51. 同上，5。

52. 奥登敏锐地意识到了德国犹太人的困境。正如某位批评家所指出的那样，1936年，奥登"与埃里卡·曼（Erika Mann，托马斯·曼的女儿）的婚姻仅仅为她提供了一本护照"。见 John Fuller, *A Reader's Guide to W. H. Auden* (New York: Farrar Straus & Giroux, 1970), 173—

174。

53. 尽管布鲁斯音乐本身一般来说不会被当作舞曲音乐，但是布鲁斯乐的乐曲结构影响了当时的舞曲音乐。此外，当时有些号称"布鲁斯"的歌曲是舞曲音乐。巴杰在描述詹姆斯·欧洲的乐队在法国的表演时写道："收到了最热烈反响的……典型舞曲音乐……是这个乐队演奏的军队布鲁斯和汉迪的'孟菲斯蓝调'，它们成了乐队的两支特色乐曲。"巴杰，"James Reese Europe and the Prehistory of Jazz," 56。

54. "German Ban on Jazz Broadcasts," *Times*（London）, October14, 1935, 13B.

55. 同上, 13。

56. 同上, 13。

57. 同上, 13。

58. "伦敦雾天"（"Foggy Day in London"）的乐曲是为弗雷德·阿斯泰尔（Fred Astaire）的故事片《少女落难》（*Damsel in Distress*）创作的，它对英国听众来说或许有着特殊的吸引力。

59. 丘纳德（Cunard）对种族正义最初的兴趣和渴望与复杂的潮流并存着。在提及丘纳德的时候，简·马库斯（Jane Marcus）说道，"她计划中的原始主义不是来自未实现的愿望，而是来自对受压迫者的认同。"（17）对于人们对丘纳德的文选《黑人》（*Negro*）的忽视，劳拉·温克尔（Laura Winkiel）为其附上了一个相关的要点，"对丘纳德的原始主义进行挑剔的抗议者们，在某种程度上是让《黑人》成为一部几乎被遗忘的文选的原因"（162）。见简·马库斯, *Hearts of Darkness: White Women Write Race*（New Brunswick, NJ: Rutgers University Press, 2004）; 以及 Laura Winkiel, *Modernism, Race, and Manifestos*（New York: Cambridge University Press, 2008）。

60. Bell, "Plus de Jazz," *New Republic*（1921）: 92—96.

61. 见 "The Dying 'Jazz,'" *Times*（London）, June 9, 1921, 9F.

这篇文章引用了一位重要人物的话："我确信'爵士乐'事实上死了。人们厌倦了噪音而渴望真正的音乐。"（9）

62. Bell,"Plus de Jazz," *New Republic* (1921)：95.

63. See Pierre Bourdieu, *Distinction: A Social Critique of the Judgment of Taste* (Cambridge：Harvard University Press, 1984).

64. Bell,"Plus de Jazz," *New Republic* (1921)：94.

65. 见克莱夫·贝尔（Clive Bell）的"黑人雕像"（"Negro Sculpture"），《自塞赞恩之后》（*Since Cézanne*）（New York：Harcourt, Brace, 1928）。克莱夫·贝尔确定这篇文章最早可见于1919年（113）。

66. Bell,"Plus de Jazz," *New Republic* (1921)：93.

67. 需要着重指出的是，贝尔并不反对对美国文化的批评观点，只要这些观点支持精英英语和欧洲艺术。在其1919年发表的文章"标准"（Standards）中，贝尔向跨大西洋经济体的品位致敬，他解释道："现在，大西洋的这一边没有一个阶级还在坚持品质。而如果，像别人告诉我的那样，我们全都欠美国的钱，那么美国还没有与她的金融霸权一起获得某种道德义务吗？她还没有成为世界的有闲阶级，而因此为那些一旦没有文明就会衰落的标准的维护负责吗？倘若如此，美国就要在一些天才和智能的措施、社会的高雅举止以及生活的批判性态度方面坚持高雅艺术。"见 *Since Cézanne*, 153。

68. Bell,"Plus de Jazz," *New Republic* (1921)：93. 与此同时，爵士乐通过留声机和无线电等大众声音技术的传播使观念与种族幻想之间的关系更为复杂。在两次世界大战期间，关于种族认同的作品的大量复制，见 Genevieve Abravanel, "How to Have Race without a Body：The Mass‑Reproduced Voice and Modern Identity in H. D.'s 'Two Americans,'" *Mosaic* 42, no. 2 (2009)：37—53。

69. Bell,"Plus de Jazz," *Since Cézanne*, 214.

70. 同上，219。

注释

71. 同上，221。并不是仅有贝尔与斯特拉文斯基在爵士乐上的观点一致。1921年发表于《泰晤士报》的一篇文章，将斯特拉文斯基的音乐称为"趣味高雅的爵士乐"。见"Promenade Concerts：'Highbrow Jazz,'" *Times*（London），Aug.，22. 1921，6D。史特拉芬斯基的曲子"拉格泰姆"（"Ragtime"）作为一个趣味高雅的人改变爵士乐的尝试而被广泛提及，其中既有积极评价也有消极评价。

72. Bell，"Plus de Jazz," *Since Cézanne*，224.

73. 同上，222。

74. 同上，223。

75. 克莱夫·贝尔与画家瓦妮莎·斯蒂芬（Vanessa Stephen）于1907年结婚。

76. Bell，"Plus de Jazz," *Since Cézanne*，224—225.

77. "Sir H. Coward on 'Jazz': The Essence of Vulgarity," *Times*（London），Sept. 20，1927，12B.

78. 同上，12。

79. 同上，12。

80. Wyndham Lewis，*Paleface: The Philosophy of the "Melting-Pot"*（London: Chatto and Windus，1929），65.

81. 同上，v。

82. 同上，v。

83. 同上，21。

84. 同上，58。

85. 同上，58。

86. See *Oxford English Dictionary*，2nd ed.，1989，s.v. "Jazzy".

87. Lewis，*Paleface*，58.

88. 尽管如此，1919年，在伦敦馆上映的时事讽刺剧《如你所是》（*As You Were*）对莎士比亚和当时的其他历史人物进行了恶搞。据《泰晤士报》上的一篇影评称，它说明了"是沃尔特·罗利爵士将爵士乐引入了国内"，并且强调了"伊丽莎白女王及其宫廷人员在跳一种扭来扭去的舞蹈时的（或多或少的）高贵场景"。见"Queen Elizabeth and the Jazz,"*Times*（London），Mar. 3，1919，14E。

89. Lewis，*Paleface*，64。

90. 同上，64。

91. 同上，65。

92. 同上，66。

93. 同上，65。

94. 在《抨击》（*Blast*）中，利维斯以其先锋派的精准视角将这些词语置于对他有利的标题"祝福"（"Bless"）之下，以及对他不利的标题"抨击"之下。

95. Lewis，*Paleface*，85.

96. 据道格拉斯·莱恩·佩蒂（Douglas Lane Patey）所言，小说的最终标题是为了让人联想到吉本的《没落与堕落》（*Decline and Fall*）以及瓦尔德·斯宾格勒（Oswald Spengler）的神谕性史学著作《西方的没落》（*The Decline of the West*），这两本都是沃最近一直在读的书。见道格拉斯·莱恩·佩蒂，*The Life of Evelyn Waugh: A Critical Biography*（Oxford：Blackwell Publishers，1998），25—26。

97. Evelyn Waugh，*Decline and Fall: An Illustrated Novelette*（Boston：Little，Brown，and Company，1956［1928］），103.

98. 同上，95。

99. 同上，99。

100. 同上，100。

101. 同上，102。

102. 同上，103。

103. 同上，103。

注 释

104. 同上，80。事实上，威尔士也像英国的其他地区一样见证了本土爵士乐队的发展，其中一些会令人想起19世纪游方艺人的表演所透露出来的种族主义，包括他们黑色的脸庞。据《泰晤士报》的报道，1934年，一支英国的"爵士乐队"在水晶宫参加了比赛；报道指出，威尔士的"特色"乐队获得了最高奖。《泰晤士报》对"Aberfan Coons"乐队做了如下描述："他们登上舞台，脸庞黝黑而闪亮，毛茸茸的假发上斜戴着一顶小小的草帽……他们像舞台上的黑人演员一样昂首阔步。"二等奖"特色乐队"的得主同样来自威尔士，而且他们的名字也同样来自美国的游方艺人："the Abertridwr Chocolate Coons。"见"Jazz Bands：A New Kind of Entertainment," *Times*（London），April 23, 1934, 11C。

105. 同上，81。

106. 对《衰落与瓦解》的评价通常都是赞扬的；Arnold Bennett将之称为"强硬的、出色的恶意讽刺作品"（Bennett,"Review," *Evening Standard*, Oct. 11, 1928）。最好笑的是，在《纽约时报》上，有一篇文章将之称为"对英国社会的讽刺的横截面"，它只不过是对一个可辨认的人物表达了安慰："在遇到贝斯特·切特温德（Beste Chetwynde）太太与她的黑人朋友乔其（Chokie）的时候，认出她来是一种愉快〔原文如此〕。""Unsigned review, April 7, 1929, *New York Times Book Review*," in *Evelyn Waugh：The Critical Heritage*, ed. Martin Stannard (London：Routlege and Kegan Paul, 1984), 6.

107. Waugh, *Decline and Fall*, 103.

108. 同上，104。

109. 同上，110。

110. Evelyn Waugh, *Vile Bodies* (Boston：Little Brown, 1944),123.

111. 同上，119。

112. 同上，119。

113. 同上，119。

114. 同上，119。

115. Marcus, *Hearts of Darkness*: *White Women Write Race*, 139.

116. John Banting, "Dancing in Harlem," *Negro*, ed. Nancy Cunard (London: Published by Nancy Cunard at Wishart & Co., 1934), 203.

117. Robert Goffin, "Hot Jazz," trans. Samuel Beckett, in *Negro*, ed. Cunard, 239.

118. George Antheil, "The Negro on the Spiral, or A Method of Negro Music," *Negro*, ed. Cunard, 216.

119. 同上，216。

120. Kingsley Amis, *Memoirs* (New York: Summit Books, 1991), 65.

121. Kingsley Amis, *Lucky Jim* (London: Victor Gollancz, 1984), 103; 180; 209.

122. Phillip Larkin, *All What Jazz*: *A Record Diary*, 1961—1971 (London: Faber and Faber, 1985), 38.

123. 同上，38。

124. 同上，100。One historian suggests that by the thirties, "there were more jazz enthusiasts per capita in Britain than in the country of its birth." See Jim Godbolt, *A History of Jazz in Britain* 1919—1950 (London: Quartet Books, 1984), 100.

125. Phillip Larkin, "Cool Britannia," *All What Jazz*, 42. 格伦迪太太（Mrs. Grundy）在托马斯·莫顿（Thomas Morton）的《加快耕耘》（*Speed the Plough*）（1898年）中是一位没有现身的邻居，她为体面设立了标准。按照英语的惯用法，"Mrs. Grundy" 后来成为了爱挑剔的同义词。

126. 双关语"酷不列颠"20世纪90年代布莱尔政府期间被广为人

知地重新得以使用。

127. Phillip Larkin, *Collected Poems* (London: Faber and Faber, 1989), 83.

第三章　娱乐帝国

1. John Maynard Keynes, *The Collected Writings*, ed. Donald Moggridge (Cambridge: Cambridge University Press and the Royal Economic Society, 1982), 371.

Keynes 的部分引用引起我的注意是由于杰德·埃斯蒂的《一个缩小的岛屿：英国的现代主义和民族文化》（*A Shrinking Island: Modernism and National Culture in England*），（Princetong, NJ: Princeton University Press, 2004）第259页的一段脚注。

2. 关于泰勒（Taylor）的"必要的社会习惯"（"essential social habit"），见 Jeffery Richards, "Rethinking British Cinema", *British Cinema, Past and Present*, ed. Justin Ashby and Andrew Higson (New York: Routledge, 2000), 22。关于列宁的"电影是我们所有艺术中最重要的"，见 Richard Taylor 和 Derek Spring 上编的《斯大林主义和苏联电影》（*Stalinism and Soviet Cinema*）(London: Routledge, 1993), ix。杰奎琳·赖克（Jaqueline Reich）和皮埃罗·加罗法洛（Piero Garofalo）讲述了这个臭名昭著的故事，"1930年的一次集会标志着国家正式大范围地干预电影产业，贝尼托·墨索里尼站在大幅标语前，上面挂着很快将声名狼藉的宣言：'电影是最强大的武器。'"见杰奎琳·赖克和皮埃罗·加罗法洛主编的《重新审视法西斯主义：1922—1943年的意大利电影》（*Re-Viewing Fascism: Italian Cinema, 1922—1943*）(Bloomington: Indiana University Press, 2002), vii。

3. Margaret Dickinson and Sarah Street, *Cinema and State: The Film Industry and the Government, 1927—1984* (London: BFI Pub., 1985),

5. 注意："截至 1927 年，在英国播映的大部分电影都是美国电影——一项估计算出这个比例高达 85%—90%。"马库斯·A. 德尔（Marcus A. Doel）认为"截至 1919 年，80% 的电影都是产生于加利福尼亚"在"神秘的好莱坞"（Occult Hollywood），见 *The American Century：Consensus and Coercion in the Projection of American Power*, ed., David Slater and Peter J. Taylor（Malden, MA：Blackwell, 1999），201。

4. 也就是，1927 年和 1934 年的电影法规。更多内容参见 Dickinson and Street, *Cinema and State*, 5—6; and Lawrence Napper, "A Despicable Tradition? Quota Quickies in the 1930s," *The British Cinema Book*, 2nd ed., ed. Robert Murphy（London：BFI, 2001），37—47。法规实施以后，英国电影重新在国内占据大量观众。即便如此，从 1927 年到 20 世纪 30 年代初，好莱坞的有声电影因其对英国生活的毁灭性破坏而受到普遍谴责。

5. Dickinson and Street, *Cinema and State*, 58. 1937 年 11 月出版的《世界电影消息》（*World Film News*）中有一段更完整的引文，颇引人深思："美国消除英国本土电影产业的每一处遗迹的努力正在取得令人羡慕的成功。愤世嫉俗者将此情形比作意大利人对阿比西尼亚的征服，两者确有相似之处。美国人，以其令人赞叹的好莱坞电影，以必要的坦克动力使英国本土影院任其摆布。他们正在无情地利用它……就电影而言，我们现在是一个被殖民的民族。"

6. 这些台词在电影史学家中十分流行。杰弗里·理查兹对于恢复使用这段引文是值得赞扬的，引文源自《梦想宫殿的时代：1930—1939 年英国的电影和社会》（*The Age of the Dream Palace：Cinema and Society in Britain* 1930—1939）（London：Routledge and Kegan Paul, 1984），63。马克·格兰西（Mark Glancy）提供了关于这段引文的详细讨论，包括电影史学家对此引文的运用，见马克·格兰西，"Temporary American Citizens? British Audiences, Hollywood Films and the Threat of Americaniza-

tion in the 1920s," *Historical Journal of Film, Radio and Television* 26, no. 4（2006）：461—484。正如格兰西所指出的，《每日新闻》（*Daily News*）的专栏作家实际上反对《电影法案》，虽然在议会辩论时他的话被用于支持该法案。

7. Quoted in Priya Jaikumar, "Hollywood and the Multiple Constituencies of Colonial India," in *Hollywood Abroad：Audiences and Cultural Exchange*, ed. Richard Maltby and Melvyn Stokes（London：BFI, 2004），87.

8. See Christine Gledhill, *Reframing British Cinema, 1918—1928：Between Restraint and Passion*（London：BFI, 2003），1—31；123—180；Richards, *The Age of the Dream Palace*, 44—63；Sarah Street, *British Cinema in Documents*（London and New York：Routledge, 2000），10—20. See also Peter Miles and Malcolm Smith, *Cinema, Literature, and Society：Elite and Mass Culture in Interwar Britain*（New York：Croom Helm, 1987），164—176.

9. 各种各样的原因支撑了好莱坞在英国和欧洲的主导时期。正如许多学者强调的那样，由于美国在很大程度上避开了第一次世界大战的影响，使美国电影产业能够比英国和欧洲的电影产业更加快速地发展。不仅如此，如劳伦斯·纳珀所指出的那样，美国拥有一个广阔的国内市场的经济优势，使得国外市场产生的几乎是纯利润。美国电影公司也采用了各种策略，从削减电影租赁费用到团体电影票的预订，以保证对英国市场的控制。See Lawrence Napper, *British Cinema and Middlebrow Culture in the Interwar Years*（Exeter：University of Exeter Press, 2009），20.

10. See Giovanni Arrighi, *The Long Twentieth Century：Money, Power, and the Origins of Our Times*（New York：Verso, 1994），6. 阿瑞吉认定英美两国的权力在20世纪早期是重叠的，将英国权力周期的结束时间定于"20世纪早期"，而"美国的权力周期"则始于"19世纪后期"。

11. See Victoria De Grazia, *Irresistible Empire*: *America's Advance through Twentieth - Century Europe* (Cambridge: Belknap Press of Harvard University Press, 2005), 3.

12. 引自 Richards, *The Age of the Dream Palace*, 57。

13. 关于英国限制好莱坞电影的限额体系的讨论，见 Lawrence Napper, "A Despicable Tradition? Quota Quickies in the 1930s," *The British Cinema Book*, ed. Murphy, 37—47。更多关于议会态度的思考，见 Walter Ashley, *Cinema and the Public*: *A Critical Analysis of the Origin, Constitution and Control of the British Film Institute* (London: Ivor Nicholson and Watson Ltd., 1934), 6。

14. Tom Ryall, *Alfred Hitchcock and the British Cinema* (Urbana: University of Illinois Press, 1996), 119. 虽然观影的公众大部分接受《敲诈》(*Blackmail*) 是英国第一部有声长片，但是有些学者认为该电影之前的一些短片电影对声音的部分使用，显示了它作为第一部有声电影的不真实的地位。

15. See Susan McCabe, *Cinematic Modernism*: *Modernist Poetry and Film* (New York: Cambridge University Press, 2005); David Trotter, *Cinema and Modernism* (Malden, MA: Blackwell, 2007), 3.

16. 关于美国文化机构、有名无实的领导人物和政治家如何塑造美国电影产业的详细论述，见 Peter Decherney, *Hollywood and the Culture Elite*: *How the Movies Became American* (New York: Columbia University Press, 2005)。

17. Jaikumar, "Hollywood and the Multiple Constituencies of Colonial India," *Hollywood Abroad*, ed. Maltby and Stokes, 78—98; Miriam Hansen, "The Mass Production of the Senses: Classical Cinema as Vernacular Modernism," *Modernism/Modernity* 2 (1999): 68.

18. 关于观众研究的关键作品，见 Melvyn Stokes and Richard Malt-

by, eds., *Identifying Hollywood's Audiences*: *Cultural Identity and the Movies* (London: BFI, 1999); Maltby and Stokes, eds., *Hollywood Abroad*。

19. Aldous Huxley, *Jesting Pilate*: *The Diary of a Journey* (London: Chatto & Windus, 1926), 200.

20. 这句话是坎利夫—李斯特(Cunliffe‐Lister)在 1927 年 3 月《电影放映草案》(Cinematograph Films Bill)二读程序的开幕致辞的一部分。Quoted in Napper, *British Cinema and Middlebrow Culture in the Interwar Years*, 17.

21. *The Film in National Life*: *Being the Report of an Enquiry Conducted by the Commission on Educational and Cultural Films into the Service which the Cinematograph May Render to Education and Social Progress* (London: George Allen and Unwin, Ltd., 1932), 126.

22. 同上,133。

23. Editors, "Comment and Review," *Close Up* 1 (Oct. 1927): 77.

24. Amelia Defries, "Criticism from Within," *Close Up* 1 (Oct. 1927): 53.

25. "English Films——An American Comment," *Times* (London), February 4, 1926, 8. Times Digital Archive, http://www.library.upenn.edu.

26. 同上。

27. See Michael North, *The Dialect of Modernism*: *Race, Language, and Twentieth‐Century Literature* (New York: Oxford University Press, 1994), 3—8,关于美国人对《爵士歌手》(*The Jazz Singer*)的细微讨论。

28. Christopher Isherwood, *Prater Violet* (Minneapolis: University of Minnesota Press, [1945] 2001), 65.

29. See Napper, *British Cinema and Middlebrow Culture in the Interwar*

Years, 20.

30. Quoted in C. K. Ogden, *Debabelization* (London: Kegan Paul, 1931), 147.

31. 同上, 145。最初援引自 *Chicago Tribune*, Paris edition, Oct. 20, 1930。

32. 更全的引文极其耸人听闻:"为什么我们要与美国讨论这个话题?我们不希望干扰他们的语言;为什么他们企图干扰我们的语言?他们庞大的混血人口,只有一小部分是盎格鲁—撒克逊种族的,却需要使用英语作为他们内部交流的主要手段,这是我们的不幸,而不是我们的过错。他们肯定对我们的语言造成了威胁,但是我们面对这种威胁的唯一有效办法是假设……'美式英语是外语词汇而且就应该这么看待……'保护英国语言纯洁性的唯一办法就是对每一种美国人的创新都表现出一种稳定的敌意的抵制。"同上, 146。奥格登引自 *The New Statesman*, June 1927。

33. 同上, 78。奥格登引自 *Melbourne Sun*, August 26, 1929。

34. 同上, 123。奥格登引自 *Times of India*, May 8, 1929。

35. 一种新的英语"基本英语"是奥格登提出的解决方案的中心。他强调:"'让每个人都说英语'是数年前由亨利·福特提出的四个字的和平口号;'基本英语属于每个人'则是它的现代对应版本。"(*Debabelization*, 13)。奥格登赞扬了美国俚语的"弹性用法",详述了普通英国人的变化:"他正在慢慢学习'get busy'(变得很忙)并且'put over'(放弃)了自己的概念。'Right now'(现在)他的'co - ed'(男女共学)的后代都是'talkie fans'(有声电影迷);他们变得'psyched'(兴奋)并且知道所有的'dope'(毒品)——'and then some'(而且远远不止如此)。"(30;30—1)

36. Wyndham Lewis, *Men without Art* (London: Cassell and Co., 1934), 32.

37. 同上，33。

38. 同上，32。

39. 同上，32。

40. 同上，32。

41. Anne Friedberg, "Introduction: Reading *Close Up*, 1927—1933," *Close Up*, 1927—33: *Cinema and Modernism*, ed. James Donald, Anne Friedberg, and Laura Marcus (Princeton, NJ: Princeton University Press, 1998), 10.

42. 同上。

43. 同上。

44. 英国电影批评家和导演奥斯韦尔·布莱克斯顿（Oswell Blakeston），表达了自己希望有声电影或许可以表现得像无声电影一样："如果词汇按照意象派的方式被组合在一起，有声电影就没有必要待在它的原产国。" Oswell Blakeston, "Anthology," *Close Up* 7 (July 1930): 75.

45. 关于"monstrosity"，见 Kenneth Macpherson, "As Is," *Close Up* 3 (July 1928): 8。关于布莱尔（Bryher）的评论，见 Bryher, "The Hollywood Code," *Close Up* 8 (Sept. 1931): 234。

46. 关于《关闭》（*Close Up*）针对有声电影兴起的反应的详细讨论，见詹姆斯·唐纳德（James Donald）对于《关闭》的介绍，1927—33: *Cinema and Modernism*, ed., Donald, Friedberg, and Marcus, 79—82。

47. Michael North, *Camera Works: Photography and the Twentieth-Century Word* (Oxford: Oxford University Press, 2005), 85.

48. 英语作家多萝西·理查森（Dorothy Richardson）认为，在默片时代，英国儿童就已经开始模仿从字幕中学来的美国俚语，如同理查森所说："以及美式英语。美国俚语曾经是'电影'中令人感到混乱和迷惑的一个部分,但是现在伦敦的孩子,他不会在恰当的时候说'Oh, boy',也不会阅读和快乐地理解每个成语,但却借助好莱坞的字幕而高兴得咧嘴笑。"Richardson, "Continuous Performance," *Close Up* 2 (Jan. 1928): 174。

49. Macpherson, "As Is," *Close Up* 1 (July 1927): 16.

50. H. D. 在1914年通过与理查德·奥尔丁顿(Richard Aldington)结婚而成为一名英国公民。

51. See Macpherson, "As Is," *Close Up* 5 (July 1929): 6.

52. Jean Lenauer, "News from the Provinces," *Close Up* 6 (April 1930): 322.

53. Bryher, "Danger in the Cinema," *Close Up* 7 (Nov. 1930): 299—304; 303.

54. Bryher, "The Hollywood Code," *Close Up* 8 (Sept. 1931): 236.

55. 同上,236。

56. Bryher, "The Hollywood Code II," *Close Up* 8 (Dec. 1931): 280.

57. 同上。

58. 同上。

59. 同上,282。

60. 同上,281。

61. 同上。

62. 埃德蒙·夸里(Edmund Quarry)认为,第一部英国有声电影实际上是"一部简短的、实验性的家庭喜剧片……在1924年至1925年冬天上映"。引自Tom Ryall, *Blackmail* (London: BFI, 1993), 12。

63. 在一次采访中,希区柯克解释道:"我怀疑制片人可能改变了主意而最终想要一部有声音的电影,我就按照那种方式做了。"引自Ryall, *Blackmail*, 23—24。

64. Kenneth Macpherson, "As Is," *Close Up* 5 (Oct. 1929): 261.

注 释

65. 同上。

66. "British International Pictures," *Times*（London），July 1, 1929. Times Digital Archives, http：//www. library. upenn. edu.

67. "Blackmail：A British International Picture," *Times*（London），June 24, 1929, 12. Times Digital Archives, http：// www. library. upenn. edu.

68. 同上，12。

69. 特吕弗的表述被广泛翻版。例如，见 Jeffery Richards, "Rethinking British Cinema," *British Cinema, Past and Present*, ed. Justin Ashby and Andrew Higson（New York：Routledge, 2000），22。

70. 萨拉·斯特里特（Sarah Street）认为英国的一些"配额电影"的题材特别多的是滑稽剧，在20世纪30年代受到了英国观众的欢迎。见 Sarah Street, "British Film and the National Interest, 1927—1939," *The British Cinema Book*, ed. Murphy, 187。

71. H. D., "Russian Films," *Close Up* 3（Sept. 1928）：28.

72. 针对英国政府1927年以及1938年再一次的保护性法律，在英国上映的电影必须是英国原产电影的比例逐步增加。为了规避对它们霸权的这种障碍，好莱坞电影制片公司对低成本并且经常是快速制作的英国电影予以支持，这些电影通常被称为"配额简短片"以与它们制片厂的特征相吻合。见 Dickinson and Street, *Cinema and State* 5—29；Napper 37—47。

73. Elizabeth Madox Roberts, "Comment and Review," *Close Up* 1（Sept. 1927）：66.

74. Bryher, "The War from Three Angles," *Close Up* 1（July 1927）：18.

75. Robert Herring, "The Latest British Masterpiece," *Close Up* 2（Jan. 1928）：33.

76. Clifford Howard, "Cinemaphobia," *Close Up* 5（July 1929）: 65.

77. 同上, 59。

78. 《世界电影消息》（*World Film News*）上发表的一篇文章"英国电影产业的动植物"（"The Flora and Fauna of the British Film Industry"）, 讨论了由美国人制作的英国电影以满足配额的各种方式,"我们依赖于他们对我们的历史、传统和习俗深沉而天生的感觉, 从而使我们的英国传统得以戏剧化, 也使履行英国配额这一更加现实的买卖得以完成。"引自 Richards, *The Age of the Dream Palace*, 44。

79. Macpherson, "As Is," *Close Up* 1（July 1927）: 5.

80. Macpherson, "As Is," *Close Up* 1（Aug. 1927）: 16.

81. 同上。

82. 与之相反, 弗吉尼亚·吴尔夫在其发表于1926年的文章"电影"（"The Cinema"）中强调了电影与文学的区别, 并且对将电影改编成电影发出感叹。见 Virginia Woolf, "The Cinema," *Collected Essays, Volume II*（New York: Harcourt, Brace, and World, 1967）, 268—272。

83. Bryher, "A Survey," *Close Up* 1（Dec. 1927）: 56.

84. 《封闭》（*Close Up*）早期版本（Oct. 1927）的封面上写道:"CLOSE UP, 一本英国人的评论杂志, 是第一本从艺术、实验和可能性的角度接近电影的杂志。"重印于 *Close Up, 1927—1933: Cinema and Modernism*, ed. Donald, Friedberg, and Marcus, 2。

85. 关于 H. D.、保罗·罗伯逊（Paul Robeson）以及种族认同的讨论, 见 Genevieve Abravanel, "How to Have Race without a Body: The Mass-Reproduced Voice and Modern Identity in H. D.'s 'Two Americans'," *Mosaic* 42, no. 2（2009）: 37—53。

86. See Annette Debo, "Interracial Modernism in Avant-Garde Film: Paul Robeson and H. D. in the 1930 Borderline," *Quarterly Review of Film and Video* 18（2001）: 371—383, 关于对《边界线》（*Borderline*）在英

国之外受欢迎程度的讨论。迪博（Debo）认为，将《边界线》的声誉视为一次重大的失败是忽视了它在欧洲更受欢迎的情况。

87. H. D. "*Borderline*：A POOL Film with Paul Robeson," reprinted in *Close Up*, 1927—33：*Cinema and Modernism*, ed., Donald, Friedberg, and Marcus, 226.

88. 同上。

89. 同上，225。

90. 同上，223。

91. 文森特·谢里（Vincent Sherry）在《伟大战争和现代记忆》（*The Great War and Modern Memory*）中讨论了"现代主义"（modernism）一词在20世纪中期之前的用法。他提出了两种类别——提及了天主教的宗教运动和世俗的现代性——H. D. 的用法更加接近于反映后者。事实上，有趣的是，注意到她对现代主义一词的使用，在一定程度上预见了二战后该词被奉为经典期间这个术语的流动性。见 Vincent Sherry, *The Great War and Modern Memory*（New York：Oxford University Press, 2004），16—17。

92. 这里笔者使用了"后卫"（arrière‑garde）一词，在某种意义上，类似于查尔斯·伯恩斯坦（Charles Bernstein）在另一个截然不同的语境中的用法，也就是他的文章"在近期美国诗歌中的前卫或者后卫"（Avant‑Garde or Arrière‑Garde in Recent American Poetry），*Poetics Today* 20, no. 4（1999）：629—653。在这篇文章中，伯恩斯坦使用"后卫"一词来指代"非前卫"，或者那种至少第一眼看起来似乎是令人绝望的传统诗歌（633）。

93. Evelyn Waugh, *The Loved One：An Anglo‑American Tragedy*（Boston：Little, Brown, 1948），3.

94. 同上。

95. 同上，11。

96. 同上，35。

97. 同上，23。

98. 显然，乔·斯托伊特（Jo Stoyte）是以威廉·兰道夫·赫斯特（William Randolph Hearst）（像《公民凯恩》中凯恩的角色）为基础的。见 John Evangelist Walsh, *Walking Shadows: Orson Welles, William Randolph Hearst, and Citizen Kane* (Madison, WI: University of Wisconsin Press/Popular Press, 2004), 50。

99. Aldous Huxley, "The Oudook for American Culture: Some Reflections in a Machine Age," *Harper's Magazine* (1927); *Complete Essays: Aldous Huxley, Volume III*, 1930—1935, ed. Robert Baker and James Sexton (Chicago: Ivan R. Dee, 2001), 185. 见第一章中对赫胥黎在美国化这方面的地位的讨论。

100. Keynes, *The Collected Writings*, 371.

第四章　以英语为例

1. See Raymond Williams, "Seeing a Man Running," *The Leavises: Recollections and Impressions*, ed. Denys Thompson (Cambridge: Cambridge University Press, 1984), 116.

2. 同上，117。

3. 同上，117。

4. See Stuart Hall, "Interview with Richard English and Michael Kenny," *Rethinking British Decline*, ed. Richard English and Michael Kenny (New York: St. Martin's Press, 2000), 关于二战后"时运转移"从英国到美国的一场讨论。

5. 关于利维斯被视为"天才"，见 Sebastian Moore, "F. R. Leavis: A Memoir", *The Leavises: Recollections and Impressions*, ed. Thompson, 60; 被视为"20 世纪英国文学批评领域最具影响力的人物"，见 Chris-

注 释

topher Norris, "Editor's Forward," *F. R. Leavis*, Michael Bell (London: Routledge, 1988), vii；被视为"破坏性的傲慢和怀疑"，见 Raymond Williams, *Culture and Society*, 1780—1950 (New York: Columbia University Press, 1983) 263；被视为"坏脾气的老头子"，见 Gerald Graff, *Professing Literature: An Institutional History* (Chicago: University of Chicago Press, 1987), 208。

6. 书和小册子都由位于剑桥的被恰当地称为"少数出版社"的出版社出版。

7. F. R. Leavis, "Mass Civilisation and Minority Culture," in *For Continuity* (Cambridge, UK: G. Fraser, The Minority Press, 1933), 16.

8. 也是《米德尔城》(*Middletown*) 的作者，罗伯特 (Robert) 和海伦·林德 (Helen Lynd)。

9. Leavis, "Mass Civilisation," 17.

10. 同上，18。

11. F. R. Leavis and Denys Thompson, *Culture and Environment: The Training of Critical Awareness* (London: Chatto & Windus, 1933), 3.

12. Leavis, "Mass Civilisation," 16.

13. Leavis, "Mass Civilisation," 46. See Henry Ford's *To-Day and To-Morrow* (Garden City, NY: Doubleday, Page, 1926)。See also Ford's *My Life and Work* (Garden City, NY: Doubleday, Page, 1922).

14. Leavis, "Mass Civilisation," 46.

15. Leavis, "Babbitt Buys the World," *For Continuity*, 95.

16. 见利维斯的文章"在哪位国王之下，恶棍？"（"Under Which King, Bezonian?"），载于《为了连续性》(*For Continuity*)，该文章是对托洛茨基对"文化"一词用法的分析，也是宣布《审查》将与马克思主义不一致，尽管某些压力要求这么做。在这篇文章中，利维斯讽刺地指出，他的选择是在"斯大林和君权神授的国王"之间做出的。

(168)

17. Leavis and Thompson, *Culture and Environment*, 1.

18. See Gauri Viswanathan's important *Masks of Conquest: Literary Study and British Rule in India* (New York: Columbia University Press, 1989). For Macaulay's essay, see Thomas Babington Macaulay, "Minute on Indian Education," *Selected Writings*, ed. John Clive and Thomas Pinney (Chicago: University of Chicago Press, 1972), 237—251.

19. Leavis and Thompson, *Culture and Environment*, 126—127.

20. 同上,127。

21. 同上,143。See Jan and Cora Gordon, *On Wandering Wheels: Through Roadside Camps from Maine to Georgia in an Old Sedan Car* (New York: Dodd, Mead, 1928). 利维斯或许参考了1929年由伦敦的J. Lane出版社出版的版本;他指出他是在"博得里·海德出版社"("The Bodley Head")发现这句话的(*Culture and Environment*, 143)。

22. Leavis and Thompson, *Culture and Environment*, 143.

23. 利维斯的文章"凯恩斯、劳伦斯和剑桥"("Keynes, Lawrence, and Cambridge"),为劳伦斯反对布卢姆斯伯里(Bloomsbury)的精英主义进行辩护。See F. R. Leavis, "Keynes, Lawrence, and Cambridge," *Scrutiny*, Mar. 1949.

24. Leavis and Thompson, *Culture and Environment*, 262.

25. Denys Thompson, "Advertising God," *Scrutiny* 1, no. 3 (1932): 242.

26. F. R. Leavis, *The Great Tradition: George Eliot, Henry James, Joseph Conrad* (New York: G. W. Stewart, 1948), 9.

27. See Claudia Johnson, "F. R. Leavis: The 'Great Tradition' of the English Novel and the Jewish Part," *Nineteenth Century Literature* 56, no. 2 (2001): 199—227,对性别和《伟大的传统》(*The Great Tradition*)进行了讨论。

注 释

28. 康拉德于1886年成为英国公民，詹姆斯1915年成为英国公民。

29. Leavis, *The Great Tradition*, 18.

30. 同上，128。

31. 同上，11。

32. 同上，145；134。

33. 同上，162。

34. 同上，163。

35. 同上，163。

36. See Leavis, *Valuation in Criticism and Other Essays by F. R. Leavis*, ed. G. Singh (Cambridge: Cambridge University Press, 1986), 11. 1968年，利维斯将艾略特称为"我们最后一位伟大的诗人"（129）。

37. Leavis, *The Great Tradition*, 5.

38. 同上，5。

39. 同上，23。

40. 同上，138。

41. 同上，138。

42. 同上，28。

43. Leavis, *For Continuity*, 76.

44. *Oxford English Dictionary Online*, s. v. "Highbrow," http://www.oed.com/.

45. Virginia Woolf, "Middlebrow," *Collected Essays*, vol. 2 (New York: Harcourt, Brace, and World, 1967), 196。吴尔夫坚持认为，"如果我能够成为一个趣味更加高雅的人，我会的。"（196）

46. Melba Cuddy-Keane, *Virginia Woolf, the Intellectual, and the Public Sphere* (New York: Cambridge University Press, 2003), 18.

47. Leavis and Thompson, *Culture and Environment*, 41.

48. 同上，38。

49. 同上，38。

50. 同上，38。

51. 同上，38。

52. 同上，38—39。

53. 同上，39。

54. 同上，39。

55. Fredric Jameson, *A Singular Modernity: Essay on the Ontology of the Present* (NY: Verso, 2002), 164.

56. 高雅和低俗的争论的突出贡献可见于 Andreas Huyssen, *After the Great Divide: Modernism, Mass Culture, Postmodernism* (Bloomington: Indiana University Press, 1986); Michael North, *Reading 1922: A Return to the Scene of the Modern* (New York: Oxford University Press, 1986); and Lawrence Rainey, *Institutions of Modernism: Literary Elites and Public Culture* (New Haven, CT: Yale University Press, 1998).

57. 此类作品包括 David Chinitz, *T. S. Eliot and the Cultural Divide* (Chicago: University of Chicago Press, 2003); Melba Cuddy-Keane, *Virginia Woolf, the Intellectual, and the Public Sphere* (Cambridge: Cambridge University Press, 2003); Kevin J. H. Dettmar and Stephen Watt, eds., *Marketing Modernisms: Self-Promotion, Canonization, Rereading* (Ann Arbor: University of Michigan Press, 1996); Garry Leonard, *Advertising and Commodity Culture in Joyce* (Gainsville: University Press of Florida, 1998); Allison Pease, *Modernism, Mass Culture, and the Aesthetics of Obscenity* (Cambridge: Cambridge University Press, 2000)。

58. 在本章中，笔者将用"QDL"代指奎尼·利维斯，以免与弗兰克·雷蒙德·利维斯混淆。

59. 见理查德·霍加特（Richard Hoggart）关于奎尼·利维斯对于他自己作品的影响，尤其是在约翰·科纳（John Corner）的"Studying

注 释

Culture——Reflections and Assessments: An Interview with Richard Hoggart," *The Uses of Literacy* (New Brunswick: Transaction, 1998), 269—284。

60. Q. D. Leavis, *Fiction and the Reading Public* (London: Chatto & Windus, 1932), 190.

61. 同上，191—192。

62. 同上，xv。

63. 同上，35。

64. 同上，20。

65. 同上，7。

66. 同上，14。

67. 同上，16。

68. 同上，15。

69. Leavis, "The Literary Mind," *For Continuity*, 65.

70. 提及利维斯激发剑桥的学生成为教师的能力时，玛格丽特·马西森（Margaret Mathieson）写道："利维斯要求'想去打仗'的男生以及许多响应战争号召的毕业生到学校去教英语，就像他教他们的那样。"（122）

71. Perry Anderson, "Components of the National Culture," *New Left Review* 3, no. 57 (1968): 50.

72. 引自 Gerald Bernbaum, *Social Change and the Schools* (London: Routledge and Kegan Paul, 1967), 16。

73. 引自 Margaret Mathieson, *The Preachers of Culture: A Study of English and Its Teachers* (Totowa, NJ: Rowman and Littlefield, 1975), 71。

74. Denys Thompson, "Introduction," *English for the English: A Chapter on National Education*, George Sampson (Cambridge: Cambridge Uni-

versity Press, 1970), 8.

75. Sampson, *English for the English*, 23.

76. 同上, 27。

77. 同上, 24。

78. 同上, 34。

79. 英国教育体制中的英语委员会, *The Teaching of English in England; Being the Report of the Departmental Committee Appointed by the President of the Board of Education to Inquire into the Position of English in the Educational System of England* (London: Harcourt Brace, 1922), 252。

80. 同上, 252。

81. 见 Robert Crawford, *Devolving English Literature* (Edinburgh: Edinburgh University Press, 2000), 一场关于苏格兰在英国文学研究发展中的作用的讨论。笔者认为, 尽管苏格兰确实在英格兰之前改变了古典文学研究和语言学, 实践了某些更加接近现代英国研究的东西, 但苏格兰的实践并不是20世纪英国即将面临的变革的主要灵感。

82. Mathieson, *The Preachers of Culture*, 125。

83. 引自 I. D. MacKillop, *F. R. Leavis: A Life in Criticism* (London: Penguin Press, 1995), 73。利维斯的论文被命名为"The Relationship of Journalism to Literature: Studies in the Rise and Earlier Development of the Press in England"。

84. 正如某位批评家所指出的那样:"是利维斯使大学层面的英语研究与外部世界的学校老师的责任之间的联系变得更为紧密了。"引自 Mathieson, *The Preachers of Culture*, 122。

85. Francis Mulhern, *The Moment of Scrutiny* (London: NLB, 1979), 100.

86. F. R. Leavis, *Education and the University, a Sketch for an 'English School'* (London: Chatto and Windus, 1948), 7.

87. 同上，22。

88. 同上，22。

89. 同上，28。

90. Williams, *Culture and Society*, 1780—1950, 261.

91. 同上，252。

92. 见格兰特·法尔德（Grant Farred），"Leavisite Cool: The Organic Links between Cultural Studies and *Scrutiny*," *Disposition* 21, no. 48 (1999): 1—19，关于利维斯在这个传统中的地位的讨论。法尔德指出，尽管"利维斯……在雷蒙德·威廉斯、理查德·霍加特和爱德华·汤普森这群人中显得不合时宜并且政治立场也不对"（1），但他却是这场运动的重要先驱之一。

93. Richard Hoggart, *The Uses of Literacy* (New Brunswick, NJ: Transaction, 1998), 248.

94. 同上，278。

95. Andrew Goodwin, "Preface," *The Uses of Literacy*, xxiv.

96. Hoggart, *The Use of Literacy*, 188.

97. 同上，189。

98. 同上，189。

99. Goodwin, "Preface," *The Uses of Literacy*, *xxiv*.

100. Hoggart, *The Uses of Literacy*, 190.

101. 同上，190。

102. 同上，191。

103. Terry Eagleton, *Literary Theory* (Minneapolis: University of Minnesota Press, 1983), 27.

第五章　使它旧

1. T. S. Eliot, *Notes towards the Definition of Culture* (New York:

Harcourt, Brace, 1949), 94.

2. 同上, 94。

3. 同上, 94。

4. 同上, 38。

5. 同上, 30。

6. 其他艾略特明显提及美国的诗歌包括诸如"序曲"（Preludes, 1917年）等的早期作品, 诸如"斯威尼·阿冈尼"（Sweeney Agonistes, 1926—1927年）、"玛丽娜"（Marina, 1930年）以及风景诗"凯普·安"（Cape Ann, 1935年）等后来的作品。

7. 对于《荒原》中的"莎士比亚希安破布", 艾略特显然借用了齐格菲尔德·福利斯（Ziegfield Follies）系列戏剧在1912年上演的"That Shakesperian Rag"剧的一首歌曲的歌词。David Chinitz, *T. S. Eliot and the Cultural Divide* (Chicago: University of Chicago Press, 2003), 46—47。

8. 1914年, 艾略特是默顿学院的一名学生。T. S, Eliot, *The Letters of T. S. Eliot*, 1898—1922, ed. Valerie Eliot (New York: Harcourt Brace Jovanovich, 1988), 70.

9. 同上, 70。

10. See Chinitz, *T. S. Eliot and the Cultural Divide*, 156.

11. 同上, 156。

12. 见艾略特的文章"玛丽·劳埃德"（Marie Lloyd, 1922年）。

13. T. S. Eliot, "Preface," Edgar Ansel Mowrer, *This American World* (London: Faber and Gywer, 1928), ix.

14. 同上, x – xi。

15. 同上, x。

16. 同上, xi。

17. 同上, 17。

18. 同上，19。

19. 同上，50。

20. 同上，209。

21. 同上，220。

22. 见第一章，尤其是对于匿名短故事"伦敦的转变"的讨论，以思考围绕美国可能使英国殖民化而产生的焦虑。

23. Herbert Read, "T. S. E.—A Memoir," in *T. S. Eliot*: *The Man and His Work*, ed. Allen Tate (London: Chatto and Windus, 1967), 6.

24. 在1923年2月23日致利顿·斯特雷奇（Lytton Strachey）的信中，吴尔夫考虑了"可怜的汤姆"的经济困境，强调"实际上，这位可怜人正在（以他繁琐而冗长到一定程度的极其美国式的方式）而变得绝望"。见 Virginia Woolf, *Letters of Virginia Woolf, Vol III*: 1923—1928, 编者是 Nigel Nicholson 和 Joanne Trautmann, (New York: Harcourt, Brace, Jovanovich, 1975), 14。在1936年初的一则日记中，吴尔夫甚至更加直白地将她自己作为英国人的身份与艾略特的国籍进行了对比："我是英国人，足以感觉到自己的过去像一个农民……汤姆，美国人，不能（原文如此）；我估计他什么也感觉不到。" See Virginia Woolf, *Diary of Virginia Woolf*, ed. Anne Olivier Bell (San Diego: Harcourt Brace Jovanovich, 1977), 5.

25. See Alex Zwerdling, *Improvised Europeans*: *American Literary Expatriates and the Siege of London* (New York: Basic Books, 1998), 306.

26. Eliot, *Letters*, 318. 根据《牛津英语词典》，客籍民是指"古希腊城市中享有某些公民权的外籍居民"。艾略特此处的含义是，伦敦是他只能部分属于的大都市。

27. 引自 Read, *T. S. E.*, 5—6。

28. 利维斯引自 Zwerdling, *Improvised Europeans*, 277。

29. North, *The Dialect of Modernism*: *Race*, *Language*, *and Twentieth*

-*Century Literature*（New York：Oxford University Press，1994），10.

30. Clive Bell，"Plus De Jazz," *New Republic*（1921）：92—96，收录在他的《自塞尚以来》（*Since Cézanne*）（New York：Harcourt Brace，1928），222。

31. 对博洛诗的最近的思考见 Loretta Johnson，"T. S. Eliot's Bawdy Verse：Lulu，Bolo and More Ties," *Journal of Modern Literature* 27，no. 1—2（Fall 2003）：14—25；Gabrielle McIntire，"An Unexpected Beginning：Sex，Race，and History in T. S. Eliot's Columbo and Bolo Poems," *Modernism/Modernity* 9，no. 2（April 2002）：283—301；Jonathan Gill，"Protective Coloring：Modernism and Blackface Minstrelsy in the Bolo Poems," In *T. S. Eliot's Orchestra：Critical Essays on Poetry and Music*（New York：Garland，2000）；and David Chinitz 的"T. S. Eliot's Blue Verses and Their Sources in the Folk Tradition," *Journal of Modern Literature* 23，no. 2（1999—2000 Winter 1999）：329—333。

32. 利维斯注释道："艾略特给我寄来了胡言乱语和哄大孩子路易斯的童谣。都是十分出色的学术下流话。我正尝试着在《爆炸》中将它们出版出来；但是坚持我天真的决心而不用以 - Uck，- Unt，和 - Ugger 结尾的词语。"见 Wyndham Lewis，"Letter to Ezra Pound，"［1915年1月？］*The Letters of Wyndham Lewis*，ed. W. K. Rose（Norfolk，CT：New Directions，1963），66—67。在1915年2月2日写给庞德的信中，艾略特详述道："我已经和利维斯联系过了，但是他严格坚持的原则似乎阻碍了我欲将其发表的道路。我担心国王博洛和他的黑王后将永远不会突然出版了。"Eliot，*Letters*，86。

33. 除了里克斯（Ricks）发表的这几首诗，另外几首发表于艾略特书信第一卷中。一首被收入《蓝色诗歌的费伯图书》（*The Faber Book of Blue Verse*）。其他的与艾略特的许多文章一样，仍然处于版权保护期，直到2014年才能发表。

注 释

34. Lyndall Gordon, *T. S. Eliot: An Imperfect Life* (New York: W. W. Norton, 1998), 77. 戈登进一步认定诗歌中有"对妇女和性的痴迷之恨,其恶意应受惩罚"(77)。乔纳森·吉尔将诗歌描述为"一种令人惊讶的种族、甚至种族主义者的聚焦"(66)。见 Gill, "Protective Coloring", 66。理查德·波里尔 (Richard Poirier) 在 1997 年 4 月 28 日的《新共和》上表明,"国王博洛诗歌没有显示出(艾略特)任何诗学天才。它们可能是任何一群臭小子写的。"(37) 罗纳德·舒查德 (Ronald Schuchard) 简要地提到了诗歌,"在艾略特的少年涂鸦之作中有许多庸俗和粗糙的幽默"(87)。见 Ronald Schuchard, *Eliot's Dark Angel: Intersections of Life and Art* (纽约: Oxford University Press, 1999)。

35. T. S. Eliot, *Inventions of the March Hare: Poems* 1909—1917, ed. Christopher Ricks (London: Harcourt Brace, 1996), 315; 318; 318.

36. 同上,316。

37. 同上,319。

38. 乔纳森·吉尔认为,"艾略特对于黑人面孔的游方艺人的亏欠是最显著的,如果不是马上看得出来的话,在一系列诗歌中……关于一个虚构的国王博洛及其巨大的黑人混蛋工后的不敬的甚至淫荡的冒险",这表明博洛诗是以"高度自觉的文学语言写成的,这种语言我愿意称之为黑人面孔语言"(70—71)。见 Gill, "Protective Coloring"。

39. Eliot, *Inventions*, 316.

40. 见注释6。其他的艾略特提及美国的诗包括"斯威尼·阿冈尼"("Sweeney Agonistes", 1926—1927 年)、"玛丽娜"(Marina, 1930 年)以及风景诗"凯普·安"(Cape Ann, 1935 年)等。

41. Jed Esty, *A Shrinking Island: Modernism and National Culture in England* (Princeton, NJ: Princeton University Press, 2004), 150; Lydall Gordon, "The American Eliot and 'The Dry Salvages'" in *Words in Time: New Essays on Eliot's* Four Quartets, ed. Edward Lobb (London: The Ath-

被美国化的英国

lone Press, 1993), 43—44. 埃斯蒂的态度是,在这个四重奏中,"美国例证了……快速的现代化"(151),这与笔者对诗歌的解读是相当一致的。

42. Gordon, "The American Eliot and 'The Dry Salvages'" (353).

43. 艾略特在 1941 年 5 月 26 日"东方频道"(East Coker)的"我们讲述印度"节目中朗读了"东库克"(该节目于 1946 年 5 月 17 日在"英国西部家居频道"〔Home Service West of England〕进行了重播)。在 1942 年 9 月 1 日,艾略特为"瑞典频道"(Swedish Service)朗读了一组诗歌,包括"焚毁的诺顿"以及"干燥的萨尔维吉斯"的摘选。1942 年 10 月 23 日,艾略特在东方频道的"我们讲述印度"节目中朗读了"干燥的萨尔维吉斯"。显然,他没有在 BBC 读过"小吉丁"。关于艾略特的广播清单,包括上述部分,见 Michael Coyle, "Eliot's Radio Broadcasts, 1929—1963," 载 *T. S. Eliot and Our Turning World*, ed. Jewel Spears Brooker (New York: St. Martin's Press, 2001), 205—213。关于艾略特的无线广播的进一步讨论,见 Michael Coyle, "'This rather elusory broadcasting technique': T. S. Eliot and the Genre of the Radio Talk," *ANQ* 11, no. 4 (Fall 1998): 32—42; Michael Coyle, "T. S. Eliot on the Air: 'Culture' and the Challenges of Mass Communication," in *T. S. Eliot and Our Turning World*, ed. Brooker, 141—154。

44. T. S. Eliot, *Complete Poems and Plays* 1909—1950 (New York: Harcourt, Brace and World, 1962), 117.

45. 同上,117。

46. 同上,117。

47. 《艾略特家族简史》(*A Sketch of the Eliot Family*),由美国人沃尔特·格雷姆·艾略特(Walter Graeme Eliot)著,1887 年出版。See Walter Graeme Eliot, *A Sketch of the Eliot Family* (New York: Press of L. Middleditch, 1887).

48. Gordon, *Imperfect*, 348.

49. Eliot, *Complete Poems and Plays*, 123.

50. 同上，123—124。

51. Helen Gardner, *The Composition of* Four Quartets (London：Faber and Faber, 1978), 42—43。

52. 同上，124。

53. 埃斯蒂指出，"通过共同的文化复苏的言论，艾略特与其他20世纪30年代的知识分子（并非都是保守派）以有机共同体的复活神话的名义，提出对国家文化遗产的所有权……像艾略特和吴尔夫这样的现代主义者，要求英国特性的传统并且具有阶级界限的概念，但他们的要求却是为了一种更加广阔的、可以共享而且'平凡的'文化理念"。*Shrinking Island*, 126。

54.《在线牛津英语词典》，s. v. "Savage," http：//www.oed.com/（2010年12月2日访问）。

55. Gardner, *The Composition of* Four Quartets, 53.

56. 同上，53。

57. 同上，53。

58. Eliot, *Complete Poems and Plays*, 130.

59. Marshall Berman, *All That Is Solid Melts into Air：The Experience of Modernity* (New York：Penguin, 1988), 68.

60. Eliot, *Complete Poems and Plays*, 130.

61. 艾略特于1941年1月将"干燥的萨尔维吉斯"寄给了约翰·海沃德（John Hayward）；1941年2月在《新英语周刊》(*The New English Weekly*) 发表。值得注意的是，诗歌因此恰好在1941年12月7日珍珠港遇袭之前发表。

62. Eliot, *Complete Poems and Plays*, 131.

63. 同上，132。

64. 艾略特显然是在读了他的朋友乔治·埃夫里（George Every）围绕"查理国王到小吉丁的最后一次访问的主题"而作的一部话剧的草稿之后，受到鼓励而在1936年访问了小吉丁。Gardner, *The Composition of* Four Quartets, 62。

65. 新百慕大公司是弗吉尼亚公司的一个衍生公司。托马斯·思迈斯男爵（Sir Thomas Smythe）担任百慕大群岛（又称萨默斯群岛）的地方长官，他鼓励发展该地区与弗吉尼亚的经济关系。

66. 1624年，费拉在国会任职，协助了对财务大臣的弹劾，后者对弗吉尼亚公司的终结负有责任。见 *Dictionary of National Biography*, "Nicolas Ferrar"; T. T. Carter, ed., *Nicholas Ferrar: His Household and His Friends* (London: Longman's, Green, 1892), 49—79。

67. Eliot, *Complete Poems and Plays*, 139.

68. 同上，144—145。

69. 1936年5月，吴尔夫致信朱利安·贝尔（Julian Bell），"我从诗人艾略特那里收到了最令人震惊的言语精致的信；自从昨天A. E. 豪斯曼（A. E. Housman）去世后，他现在就是英美文学名义上的领袖了。"Woolf, *Letters*, 32.

70. F. R. Leavis, *The Great Tradition: George Eliot, Henry James, Joseph Conrad* (New York: G. W. Stewart, 1948), 1.

71. T. S. Eliot, "Tradition and the Individual Talent", in *Selected Essays*, 1917—1932 (London: Faber and Faber, 1932), 37.

72. 同上，37。

73. 同上，37。

74. 关于与民族认同相似却又不相同的欧洲的种族意识形态历史的讨论，见 Laura Doyle, "The Racial Sublime," *Romanticism, Race, and Imperial Culture*, 1780—1834, ed. Alan Richardson and Sonia Hofkosh (Bloomington: Indiana University Press, 1996)。

75. Eliot,"Tradition," 37.

76. 同上,38。

77. 值得一提的是,艾略特将荷马作为欧洲文学传统的起点是利用了北欧的自主发明,这种自主发明是通过具有修辞色彩的作品向希腊人索要英国人或者法国人的传统。

78. Eliot,"Tradition",39.

79. 同上,40。

80. 同上,38。

81. 同上,39。

82. F. R. Leavis, "T. S. Eliot——A Reply to the Condescending," *Valuation in Criticism and Other Essays*, ed. G. Singh (Cambridge:Cambridge University Press,1986),12.

后记

1. Gordon Brown,"The Special Relationship Is Going Global," *Sunday Times* (London), March 1, 2009, http://www.timesonline.co.uk/tol/comment/columnists/guest_contributors/article5821821.ece (2010年11月22日访问)。

2. 见Iain Martin, "The Special Relationship Is a Joke, and It Isn't Funny," *The Telegraph*, March 7, 2009, http://www.telegraph.co.uk/comment/columnists/iainmartin/4954361/The-special-relationship-is-a-joke-and-it-isnt-funny.html (2010年11月22日访问);以及Alice Miles, "Humiliated, Helpless, Paralysed. Time to Go," *Times* (London), March 4, 2009, http://www.timesonline.co.uk/tol/comment/columnists/guest_contributors/arti-cle5841400.ece (2010年11月22日访问)。

3. 布朗的礼物具有特殊的意义,因为HMS Gannet是一艘反黑奴的商贸船，同时也因为这艘船的姐妹号为椭圆形办公室的总统办公桌提供了木材。

4. Andrew Rawnsley, "Obama at Least Didn't Treat Brown Like a Lame Duck," *The Observer*, March 9, 2009, http：//www. guardian. co. uk/commentisfree/2009/mar/08/gordon – brown – andrew – rawnsley（2010 年 11 月 22 日访问）。Tim Shipman, "Barak Obama 'Too Tired' to Give Proper Welcome to Gordon Brown," *The Telegraph*, March 7, 2009, http：//www. telegraph/co. uk/news/worldnews/northamerica/usa/barackobama/4953523/Barack – Obama – too – tired – to – give – proper – welcome – to – Gordon – Brown. html（2010 年 11 月 22 日访问）。Sarah Vine, "First Lady Michelle Obama Shows Even She Has a Gift for the Gaffe," *The Times*, March 5, 2009, http：// www. timesonline. co. uk/tol/news/world/us_and_ americas/article5848073. ece（2010 年 11 月 22 日访问）。

5. Matthew Arnold, *Culture and Anarchy*, ed. Samuel Lipman（New Haven, CT：Yale University Press, 1994）, 14. 关于 19 世纪美国作家担忧被笼罩在他们的英国同行的阴影之下的讨论，见 Robert Weisbuch, *Atlantic Double Cross：American Literature and British Influence in the Age of Emerson*（Chicago：University of Chicago Press, 1986）。

6. Arnold, *Culture and Anarchy*, 13.

7. Brown, "The Special Relationship Is Going Global," *Sunday Times*（London）, March 1, 2009, http：//www. timesonline. co. uk/.

8. 詹姆斯·英格利希（James English）认为，"布克奖打算在新的倡议之下，将入选资格扩展到美国作家的传言"是制造丑闻的企图的一部分——或者至少被人理解成如此（213）。See James F. English, *The Economy of Prestige：Prizes, Awards, and the Circulation of Cultural Value*（Cambridge：Harvard University Press, 2005）. See Elaine Showalter, "Coming to Blows over the Booker Prize," *Chronicle of Higher Education*,

注 释

June 28, 2002, B11.

9. See John Mullan, "Prize Fighters," *The Guardian*, May 23, 2002, http://www.guardian.co.uk/books/2002/may/23/fiction.johnmullan（2010年11月29日访问）。

10. 同上。

11. See Sara Suleri, *The Rhetoric of English India* (Chicago: University of Chicago Press, 1992).

12. Arjun Appadurai, *Modernity at Large: The Cultural Dimensions of Globalization* (Minneapolis: University of Minnesota Press, 1996), 1.

13. 同上，2。

14. 在二战后的阶段，英国殖民地以及后殖民时期的作家们愈来愈在想象中和事实上将美国视为大不列颠的一个替换。尽管美国的帝国主义在近年已经招致了相当多的批判，一些后殖民时期的作家仍然明确地拥抱美国以作为对英国的一种逃脱。乔治·拉明（George Lamming）在其1960年的著作《流亡乐事》（*The Pleasures of Exile*）中指出："西印度群岛所处的位置是幸运的：与美国毗邻。"很久之后，在20世纪90年代的一次采访中提到："我认为，对于我而言，重要的事情是我来到了美国；而不是英国，或者加拿大。"卡珉·布雷斯韦特（Kamau Braithwaite）在其1986年的著作《根》（*Roots*）中，援引了艾尔弗雷德·门德斯（Alfred Mendes）关于"作为一个新的富庶国家的美国"的承诺并不总是会实现的说法。See George Lamming, *The Pleasures of Exile* (Ann Arbor: University of Michigan Press, 1992 [1960]), 152; Jamaica Kincaid, "Interview with Frank Birbalsingh," *Frontiers of Caribbean Literature in English* (New York: St. Martin's Press, 1996), 139; Kamau Braithwaite, *Roots* (Ann Arbor: University of Michigan Press, 1993), 11.

15. 布克国际奖，设立于2005年，考虑的是用英语写作的作家，以英语作为原创或者翻译成英语的作品皆可。美国作家被纳入这个奖的授奖范围，从而使得该奖因此被归类于"国际性的"而不是最初布克奖所针对的讲英语的世界的那种局部性的。

16. 当然，是作为商品化的娱乐。2010年6月，一个大规模的耗资巨大的"哈利·波特的魔法世界"，被加入到了在佛罗里达州的奥兰多开业的冒险岛主题公园中。

17. 尽管让美国为20世纪的所有技术发明承担责任是不够准确的，但是此种发明却经常会让人与美国联系在一起。尼古拉斯·奥斯特勒（Nicholas Ostler）指出，即使有些现代的技术不是美国人发明的，像"德国奔驰的内燃机，或者达盖尔和卢米埃这样的法国探索者发明的摄影和摄像等——却是由以英语为母语的诸如亨利·福特以及好莱坞的电影制作人等的开发者，首先证明了在一个真正庞大的规模之上运用新的媒介能够做什么。这不可避免地意味着与这些发明相关的关键讨论，像如何复制这些发明以及利用它们能做什么等，全都是用英语进行的"（512）。See Nicholas Ostier, *Empires of the Word*: *A Language History of the World*（New York: Harper Collins, 2005）.

18. 《苏格兰人》（*Scotsman*）报道称："罗琳花了数年才允许她的书由华纳兄弟电影制片公司改编成电影，因为担心哈利'被美国化'。"See Fiona Gray, "And Now for Harry Potter and the Wizard Theme Park," *Scotsman*, April 22, 2007, http://news.scotsman.com/jkrowlingharrypotter/And-now-for-Harry-Potter.3278867.jp（2011年2月9日访问）。

19. 哈利·波特的邮戳被用来装饰许多电子玩具和装置。丝毫没有任何讽刺的是，美国航空公司AirTran甚至在它的飞机组合中增加了一架哈利·波特主题飞机。See http://travel.usatoday.com/flights/post/2010/06/airtran-adds-harry-potter-1-to-usas-line-up-of-unique-aircraft-designs/96923/1.

20. 这样一种战略对于跨大西洋市场而言并不新鲜。在笔者所写的关于威塞克斯的系列小说的文章中,笔者描述了托马斯·哈代如何鼓励保护英国西南部的乡土风格从而在一定程度上保持它们对美国游客的吸引力。See Genevieve Abravanel, "Hardy's Transatlantic Wessex: Constructing the Local in *The Mayor of Casterbridge*," *NOVEL: A Forum on Fiction* 39, no. 1 (2005): 97—117.

21. 引自 Ostler, *Empires of the Word*, 505。

索 引

（索引后的页码为英文版的页码，即本书边码）

A

Adorno, Theodor 西奥多·阿多诺
关于美国文化产业中的艺术, 4—5, 166n9
关于《美丽新世界》, 42

After Many a Summer (Huxley)《许多个夏天以后》（赫胥黎）, 105, 108

After the Great Divide (Huyssen)《大鸿沟之后》（胡伊森）, 16

Aiken, Conrad 康拉德·艾肯, 133, 139

America 美国, 也参见 Americanization。
对英国影响的焦虑, 12—16
改变了与英国相关的关系, 86
民主, 41
作为对欧洲传统威胁的经济力量, 5
作为现代化与进步的体现, 4, 8, 112, 115
与想象的英国未来的发展, 26
作为独立国家的典范, 32
现代性与美国, 163
作为对利维斯而言的负面实例, 113
与欧洲的有机联系, 135
威尔斯积极支持日益增长的权力, 35

America Comes of Age (Siegfried)《成长的美国》（西格弗里德）, 5

American Century 美国世纪
创造的词, 11—12
确定为代名词, 167n31
作为20世纪研究分析的框架, 163

"American Eliot, The" (Gondon) "美国人艾略特", 32

Americn English. 美式英语。见 English, American。

American imperialism. 美国帝国主义。见 Imperialism, American。

Americanization 美国化, 3—6。也见 Imperialism, American。
波德莱尔的抵制, 4

索 引

作为概念,8

艾略特对于偶像的否定,134

与通过贬低而获得的平等,95

霍加特关于"神话世界"的美国化,129

作为现代化的代名词,115

两次大战期间美国化概念的持续,159

作为无产阶级化的同义词,95

Americanization of England 英国的美国化,115

American language 美国语言。见 English, American

American Notes（*Kipling*）美国的注释（吉卜林）,29

American T. S. Eliot, The（Sigg）美国人 T. S. 艾略特（西金斯）,132

"America Which I have Never Seen Interests Me Most in This Cosmopolitan World of To‑Day"（Woolf）"在当今大都会式的世界中从未让我看到过的令我最感兴趣的美国",45

Ameritopias 美托邦,24—52

作为概念,25

Amis, Kingsley 金斯利·埃米斯,57,82—83

Anderson, Perry 佩里·安德森,124

Antheil, George 乔治·安太尔,82

Anxiety of Influence, the（Bloom）《影响的焦虑》（布卢姆）,12

Appadurai, Arjun 阿君·阿帕度莱,160

Appel, Alfred 阿尔弗雷德·阿佩尔,58—62

Armitage, David 大卫·阿米蒂奇,170n75

Arnold, Matthew 马修·阿诺德

美国的描绘,158

由 Q. D. 利维斯援引,121

Arrighi, Giovanni 乔万尼·阿瑞吉,7

关于美国的霸权,88

关于权力和影响的历史循环,11

art 艺术

阿多诺关于艺术,4—5,166n9

本杰明关于作品的气质,49—50

电影作为 20 世纪新的艺术形式,100—101

作为娱乐,89

关于《特写》,97

电影中的艺术,102

Arthur, Gavin 加文·阿瑟,103

"As Easy as A. B. C."（Kippling）"简单犹如 A. B. C."（吉卜林）,28,29—31

Atlantic Double Cross（Weisbuch）《越洋出卖》（韦斯布赫）,12

Atlantic studies 跨大西洋研究,22,17on75

Auden, W. H. 奥登

蓝调诗歌,67—68,69

美国移民,6

关于德国犹太人的困境,177n52

Austen, Jane 简·奥斯汀,116,117

277

被美国化的英国

Autocracy of Mr. Parham, The（Wells）《帕勒姆先生的独裁统治》（威尔斯），35—38

B

Badger, R. Reid　R. 里德·巴杰，174n1

Bailyn, Bernard　伯纳德·贝林，170n75

Baker, Houston　休斯敦·贝克，67

Baker, Josephine　约瑟芬·贝克，55，69

Banting, John　约翰·班廷，81

Barry, Joan　琼·巴里，99

Baudelaire, Charles　查尔斯·波德莱尔，4

Baudrillard, Jean　琼·鲍德里尔德，163

BBC 英国广播公司

　作为国家的代理人，18—19

　解读《四首四重奏》，141，192n43

　马休关于 BBC，170n66

Beatles, jazz influence on　爵士乐对于甲克虫乐队的影响，83—84

Bechet, Sidney　悉尼·贝谢，170n66

Beckett, Samuel　塞缪尔·贝克特，81

Bell, Clive　克莱夫·贝尔

　与美国文化的批判，177—78n67

　关于艾略特，137

　关于爵士作家，71

Bell, Jullian　朱利安·贝尔，154，193n69

Benjamin, Walter　沃尔特·本杰明

　关于艺术作品的气质，49—50

　关于电影遍及大众的潜力，102

Bennett, Arnold　阿诺德·贝内特，179n106

Berman, Marshall　马歇尔·伯曼，26，148

Between Acts（Woolf）《幕间》（吴尔夫），58—62

Birth of a Nation, The（film, Griffith）《一个国家的诞生》（电影，格里菲斯），92

Blackmail（film, Hitchcock）《敲诈》（电影，希区柯克）

　英国英语在，88

　《特写》的赞颂，99

Blakeston, Oswell　奥斯韦尔·布莱克斯顿，183n44

Blast（journal）《疾风》（期刊），75—76

　否定了艾略特的哥伦布—博洛诗，138，191

Bloom, Harold　哈罗德·布卢姆，12

blues　布鲁斯，177n53

　奥登的诗歌，67—68，69

　贝克关于，67

　"疲倦的布鲁斯"（休斯），17

Boke Named the Gouernour, The（Elyot）《统治者之书》（埃洛伊特），145

Booker Prize.　布克奖。见 Man Booker Prize

Borderline（film, Macpherson）《偷情边缘》（电影，麦克弗森），103—105

Bourdieu, Pierre　皮埃尔·布迪厄，70

Bowen, Elizabeth　伊丽莎白·鲍恩

278

索 引

关于英国帝国主义的衰落, 57

《最后的九月》, 63—67

Braithwaite, Kamau 卡玛·布雷斯韦特, 195n14

Brave New World (Huxley)《美丽新世界》(赫胥黎), 42—45

将《哈利·波特》与之进行比较, 162

非线性时间, 50

Brecht, Bertold 贝尔托·布莱希特, 5

Britain 英国

作为美国媒体帝国的殖民地, 94—95

第一次世界大战以后的教育, 124—125

1927年和1934年的电影法案, 88

美式英语对英国的影响, 86, 92—92

British Arts Council 英国艺术委员会, 85

British Commission on Film 英国电影委员会, 91

British Empire 大英帝国。也见 colonies, British。

好莱坞作为威胁, 90—91

爵士乐作为威胁, 72

British English 英国英语。见 English, British。

British International Picture 英国国际电影公司, 99

Britishness 英国特性

与传统的联系, 101, 106

英国特性的崩塌, 5—6

被美国作家拥抱, 12

英国特性的偶像, 134

文学与英国特性, 160—161

普尔与英国特性, 97

嘲讽南加利佛尼亚州, 106, 108

在《远航》中的英国特性, 46

Brown, Gordon 戈登·布朗, 157—159, 161

给奥巴马礼物的重要性, 194n3

Brown, Sarah 萨拉·布朗, 161

Brown–Obama debacle 布朗—奥巴马事件, 157, 158—159

Bryher (Annie Winifred Ellerman) 布莱尔 (安尼·威妮弗雷德·埃勒曼)

在《偷情边缘》中, 103

关于英国电影, 100

《特写》的经济支持者, 96

关于好莱坞电影, 97—98

普尔的成员, 89

关于电影和文学的相似性, 102—103

"Burnt Norton" (Eliot) "被焚毁的诺顿"(艾略特), 142—144

C

Cambridge University 剑桥大学, 126

capitalism, American-style, spread of 美式资本主义的扩散, 4

Cardiff, David 戴维·卡迪夫, 18

Carlyle, Joseph 约瑟夫·卡莱尔, 12

Cendrars, Blaise 布莱斯·桑德拉尔, 72

279

被美国化的英国

Centre for Contemporary Cultural Studies (University of Birmingham) 当代文学研究中心(伯明翰大学),128

Chinitz, David 大卫·采尼兹,132,133—134

cinema 电影。见 films; talkies (talking film)。

"Cinema, The" (Woolf) "电影"(吴尔夫),185n82

classes, social 社会阶层

 布莱尔对于中产阶级命运的担忧,98—99

 教育改革,125

 差别的消除,19,94—95

 利维斯关于社会阶层,114—115

 和语言的关联,94,95

 美国理想的脆弱性,87

Close Up (journal) 《特写》(期刊),90,185n84

 关于英国电影,100

 关于好莱坞作为对大英帝国的威胁,91

 普尔与《特写》,89

 自我定义,102—103

 与有声电影,95—99

Cocteau, Jean 让·科克托,72

colonies, British 英国的殖民地。也见 British Empire。

 爵士乐在,80

 展览中的土著村庄,172n23

 美国理想的脆弱性,87

"Columbo – Bolo verses" (Eliot) 哥伦布—博洛诗(艾略特),133,138—140

 出版的诗歌,191n33

 被《疾风》否定,191n32

Conrad, Joseph 约瑟夫·康拉德,116

"Cool, Britannia" (Larkin) "酷,不列颠尼亚"(拉金),83

Cosmopolitan《大都会》,45,51—52

Coward, H. H. 考沃德,72

Criterion, The (journal) 《标准》(期刊),121

criticism, literary 文学批评

 关于《四首四重奏》,141

 利维斯对于学术研究的影响,128

 作为挽救现代英国的方法,111—112

Crowder, Henry 亨利·克劳德,81

Cuddy – Kene, Melba 梅尔巴·卡蒂—基恩

 关于趣味高雅一词,17

 关于吴尔夫作为"民主的"趣味高雅者,49,118

cultural studies 文化研究,127—130

 利维斯,189n92

 Q. D. 利维斯作为先驱,121

culture, English 英国文化

 美国帝国主义与英国文化,131

 在英国历史上的共同文化,119

 通过对美国文化的理解定义的英国文

化,115—116

对由于美国化而被贬低的英国文化的担心,18

哈利·波特图书与新的全球化,161

与机器文化相对立的特性,148

种族与英国文化,78

Culture and Environment（Leavis and Thompson）《文化与环境》（利维斯和汤普森）

与《伟大的传统》相比,118

关于趣味高雅的概念的创造,119

对与文明化的批判,113

关于抵制文明化影响的教育,126

学校训练,113—114,115

Culture and Society（Willims）《文化与社会》（威廉姆斯）,114

Cunard, Nancy 南希·库纳德,80—81

关于爵士乐和种族平等,69,75

原始风格,177n59

爵士乐的跨大西洋特征,57

Cunningham, Valentine 瓦伦丁·坎宁安,168n48

D

Daily Telegraph《每日电讯报》,83

Daily Times《每日时报》,87

dancing, jazz and 爵士乐与舞蹈,36,55,56

在《最后的九月》中,64,65,67

关于《黑人》,81

"Danger in the Cinema"（Bryher）"电影中的危险"（布莱尔）,97—98

Decline and Fall（Waugh）《衰落与瓦解》（沃）,69,76—80

评论,179n106

Decline of the West（Spengler）《西方的没落》（史宾格勒）,117

Defoe, Daniel 丹尼尔·笛福,147

democracy, critique of 对民主的批判

由赫胥黎撰写的,39,40,41—42

由吉卜林撰写的,29,41

Dettmar, Kevin 凯文·德特马,17

Doel, Marcus A. 马库斯·A. 德尔,180n3

Doyle, Laura 劳拉·多伊尔,22

"Dry Salvages, The"（Eliot）"干燥的萨尔维吉斯"（艾略特）,147—151

发表,193n61

标题,142

dystopias 反乌托邦。见"As Easy as A. B. C."（Kipling）; *Brave New World*（Huxley）

E

Eagleton, Terry 特里·伊格尔顿,21,130

"East Coker"（Eliot）"东库克"（艾略特）,144—147

二战期间给英国人带来希望,146—147

被美国化的英国

第一次发表,141

标题,142

education 教育

第一次世界大战以后,124—125

变化,126

改革和文化变革,127—128

社会阶层,125

在《文化与环境》中进行学校训练,113—114,115

Education and the University(Leavis)《教育与大学》(利维斯),127

Eliot, George 乔治·艾略特,116,118

Eliot, T. S. T. S. 艾略特,59—62。见 "Columbo-Bolo verses"(Eliot); *Four Quartets*(Eliot); *The Waste Land*(Eliot)

亲英的,12

贝尔关于艾略特作为爵士作家,71

英国公民,136

关于美国娱乐的帝国主义,8

利维斯关于,117

关于"玛丽·劳埃德",18,134

与大众文化,120

提及美国的诗歌,190n6,192n40

英国特性的推动者,115

在 BBC 朗读《四首四重奏》,141,192n43

关于传统的作品,101

elitism, English cultural 英国文化的精英主义

与政治独裁的关系,37

《帕勒姆先生的独裁统治》(威尔斯)作为最初的法西斯主义,35—38

威尔斯的批判,35—36

Ellis, Steve 史蒂夫·埃利斯,132

Elyot, Thomas 托马斯·埃洛伊特,145

Emerson, Ralph Waldo 拉尔夫·沃尔多·爱默生,12

English, American 美式英语,13—14

作为栖居在世界上的另一种方式,16

英国人的敏感,86

英国人的讨论,14—15

作为国际政治的未来语言,94

作为新的跨国主义的前兆,93

对于讲英语的世界的影响,160

通过无声电影的字幕,15,183n48

作为现代技术的语言,195n17

抵制,93

作为对英国特征的威胁,88

English, British 英国英语

感到焦虑,88

有声电影作为威胁,88,92—94

English, James 詹姆斯·英格利希,194—195n8

English Eliot, The(Ellis)《英国人艾略特》(埃利斯),132

English foe the English(Sampson)《英国人的英语》(桑普森),125

Englishness 英国特性

布莱尔的关注,98

艾略特与,115,131—156
在"被焚毁的诺顿"中的另一种历史,143—144
英国文学研究作为保护的手段,20
虚构性,6
作为民间文化,18,115
好莱坞作为威胁,89
通过否定美国的意识形态,147
爵士乐
在批判中,58—62
作为威胁,75
作为护卫者的利维斯,111
"小吉丁"作为小人物,151
与现代化和进步相对立,113
与文化复兴的修辞,193n53
精神的和种族的,131
哈利·波特中的景象,162
English studies 英国研究,19—22
在美国与英国文化之间的区分,21,22
利维斯和发展,111,123—127,189n84
与学校改革相关联,126
现代的起源,2—3
在苏格兰,189n81
entertainment 娱乐
作为艺术的卓越,89,97,102
大众娱乐
《泰晤士报》(伦敦)关于,92
Entertainment Empire, the 娱乐帝国,16—19,85—109

Esty, Jed 杰德·埃斯蒂,62
关于英国的现代主义,9
关于《四首四重奏》,140,146
"小吉丁",153
关于帝国衰落,168n48
《正在收缩的岛屿》,170n73
Europe, James Reese 詹姆斯·里斯·欧罗佩,36,174n1
Europe's Crisis（Siegfried）《欧洲的危机》（西格弗雷德）,5
Every, George 乔治·埃夫里,193n64
expatriates 居住在国外的人
美国作家,12—13
讲英语的现代派和,21
Experimental College, The（Meiklejohn）《实验学院》（米克尔约翰）,127

F

Ferrar, Nicholas 尼古拉斯·费拉,151,193n66
Fiction and the Reading Public（Q. D. Leavis）《小说与读者》（Q. D. 利维斯）,121
film acts（Britain, 1927, 1934）电影法案（英国,1927,1934）,88,180—181n4,184n72
films 电影。见 tlkies（talking cinema）。
阿多诺关于,166n9
当艺术和娱乐相对时,102

283

被美国化的英国

英国传统,87—88,100—101

好莱坞在英国的制片公司,104

民族电影传统,96

作为20世纪新的艺术形式,100—101

无声作为影像普适的语言,88—89

finance sector migration from London to New York 金融部门从伦敦迁移到纽约,7

Fisher, H. A. L. 费舍尔,125

"Flora and Fauna of the British Film Industry, The" (*World Film News*) "英国电影产业的动植物"(《世界电影消息》),184n78

folk culture 民间文化

作为英国特性,18,115

作为新的爵士乐,53—55

folk music of Britain, jazz as 爵士乐作为英国的民间音乐,53

For Continuity (Leavis) 《为了连续性》(利维斯),111

Ford, Ford Madox 福特·马多克斯·福特

关于"美国的"语言,13

关于美国,6

Ford, Henry 亨利·福特,112

Fordism 福特主义

被利维斯否定,112

威尔斯,39

"For Sidney Bechet" (Larkin) "致悉尼·贝谢"(拉金),84

Forster, E. M. E. M. 福斯特,121

Four Quartets (Eliot) 《四首四重奏》(艾略特),140—154

四首四重奏题目的来源,142

为埃德加·莫勒的《这个美国世界》而写的前言,135—136

关于英国与美国之间跨大西洋的交流,132

Friedberg, Anne 安妮·弗里德贝格,96

frontier paradigm 疆界范例,171n9

G

Gardner, Helen 海伦·加德纳,147

Garson, Greer 葛丽亚·嘉逊,108

Giles, Paul 保罗·贾尔斯,22

Gill Jonathan 乔纳森·吉尔,138,191n34,192n38

Gilroy, Paul 保罗·吉尔罗伊,22

Glancy, Mark 马克·格兰西,181n6

Gledhill, Christine 克里斯蒂纳·格莱德希尔,87

Godbolt, Jim 吉姆·戈德博尔特,170n66

Goffin, Robert 罗伯特·戈芬,81—82

Goodwin, Andrew 安德鲁·古德温,128—129

Gordon, Lyndall 林德尔·戈登,132

关于艾略特的哥伦布—博洛诗,

138,191n34

关于《四首四重奏》作为美国,140

Gramsci, Antonio 安东尼奥·葛兰西,5

Grazia, Victoria de 维多利亚·格拉齐亚,88

"great divide" between modernism and mass culture 现代主义与大众文化之间的"巨大鸿沟",16—17,118,120

Q. D. 利维斯关于高雅和低俗的区别,122

Great Tradition, *The*（Leavis）《伟大的传统》（利维斯）,116—118

关于艾略特,154

Great War and Modern Memory, *The*（Sherry）《伟大的战争与现代记忆》（谢里）,185n91

Griffiths, D. W. 格里菲斯,91—92

H

Hansen, Miriam 米莲姆·汉森,17,89

Hardy, Thomas 托马斯·哈代,196n20

Harper's《哈珀》,40

Harry Porter 哈利·波特,161

Hausermann, H. W. 豪泽曼,145

Hayot, Eric 埃里克·海约特,167n29

H. D.（Hilda Doolittle） H. D.（希尔达·杜利特尔）

在《偷情边缘》中,103

关于英国电影,100

与《特写》,96

普尔的成员,89

关于《偷情边缘》的小册子,103—105

使用现代主义的词汇,185n91

Hemingway, Ernest 欧内斯特·海明威,121

Herring, Robert 罗伯特·赫林,100

highbrow and lowbrow 趣味高雅者与趣味低俗者,17,89

区别被爵士乐削弱了,70

全球的未来,35

作为高雅文化传统终结的爵士乐,55

利维斯,118—121

国家主义,35

政治,35,37

Q. D. 利维斯对于英国文化中的分隔的理解,121

"high modernism" "极端现代主义",120

Hindus, Maurice 莫里斯·欣德斯,166n13

Hinkley, Eleanor 埃莉诺·欣克利,133

Hitchcock, Alfred 阿尔弗雷德·希区柯克

关于《敲诈》,184n63

移居好莱坞,105

Hobsbawm, Eric 埃里克·霍布斯鲍姆,36,55,174n1,175n8

Hoggart, Richard 理查德·霍加特,

285

128—130

与文化研究,128

受到利维斯的反美主义的影响,111

Hollywood 好莱坞。也见 Entertainment Empire, the

亲英的电影,101

英国作家,105—109

占据优势地位的原因,181n9

《特写》,89

占据支配地位,4

影响的全球范围,85

在英国的象征意义,85

作为对大英帝国的威胁,90—91

"Hollywood Code, The"(Bryher) "好莱坞密码",97—98

Howard, Clifford 克利福德·霍华德, 100—101

Howards End(Forster)《霍华德庄园》(福斯特),16

Hughes, Langston 兰斯顿·休斯,17, 58—62

Hutchinson, Mary 玛丽·哈奇逊,136

Huxley, Aldous 奥尔德斯·赫胥黎

关于美国文化作为世界文化的模板, 40—41

《美丽新世界》,42—45

关于受到好莱坞威胁的大英帝国, 90—91

关于民主和大众娱乐,41—42

关于美国的未来和世界的未来,25

作为好莱坞的编剧,105,108—109

关于威尔斯,39—40

Huxley, T. E. 赫胥黎,40

Huyssen, Andreas 奥尔德斯·赫胥黎,16

I

ideals of ethnic and linguistic purity 关于种族和语言纯洁性的理念,99

identity 身份认同

英国确定对抗好莱坞的实例,106

好莱坞作为国家认同的仲裁人,87

ideologies of division 意识形态隔阂。见 highbrow and lowbrow。

imperialism 帝国主义

美国

艾略特关于美国,131,135

后殖民时期的作家关于美国,195n14

英国

好莱坞描述中的英国修辞,86,97

Invention of the March Hare(Eliot)《三月兔的发明》(艾略特),138

Isherwood, Christopher 克里斯托弗·伊舍伍德,92

J

Jacob's Room(Woolf)《雅各的房间》(吴尔夫),14

索 引

Jaikumar, Priya 普里亚·贾库玛,89

James, Henry 亨利·詹姆斯

关于英语语言,13

英国的幻想,12

利维斯关于之,116—117

Jameson, Fredric 弗雷德里克·詹姆森

关于现代主义,9,120

关于乌托邦,25,32

Jardine, Lisa 莉萨·贾丁,159—160

jazz 爵士乐,53—84。也见 blues。

阿多诺,166n9

埃米斯,57,82—83

对于美国爵士乐表演的禁令,54

英国的殖民地,80

与文化价值的说明,73—74

通过大规模的声音技术进行传播,178n68

艾略特作为粉丝,133

在英国和欧洲最初的迹象,174n1

其影响的地理范围,86

爱尔兰的遗产,176n49

《黑人》,81—82

王室家庭对爵士乐演奏者的接受,170n66

国家主义话语的扰乱信号,69

传播,4

作为对大英帝国的威胁,72

在《幕间》中使用,58—62

在《最后的九月》中使用,65—66

Jazz Singer, The(film)《爵士歌手》(电影)

《特写》,96

第一部有声电影,14,92

"Jazz writers" "爵士作家",71,72

Jesting Pilate(Huxley)《滑稽的皮拉特》（赫胥黎）,90—91

Jews, association of jazz with 族爵士乐与犹太人的关系,68

Joyce, James 詹姆斯·乔伊斯

贝尔关于作为爵士作家的乔伊斯,72

与大众文化,120

K

Kammen, Michael 迈克尔·坎曼,18

Kellog, Joseph 约瑟夫·凯洛格,173n42

Kellogg-Briand Pact(1928)《凯洛格—白里安公约》(1928年),37,173n42

Kennedy, Gerald 杰拉德·肯尼迪,13

Kenner, Hugh 休·肯纳

关于英国作为一个正在沉没的岛屿,46

埃斯蒂的改编,174n68

Keynes, John Maynard 约翰·梅纳德·凯恩斯

关于快乐英国,108,109

关于英国艺术委员成立的演讲,85

关于威尔逊,33

Kincaid, Jamaica 贾麦卡·金凯德,195n14

287

被美国化的英国

Kipling, Rudyard 鲁德亚德·吉卜林

　"简单犹如 A. B. C.",28,30—31

　关于民族和大众娱乐,41

　作为帝国主义作家,32,158

　与罗斯福见面,29

　"报纸与民主",29

　关于合众国,1

　关于美国的幻象,22

　"白种人的责任",1,7,28—29,32

Knox, Alfred 阿尔弗雷德·诺克斯,93

Kuhn, Thomas 托马斯·库恩,7

L

Lady Chatterlay's Lover（Lawrence）《查泰莱夫人的情人》（劳伦斯）,117

Lamming, George 乔治·拉明,95n14

Larkin, Philip 菲利普·拉金,57,83—84

Last September, The（Bowen）《最后的九月》（鲍恩）,63—67

Late Modernism（Miller）《晚期现代主义》（米勒）,169n49

Lawrence, D. H. 劳伦斯

　关于人性化的礼仪,43

　利维斯,117

Leavis, F. R. 利维斯,110—130

　对威尔斯的《帕勒姆先生的独裁统治》的批评,35

　关于艾略特,154,156

　《四首四重奏》,141

　关于英语语言,14

　剑桥的英国文学研究,20

　关于英国传统,116—118

　美国实例作为文化分析的方法,111

　对趣味高雅一词的失望,118

　霍加特与之对比,129

　对于未来教师的影响,188n70

　关于降低等级,4

　关于文学作为反美国的解药,160

　罗琳,162

　威廉姆斯关于反美主义,110—111

Leavis, Queenie Dorothy 奎妮·多罗西·利维斯,121—123

Lenin, Valdimir Ilich 弗拉基米尔·伊里奇·列宁,86

"Letter to Lord Byron"（Auden）"写给拜伦勋爵的信"（奥登）,57—58

Lewis, Wyndham 温德姆·刘易斯,72—75,94—95。也见 *Blast*（journal）。

　关于美国化,19

　布莱尔与之对比,99

　关于艾略特,137

　两次大战期间对于爵士乐的讨论,69

　使用交错配列,78—79

Light, Alison 艾利森·莱特,168n46

"Literary Mind, The"（Leavis）"文学思想"（利维斯）,124

literary studies in the U. S. 美国的文化研

索 引

究,20—21

"little Englandism" "本土英国主义", 6,57

《四首四重奏》,140

"Little Gidding"（Eliot） "小吉丁"（艾略特）,151—154

标题,142

Little Gidding（town） 小吉丁（镇）, 151—152

艾略特的到访,193n64

Lloyd, Marie 玛丽·劳埃德,18,134

Lloyd George, David 戴维·劳合·乔治,124

Locke, Alain 艾伦·洛克,74—75

"London's Transformation"（anon） "伦敦的转变"（匿名）,26—28

与《帕勒姆先生的独裁统治》对比,38

Long Twentieth Century, The（Arrighi）《漫长的20世纪》（阿瑞吉）,11,88

Look Back in Anger（Osborne）《愤怒的回顾》（奥斯本）,1,2

Loved One, The（Waugh）《所爱的人》（沃）,105—108

lowbrow 趣味低俗者。见 highbrow and lowbrow

Luce, Henry 亨利·卢斯,11

Lucky Jim（Amis）《幸运的吉姆》（埃米斯）,82—83

M

Macaulay, Thomas 托马斯·麦考莱,113

MacMillan, Margaret 玛格丽特·麦克米伦,172n29

Macpherson, Kenneth 肯尼思·麦克弗森

关于作为现代时代艺术的电影,100—101

普尔的成员,89

关于有声电影,96,97

Mahieu, D. L. 马休,170n66

"Make It New"（Pound） "让它变新"（庞德）,13

Maltby, Peter 彼得·莫尔特比,90

Man Booker Prize 布克奖,159—160,194—95n8

布克国际奖,195 n15

Mao, Doug 道格·毛,3

Marcus, Jane 简·马库斯,177n59

"Marina"（Eliot） "坞瑞娜"（艾略特）,140

Marketing Modernisms（Dettmar and Watt）《营销现代主义》（德特马与瓦特）,17

mass, concept of, and modernism 大众与现代主义的概念,105

"Mass Civilisation and Minority Culture"（Leavis） "大众文明与少数人的文化",35,38—39,111—112

289

被美国化的英国

mass culture 大众文化,18。也见 entertainment; popular culture
美国化进程,129
受到赫胥黎的鄙夷,41
作为与流行文化显著的区别,18
利维斯,113
文学现代主义,16—17
与现代主义分隔开来,120
等同于美国文化,129—130
威尔斯,39

mass entertainment 大众娱乐,也见 entertainment

mass media, colonizing through 通过大众媒体实施殖民,8

mass politics 大众政治。也见 democracy
受到赫胥黎的批判,41
吉卜林对其的怀疑态度,29

mass production, Huxley on 赫胥黎关于大规模生产,40—41

Mathieson, Margaret 玛格丽特·马西森,188n70

McCabe, Susn 苏珊·麦凯布,89

McClure's (magazine) 《麦克卢尔》(杂志),29

McEwan, Ian 伊恩·麦克尤恩,159

McKay, George 乔治·麦凯,175n3

Meiklejohn, Alexander 亚历山大·米克尔约翰,127

Melbourne Sun (newspaper)《墨尔本太阳报》(报纸),93—94

Mencken, H. L. 门肯,14

Mendes, Alfred 艾尔弗雷德·门德斯,195n14

Mendel, R. W. 孟德尔,53

Men without Art (Lewis) 《缺失艺术的人们》(刘易斯),94—95
关于美国化,19

middlebrow 品位一般的人
这一词汇的出现,17
两次大战期间的英国电影,100
吴尔夫,118

Middletown (Lynd and Lynd) 《中间城市》(林德和林德),112

Miller, Tyrus 泰勒斯·米勒,169n49

minority, modernism and concept of 现代主义和少数人的概念,105

minority audience 少数观众,101—105

minstrelsy, blackface 黑脸明斯特雷斯
"哥伦布—博洛诗"与之,192n38
威尔士爵士乐队与之,179 n104

misogyny in Eliot's Columbo-Bolo verses 艾略特的哥伦布—博洛诗中的厌恶女性,138

modernism, literary 文学现代主义
英美的,3,21
亲英的居住在国外的人,21
H. D. 提出的文学现代主义与《偷情边缘》的关系,104

索 引

英国的文学现代主义，8—9

  吴尔夫，14

  被封为新批评派，121

  同时代的美国化与美式英语的兴起，15

  其发展，2—3

  读者的无动于衷，120

  大多数人对于写作的忽视，119

  米勒关于后期现代主义时期的文学现代主义，169n49

  其模式，10

  作为源头的对立面，89

  现代主义时期，11

  与大众文化隔离开来，120

  谢里使用的文学现代主义词汇，185n91

modernist studies 现代派研究，3，8

  高雅—低俗的争论，16

Modernity at Large: The Cultural Dimension of Globalization (Appadurai) 《广泛的现代性：全球化的文化维度》（阿帕度莱），160

modernization 现代化

  爵士乐作为隐喻，55

  通过其推进英国特性，163

Moore, Hilary 希拉里·穆尔，174n1，175n8

More, Thomas 托马斯·莫尔，24

Morettti, Franco 佛朗哥·莫雷蒂，33

Mwrer, Edgar 埃德加·莫勒，134—135

"Mr. Bennett and Mrs. Brown" (Woolf) "贝内特先生与布朗夫人"（吴尔夫），62

Mulhern, Francis 弗朗西斯·马尔赫恩，127

Music Is My Mistress (Ellington) 《音乐是我的情妇》（艾灵顿公爵），170n66

Mussolini, Benito 贝尼托·墨索里尼

  关于电影，86

  威尔斯受其启发，37

N

Napper, Lawrence 劳伦斯·纳珀，17，100，181n9

nationalism 国家主义

  艾略特的传统概念，155

  "小吉丁"作为其声明，153

Negro (Cunard) 《黑人》（库纳德），81—82

"Negro Sculpture" (Bell) "黑人雕塑"（贝尔），70

Nelson, Lord 纳尔逊勋爵，87

New Bearings in English Poetry (Leavis) 《英语诗歌的新方向》（利维斯），126

Newbolt Report 《纽波特报告》，125

New Criticism 新批评主义，20—21

  被封为现代主义的经典，121

New English Weekly, The 《新英语周报》，141，193n61

New Republic, The 《新共和》，13，14

"Newspapers and Democracy" (Kipling) "报纸和民主"（吉卜林），30

291

被美国化的英国

New York Times 《纽约时报》,179n106

North, Michael 迈克尔·诺思

 关于有声电影的文化方面,96

 关于美式英语的早期批评,168n45

 关于艾略特,137

 关于现代主义的声音,16

Notes towards the Definition of Culture（Eliot）《关于文化定义的注释》（艾略特）,131,156

novel 小说

 利维斯对于小说的理解,117—118

 电影的小说化,123

O

Obama, Michelle 米歇尔·奥巴马,161

Observer 《观察家》,157

Ogden,（C）K.（C）K. 奥格登

 基础英语,183n35

 作为对美式英语的拥护,94

Olivier, Lawrence 劳伦斯·奥利维尔,108

Ondra, Anny 安妮·昂德拉,99

"On Jazz"（Adorno）"关于爵士乐"（阿多诺）,166n9

"On Not Knowing French"（Woolf）"论不通法语"（吴尔夫）,13

Osborne, John 约翰·奥斯本,1,2,158—159

Ostler, Nicholas 尼古拉斯·奥斯特勒,195n17

"Outlook for American Culture, The: Some Reflections in a Machine Age"（Huxley）"美国文化的展望：在机械时代的一些思考"（赫胥黎）,40

Oxford English Dictionary 《牛津英语词典》

 关于趣味高雅者,118

 关于客籍民,191n26

 关于"萨尔维吉斯",147

P

Paleface: The Philosophy of the "Melting Pot"（Lewis）《白人："熔炉"的哲学》（刘易斯）,73

Parsonage, Catherine 凯瑟琳·帕森尼奇,175n5,175n8

Patey, Douglas Lane 道格拉斯·莱恩·佩蒂,179n96

periodization 分期,10—11

Pleasures of Exile, The（Lamming）《流亡乐事》（拉明）,195n14

"Plus de Jazz"（Bell）"更多的爵士乐"（贝尔）,69—72,137

POOL 普尔,89

popular culture 流行文化,18

 现代主义,16—17

Post-American World, The（Zakaria）《后美国世界》（扎卡瑞亚）,163

postcolonial studies 后殖民研究,21

索引

poststructuralism 后结构主义,21

Pound, Ezra 埃兹拉·庞德

 亲英的,12

 既否定美国又否定大不列颠,12—13

Powell, Michael 迈克尔·鲍威尔,105

power 权力

 全球的帝国模式,27

 新形式,7—8

Pressburger, Emetric 艾默里克·皮斯伯格,105

Pride and Prejudice (1940 film) 《傲慢与偏见》(1940年电影),108—109

Punch cartoons on jazz 《笨拙周报》上关于爵士乐的漫画,53,55,56,57

Pygmalion (Shaw) 《皮格马利翁》(萧伯纳),95

Q

Quarry, Edmund 埃德蒙·夸里,184n62

R

race 种族

 贝尔,70—71

 《偷情边缘》关于种族间的联系,103

 文化,78

 艾略特,136,137,155

 在哥伦布—博洛诗中,138

 爵士乐,68,69—76

 爵士乐与种族认同密不可分,74,75

 爵士乐风格与种族,68,69—76

 跨大西洋种族关系的典范,73

Radio Times 《广播时报》,19

Read, Herbert 赫伯特·里德,136

Reed, Carol 卡罗尔·里德,105

"Refugee Blues" (Auden) "难民蓝调"(奥登),67—68

relationship, Anglo-American 英美关系,97

 在作为典范转换中的变化,7

 一战期间霸权的变化,167n19

Richards, I. A. 瑞恰慈

 作为美式英语的拥护者,94

 Q. D. 利维斯,121

Richards, Jeffrey 杰弗里·理查兹,87,181n6

Richardson, Dorothy 多萝西·理查森,15,183n48

Ricks, Christopher 克里斯托弗·里克斯,138

Roach, Joseph 约瑟夫·罗奇,21,22

Roberts, Elizabeth Madox 伊丽莎白·马多克斯·罗伯茨,100

Robeson, Eslanda 埃斯兰达·罗伯逊,103

Robeson, Paul 保罗·罗伯逊

 在《偷情边缘》中,103

 库纳德与保罗·罗伯逊,81

Robinson Crusoe (Defoe) 《鲁宾逊漂流

293

记》(笛福),147

Roger, Philippe 菲利普·罗杰,4

Room of One's Own, A (Woolf) 《一个自己的房间》(吴尔夫),14

Roosevelt, Theodore 西奥多·罗斯福,29

Roots (Brithwaite) 《根》(布雷斯韦特),195n14

Rowling, J. K. J. K. 罗琳,161—162

Roy, Arhundhati 阿兰达蒂·洛伊,159,160

S

Sampson, George 乔治·桑普森,125

Sandon, Emma 埃玛·桑登,172n23

Scannell, Paddy 派迪·斯坎内尔,18

Schuchard, Ronald 罗纳德·舒查德,191n34

Scott, Bonnie Kime 邦尼·吉米·斯科特,62

Scrunity (Thompson) 《审查》(汤普森),115

Scrunity group 《审查》集团,128

Shakespeare, William 威廉·莎士比亚,119

Shape of Things to Come, The (Wells) 《将要出现的事物形状》(威尔斯),34

Shaw, George Bernard 乔治·伯纳德·萧伯纳,95

Sherry, Vincent 文森特·谢里,185n91

Shrinking Island, A: Modernism and National Culture in England (Esty) 《正在沉没的岛屿:英国的现代主义和民族文化》(埃斯蒂),170n73,174n68

Siegfried, André 安德烈·西格弗里德,4—5

Sigg, Eric 艾瑞克·西格,132

Singular Modernity, A (Jameson) 《单一的现代性》(詹姆森),120

Sketch of the Eliot Family, A (W. G. Eliot) 《艾略特家族简史》(W. G. 艾略特),144

special relationship 特殊关系,22—23,157

standardization, Leavis on 利维斯关于标准化,113

"Standards" (Bell) "标准"(贝尔),177—178n67

Stein, Gertrude 格特鲁德·斯泰因,13,89

Stokes, Melvyn 梅尔文·斯托克斯,90

Storey, David 戴维·斯托里,159

Strachey, Lytton 利顿·斯特雷奇,190n24

Stravinsky, Igor 伊戈尔·斯特拉文斯基,178n71

Street, Sarah 萨拉·斯特里特
关于好莱坞的优势地位,87
关于"配额快片",100,184n70

Sturt, George 乔治·司徒特,112

Suleri, Sara 萨拉·苏勒里,160

T

talkies（talking cinema） 有声电影（说话的电影）,87,92

　　以有声电影为基础的图书,123

　　《特写》与有声电影,95—99

　　文化特征,96

　　作为对英国英语的威胁,88,92—94

　　作为对英国文化的威胁,94—95

taste, stratification 品位分层

　　电影对于品位分层的影响,102

　　国家主义与品位分层,105

Taylor, A. J. P. 泰勒,86

Teaching of English in England, The（Newbolt Report） 《在英国的英语教学》（纽波特报告）,125

Telegraph 《电讯报》,157

thick culture, study of 对文化厚度的研究,8

This American World（Mowrer）, Eliot's preface to 艾略特给《这个美国世界》（莫勒）撰写的前言,134—135

Thompson, Denys 丹尼斯·汤普森

　　与利维斯的合作,112

　　关于英语教学,125

Thompson, E. P. 汤普森,128

time in *Four Quartets* 《四首四重奏》里的时间

　　开始与终结的循环,153

　　在"干燥的萨尔维吉斯"中的发展与循环,148,150

　　非凡的世界与形而上学的永恒之间的关系,152

　　在"被焚毁的诺顿"中的理解,143

Times（London）《泰晤士报》（伦敦）

　　关于《敲诈》,99

　　关于英国爵士乐队的竞争,179n104

　　布朗在《泰晤士报》上的评论,157,158

　　关于娱乐,92

　　关于爵士乐,54,55

　　"白种人的责任"的发表,29

Times of India（newspaper） 《印度时报》（报纸）,94

"Tithe Barn: Jazz in the Cotswolds"（*Times*） "什一税谷仓:科茨沃尔德的爵士乐"（《泰晤士报》）,62—63

tradition, British 联合王国的传统

　　作为针对娱乐帝国影响的解药,97

　　艾略特关于联合王国的传统,101,156

　　作为反对美国电影的来源,101

tradition, English 英国传统

　　艾略特关于英国传统,154—156

　　利维斯关于英国传统,116—118

　　以英语作为一门学科进行研究,123—124

"Tradition and the Individual Talent"（Eliot） "传统与个人才华"（艾略特）,117,154—156

transatlantic dimensions　跨大西洋的内容。也见 Ameritopias。

在英美现代主义中,3,5,6

《四首四重奏》与跨大西洋的内容,132

爵士乐的跨大西洋的内容,57

种族关系的跨大西洋的内容,73

"白种人的责任"的跨大西洋的内容,28

transnationalism　跨国主义

在奥登的《难民蓝调》中的跨国主义,67,68

在《最后的九月》中的跨国主义,66

在现代派研究中的跨国主义,3

Trotter, David　戴维·特洛特,89,171n9

Truffaut, François　弗朗索瓦·特吕弗,100,184n69

T. S. Eliot and the Cultural Divide (Chinitz)　《T. S. 艾略特与文化分界》（采尼兹）,132,133—134

twentieth-century studies　20世纪研究,163

U

United States　合众国。见 America。

Uses of Literacy, The (Hoggart)　《识字的用途》（霍加特）,111,128—130

Utopia (More), Woolf's "America" essay compared to　吴尔夫的"美国"的文章与《乌托邦》（莫尔）进行对比,47

utopias　乌托邦

词汇的创造,24

詹姆森关于乌托邦,25,32

V

Versailles, Treaty of　凡尔赛条约,33

Vile Bodies (Waugh)　《邪恶的躯体》（沃）,80

Voyage Out, The (Woolf)　《远航》（吴尔夫）,46,51

W

Wales, local jazz bands in　威尔士的当地爵士乐队,179n104

Walkowitz, Rebecca　丽贝卡·沃尔科维奇,3

Waste Land, The (Eliot)　《荒原》（艾略特）

趣味高雅者的典范,141

《四首四重奏》与《荒原》相比,141

庞德编辑的《荒原》,12,132

Watt, Stephen　史蒂芬·瓦特,17

Waugh, Evelyn　伊夫林·沃

《衰落与瓦解》,69,76—80

对南加利佛尼亚州的讽刺,105—108

《邪恶的躯体》,80

"Weary Blues, The" (Hughes)　"疲倦的布鲁斯"（休斯）,17

Weisbuch, Robert　罗伯特·韦斯布赫,12

Wells, H. G.　威尔斯

关于作为未来的美国的进步,6

《帕勒姆先生的独裁统治》,35—39

受威尔森的启发,33—34

《将要出现的事物形状》,34

"无处不在的美国",26,35

"What is a Great Poet"(Arnold) "何为伟大的诗人"(阿诺德),121

Wheelwright's Shop, The(Sturt) 《车轮作坊》(司徒特),112

"White Man's Byrden, The"(Kipling) "白种人的责任"(吉卜林),7

指向美国,165n1

刘易斯援引,73

"白种人的责任"的跨大西洋的内容,28

关于美国帝国主义,24—25

whiteness 白人

好莱坞与白人,87,91

受到爵士乐威胁的白人,75

"Why *Four Quartets* Matters in a Technolohico-Benthamite Age"(Leavis) "为什么《四首四重奏》在技术功利主义时代尤为重要?"(利维斯),141

Williams, Raymond 雷蒙德·威廉斯

与文化研究,128

关于利维斯,110,111,114,128

Wilson, Dover 多佛·威尔逊,119

Wilson, Edmund 埃德蒙·威尔逊,14

Wilson, Woodrow 伍德罗·威尔逊,32—34

Winkiel, Laura 劳拉·温克尔,177n59

Wollen, Peter 彼得·沃伦,9

women 妇女

与英语教学,126

美国理想的脆弱性,87

Woolf, Virginia 弗吉尼亚·吴尔夫

《幕间》,58—62

贝尔关于吴尔夫,72

关于英国帝国主义的衰落,57

关于文学与电影之间的区别,185n82

关于艾略特,136,154,190—191n24

来信吴尔夫的书信,193n69

关于英语语言,13—14

关于美国《大都会》的文章,45—52

与大众文化,120

使用趣味高雅者和趣味低俗者,118

"Woolf in Blackface"(Abravanel) "黑脸中的吴尔夫"(阿布拉瓦内尔),176n21

World Film News 《世界电影消息》,184n78

writers, expatriate 居住在海外的作家们,12—13

Z

Zakaria, Fareed 法里德·扎卡瑞亚,163

Zwerdling, Alex 亚历克斯·兹沃德林,13

图书在版编目(CIP)数据

被美国化的英国:娱乐帝国时代现代主义的兴起/(美)阿布拉瓦内尔著;蓝胤淇译.—北京:商条印书馆,2015
(国际文化版图研究文库)
ISBN 978-7-100-10593-4

Ⅰ.①被… Ⅱ.①阿… ②蓝… Ⅲ.①文化史-研究-英国 Ⅳ.①K561.03

中国版本图书馆 CIP 数据核字(2014)第 144000 号

所有权利保留。
未经许可,不得以任何方式使用。

被美国化的英国
——娱乐帝国时代现代主义的兴起

〔美〕吉纳维芙·阿布拉瓦内尔 著

蓝胤淇 译

商 务 印 书 馆 出 版
(北京王府井大街36号 邮政编码100710)
商 务 印 书 馆 发 行
北京鑫海达印刷有限公司印刷
ISBN 978-7-100-10593-4

2015年5月第1版　　　开本 700×1000　1/16
2015年5月北京第1次印刷　印张 19$\frac{1}{2}$

定价:47.00元